새사연 신서 ④

신자유주의 이후의 한국경제

새사연 신서 ❹

신자유주의 이후의 한국경제

지은이 | 새로운사회를여는연구원
펴낸이 | 김성실
편집기획 | 박남주 · 천경호 · 조성우 · 손성실
마케팅 | 이준경 · 이용석 · 김남숙 · 이유진
편집디자인 | 하람 커뮤니케이션(02–322–5405)
인쇄 | 미르인쇄
펴낸곳 | 시대의창
출판등록 | 제10–1756호(1999. 5. 11)

초판 1쇄 발행 | 2009년 1월 7일
초판 4쇄 발행 | 2009년 7월 9일

주소 | 121–816 서울시 마포구 동교동 113–81 (4층)
전화 | 편집부 (02) 335–6125, 영업부 (02) 335–6121
팩스 | (02) 325–5607
이메일 | sidaebooks@hanmail.net
블로그 | sidaebooks.net

ISBN 978–89–5940–138–3 (03300)
책값은 뒤표지에 있습니다

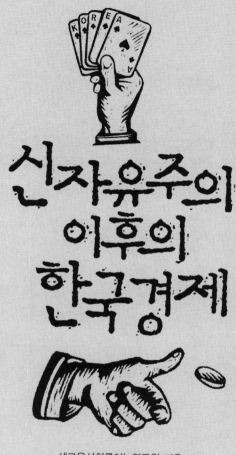

신자유주의 이후의 한국경제

새로운사회를여는연구원 지음

시대의창

SERI의 길, 새사연의 길

세리SERI. 삼성경제연구소의 영문약자다. 세리는 단순한 연구기관이 아니다. 한국경제를 넘어 한국의 '운명'에 큰 변수다. 가령 노무현 정권마저 출범 직후 세리의 두툼한 보고서에 '압도'당해 '소득 2만 달러 시대'를 내걸었다. 지금 이 순간도 한국경제의 정책 담당자들은 물론, 수많은 대기업의 의사결정자들이 세리의 보고서를 뒤적인다.

그래서다. 한 점 과장 없이 쓴다. 세리의 보고서들은 지나치게 과대포장되어 있다. 한국의 경제위기를 벗어날 길을 세리에서 찾는다는 건 말 그대로 나무에 올라 물고기 잡는 격이다.

2008년 초, 이명박 정권 출범 직전이다. 이명박 당선인은 대통령직 인수위원회로 10개 경제연구기관 대표를 초청했다. 그날 당선인은 언죽번죽 "우리나라의 가장 큰 문제는 상당한 반시장적, 반기업적 정서"라며 친기업 정부로 당당하게 가겠다고 부르댔다. 초청받은 경제연구소 대표들은 당선인이 공약한 '연간 7퍼센트 경제성장'을 앞 다퉈 찬양했다. 특히 세리의 책임자는 "새 정부가 앞으로 시장지향적, 성장지향적 정책을 펼쳐서 우리(연구소들)는 다른 목소리를 낼 필요가 없겠으니 이제 문을 닫아야겠다"고 말했다.

마음 넉넉하게 단순한 우스개로 넘겨도 좋은가. 아니다. 당시는 미국의 서브프라임 모기지 사태로 금융위기가 예고되던 시점이었다. 그럼에도 7퍼센트 성장 공약을 '찬양'하고 문 닫아야겠다던 세리의 책임자를 어떻게 바라보아야 할까?

'세리의 맞수'를 자임하며 2005년 출범한 '새로운사회를여는연구원(새사연)'은 10개 연구기관 대표들이 대통령 당선자와 호사스럽게 우스개를 나누던 그 시점에 《새로운 사회를 여는 희망의 조건》과 《이명박 시대의 대한민국》을 동시 출간했다. 나는 당시 〈여는글〉에서 간절한 마음으로 "역설이지만 우리는 이 책의 전망이 어긋나길 바란다"고 썼다. 세리의 책임자와 달리 서브프라임 모기지 사태가 불러올 '암울한 미래'와 한국경제에 짙게 드리운 먹장구름을 결코 모르쇠할 수 없었기 때문이다.

안타깝게도 우리의 전망은 정확히 맞아떨어지고 있다. 위기는 무장 증폭되고 있다. 세리보다 새사연의 전망이 맞았다고 우쭐할 생각도, 그럴 여유도 전혀 없다. 한국경제의 위기, 노동자·농민·자영업자·중소기업인들의 위기가 실제 삶 자체의 위기로 치닫고 있기 때문이다.

아직도 신자유주의 정책을 '신성시'하고 있는 이명박 정권 앞에서 새사연은 더 무거운 책임을 절감하고 있다. 아직 우리의 역량이 만족스럽지 않기에 그 버거운 책임감은 더러 조바심마저 불러온다.

하지만 우리는 믿는다. 세리의 뒤에 삼성재벌이라는 '공룡'이 있다면, 새사연의 뒤에는 고통을 벗어날 대안을 갈망하는 수천만 국민이 있음을. 이 책 《신자유주의 이후의 한국경제》는 그 갈망에 다가서려는 새사연의 의지다. 한국 경제위기의 실체가 어디에 있는가를, 그 위기를 벗어나는 길은 무엇인가를, 새사연 연구자들은 분노를 삭이고 차분한 이성으로 지며리 써내려갔다.

책을 내면서 우리의 연구와 집필을 가능케 해준 새사연의 풀뿌리 회원들께 새삼 고개 숙여 고마움을 표한다. 새로운 사회의 연구를 넘어서서 새로운 사회를 구현하는 길을 새사연 회원들은 물론, 독자들과 더불어 언제나 함께 걷고 싶다.

신자유주의 경제위기로 고통 받고 있는 국민 대다수가 이 책과 더불어 한국경제의 현실을 정확히 학습할 수 있다면, 바로 그 순간이 신자유주의 이후의 새로운 사회를 구현해나가는 첫 걸음이라고 우리는 확신한다.

새로운사회를여는연구원 이사장 **손 석 춘**

머 리 말

절망으로 가는 한국경제,
어디서 희망을 발견할 것인가

　2008년은 우리 국민 모두에게 잊을 수 없는 해였다. 어떤 이들은 '경제 대통령'을 자임한 새 대통령이 진정 경제를 살리고 양극화를 해소해줄 것이란 기대로 한 해를 시작했을 것이다. 반면 외환위기 이후 우리 국민에게 양극화의 고통을 가중시켜왔던 신자유주의가 훨씬 전형적인 형태로 가속화될 것이라는 우려로 새해를 시작한이들도 있었을 것이다.

　새사연은 2007년 12월 19일 이명박 후보가 당선된 바로 다음날, 신자유주의 보수세력들이 승리에 도취되어 있을 때, 그리고 진보세력이 좌절과 낙담으로 절망하고 있을 때, 〈이제 희망의 씨앗을 어디에 심을 것인가〉라는 글을 통해 다음과 같이 주장했다.

머리말　절망으로 가는 한국경제, 어디서 희망을 발견할 것인가

"국민은 신자유주의가 만든 경제문제의 해결을 이명박 정권에게 요구했다. 그런데 이명박 정권은 이를 더욱 확대된 신자유주의 해법으로 풀겠다고 한다. 이명박 당선자가 공약한 각종 규제 완화는 사회 양극화와 경제 불안정성을 증폭시킬 가능성이 높다. 그렇다면 이번 대선 투표를 통해 표현된 국민의 의지는 다가올 이명박 정권에게 희망이 아니라 재앙이 될 수도 있다."

"새로운사회를여는연구원(새사연)은 신자유주의가 이식된 한국 경제의 구조 변화에 주목하고 신자유주의를 넘어서는 새로운 대안을 찾고자 설립된 연구원이다. 새사연은 진짜 신자유주의 정권에 맞서 반신자유주의 민주화의 새로운 길을 열어가는 데 적극적으로 참여할 것이다. 이명박식의 '개발주의 경제'가 결코 신자유주의의 대안이 아니라는 것을 입증하고 진정으로 국민이 염원하는 신자유주의 대안을 찾아갈 것이다. 이명박 정권 시대의 한 가운데서 반신자유주의를 대표하는 연구원으로 오히려 뿌리를 탄탄히 내려가고자 한다."

그렇게 시작된 2008년은 미국 서브프라임 모기지 부실이 전 세계 금융위기와 실물경기 침체로 확산되면서 세계 경제사의 물줄기를 바꿀 중대한 분수령으로 기록되고 있다. 5, 6월에는 광우병 쇠고기 수입 파동으로 시작된 촛불 물결이 두 달간 하루도 쉼 없이 서울 청계광장에서 타올랐고, 하반기에는 세계 금융위기가 국내 금융위기로, 다시 실물경제 위기로 전이되면서 11년 전 끔찍했던 외환위기의 재연을 걱정하며 하루하루를 보내기도 했다.

급변하는 2008년 한 해 동안, 새사연은 우리 국민에게 약속한 대로 한국경제와 세계경제를 위기로 몰아넣은 신자유주의의 문제점과 한계를 분석하고 그 안에서 대안의 씨앗을 발견하기 위해 꼬박 1년을 몸부림쳐왔다.

새사연은 올해의 시작과 함께 신자유주의의 폐해가 중소기업과 자영업 그리고 포괄적인 고용문제에서 가장 심각하게 나타난다고 믿고 이를 우리 사회의 의제로 만들기 위해 노력했다. 그리고 일찍이 미국 금융위기의 심각성을 처음으로 드러낸 3월 14일 미국 5위 투자은행 베어스턴스의 파산 소식을 접하면서 미국 금융위기의 역사와 원인 그리고 그 파장을 집중적으로 분석했다.

이번에 '새사연 신서' 4권으로 펴내게 된 이 책은 바로 2008년 주요 경제연구의 결과를 집약한 것이다. 새사연은 이 책을 통해 우선 미국 금융위기가 우리 경제의 금융 분야와 실물 분야에 어떤 경로를 통해서 충격을 주었는지를 종합적으로 정리하면서 긴급한 몇 가지 해법을 제안하고 있다.

가장 많은 지면을 할애한 분야는 미국발 금융위기와 그것이 우리 금융 시스템에 미친 영향이다. 이 부분에서 독자들은 원론적인 분석이나 단순한 현상의 나열보다는, 구체적인 사실 가운데 숨겨진 구조적 문제의 무서운 실체를 생생하게 이해할 수 있을 것이다. 또 앞으로 닥쳐올 가능성이 높은 더 큰 글로벌 실물경제 불황과 대변동을 이해할 수 있는 안목을 주고 이에 대한 대처방안을 찾기 위한 시사점을 발견할 수 있을 것이다.

이어 그동안 우리 사회가 소홀히 여겨왔지만 최근 그 취약성을 극명하게 드러내며 한계 상황으로 몰리고 있는 중소기업과 자영업에서는 이미 2008년 초부터 사실상 환란 이상의 어려움이 닥쳐왔음을 보게 될 것이다. 또 비정규직 과잉이라는 이슈를 넘어 최근 정규직과 자영업 분야, 청년계층에 이르기까지 전방위적으로 확산되고 있는 고용문제의 실체와 금융위기의 파괴적 영향력을 발견하게 될 것이다.

새사연은 신자유주의로 인한 고통과 시련이 최근의 미국발 금융위기로 이제 막 시작단계를 지났을 뿐이라고 확신하고 있다. 특히 2009년 상반기에는 심각한 실물경기 침체는 물론, 외환위기를 능가하는 고용대란이 기다리고 있을 가능성이 매우 높다. 그런데도 우리 정부는 여전히 위기를 수습하기는커녕 오히려 신자유주의를 더 확대시켜 위기를 증폭시킬 정책을 쏟아내고 있는 실정이다. 이는 새사연이 예견한 대로 이명박 정부에게 돌이킬 수 없는 재앙을 가져다줄 것임은 물론, 나아가 우리 국민 전체에게도 심각한 재앙이 될 것이다.

위기를 구조전환의 기회로 만들고 경제 회생의 길을 찾는 출발점은 역사적으로 사실상 사망선고를 받은 신자유주의를 넘어서는 길 뿐이다. 지금 세계는 누가 신자유주의를 넘어서는 비전을 만들어내는가에 따라 그 나라의 명운이 갈리는 시대를 향해 질주하고 있다. 새사연은 이러한 전환기에서 다시 신자유주의 이후를 준비하는 연구원으로 거듭나기 위해 매진할 것이며 2009년에도 변함없이 새사연 사이트(www.saesayon.org)를 통해 더욱 정열적으로 대변동기의 경제 현황을 분석하면서 그 속에서 우리 경제가 헤쳐나가야 할 대안 모색에 힘쓸 것이다.

■ 감사의 말

여기에 실린 모든 글들은 온전히 이 시대를 함께 살아가는 평범한 생활인들의 관점에서 그들의 힘으로 작성된 것임을 밝혀둔다. 사실 새사연 자신이 바로 특별한 능력과 명망을 가진 사람들이 아니라 평범한 생활인들에 의해 설립되고 운영되고 있는 연구원이다.

새사연 설립에 주축이 되었고 지금까지 운영의 중심이 되고 있는 100여 명의 운영위원들, 연회비 10만~20만 원을 내면서 새사연에 참여하고 있는 600여 명의 온라인 회원들, 그리고 수많은 새사연 독자들 역시 우리 주위에서 평범하지만 성실하게 살아가는 생활인들이다. 새사연의 이전의 연구결과와 마찬가지로 이번 글들도 이들 평범한 생활인들의 힘이 모여져 이루어진 결실인 것이다. 새사연은 2009년에도 우리 주위에서 성실하게 일하며 살아가는 생활인들과 더욱 밀착하고 더 많은 생활인들과 호흡하며 연구활동 폭을 확대해나갈 것이다.

새사연은 그동안 연구결과를 출판하고 독자들과 호흡하기 위해 언제나 '시대의창' 출판사와 함께 해왔다. 이번에도 시대의창 김성실 사장과 박남주 과장 이하 여러분들의 노력이 없었다면 촉박하게 넘긴 원고를 독자들이 책으로 만나지 못할 것이라 생각한다. 그분들에게 새사연을 대신해서 다시 한 번 감사의 마음을 전한다.

새로운사회를여는연구원 연구센터장 **김 병 권**

CONTENTS

CHAPTER 01

사면초가의 한국경제, 그 원인과 해법[1]

1
—
미국식 금융경제,
미국식 거품경제가 주는 교훈

소득과 고용에 기초하지 않은 채 부채를 통해 이루어진 경제성
장은 절대로 지속될 수 없으며, 거품이 꺼지는 순간 중하위 소
득의 서민이 제일 먼저 피해를 입게 된다는 사실을 오늘 미국의
현실이 보여주고 있다.

◆ 금융 시스템에 내재된 위기와 오류의 세계화

서브프라임 모기지(비우량주택담보대출) 부실 사태는 2007년 4월
미국 2위의 모기지 업체인 뉴센트리파이낸셜New Century Financial
의 파산을 시작으로 본격화되었다. 뉴센트리파이낸셜의 파산은 곧
이들 대출 채권을 기초자산으로 하여 발행된 복잡한 파생상품
Derivatives인 MBS(Mortgage Backed Securities), CDO(Collateralized Debt
Obligations) 등의 부실로 이어졌다. 자기자본의 30~40배에 이르는
차입Leverage을 동원하여 파생상품에 투자했던 헤지펀드들은 직접

적인 타격을 입었고, 헤지펀드에 자금을 투자했던 투자은행들 역시 큰 손실을 입었다. 금융위기가 월가 전체로 번지기 시작한 것이다.

2007년 8월 프랑스 은행 BNP파리바BNP Paribas가 미국의 모기지와 관련된 증권, 즉 파생상품에 대한 환매 중단을 발표하면서 금융위기는 월가를 넘어 전 세계로 확산되기 시작했다. 한 달 뒤인 2007년 9월에는 영국의 모기지 은행 노던록Northern Rock의 파산 소식이 전해졌다. 그리고 2008년의 시작과 함께 전 세계적 금융 부실은 그 실체를 드러내기에 이른다.

2008년 10월 국제통화기금IMF이 추산한 미국의 금융 부실 규모는 1조 4000억 달러였다. 영국 중앙은행은 미국을 포함한 전 세계의 금융부실 규모를 2조 8000억 달러로 추정하기도 했다.

금융위기가 전 세계로 확산되자 월가를 무대로 활동하던 금융자본이 실물 상품시장으로 옮겨가 글로벌 인플레이션이 발생하는가 하면, 최근에는 단순한 금융위기를 넘어 장기적인 실물경기의 침체로까지 이어지고 있다.

이처럼 2006년 말에 시작된 서브프라임 모기지 부실은 미국 내 주택시장과 모기지 대출시장의 붕괴에 그치지 않고, 파생상품과 레버리지의 연쇄 고리를 타고 불과 1년 사이에 전 세계로 확산되었다. 그런 점에서 이번 금융위기는 1980년대 말에 발생한 미국 저축대부조합 사태나 1990년대 일본의 부동산시장 붕괴 사태와도 전혀 다른 특징을 보여준다.

우리나라 금융정책의 수장이라고 할 수 있는 전광우 금융위원회 위원장은 최근의 금융위기에 대한 견해를 교통사고에 빗대어 밝힌

바 있다. 그는 이번 사고(금융위기)의 원인이 자동차의 구조적 결함보다는 운전 과실이나 잘못된 교통신호 체계, 교통경찰의 단속 소홀에 있다고 설명했다. 신자유주의 체제가 가진 근본 한계는 외면한 채 경영자의 모럴헤저드나 감독 시스템의 문제로 모든 원인을 설명하고자 한 것이다.

그러나 지금까지 나타난 결과만으로도 그 규모가 어마어마한 이번 위기가 단순히 금융기업 경영자의 지나친 탐욕이나 감독 시스템의 허술함 때문에 일어났다고 보기는 어렵다. 그렇다면 이번 금융위기의 원인이 과연 무엇인지 살펴보기로 하자.

우선 신자유주의가 지배한 지난 30여 년간 영미권을 중심으로 진행된 '경제의 금융화와 금융의 세계화'가 이번 위기의 토대를 제공했다.

1980년대 이후 전체 경제에서 금융이 차지하는 비중이 급속히 팽창하면서 제조업 비중은 위축되었다. 이러한 금융 팽창을 뒷받침한 금융기법의 혁신도 빠른 속도로 이루어졌다.

세계 명목 GDP가 10조 1000억 달러였던 1980년에 세계 금융자산의 규모는 약 12조 달러로 거의 같은 수준이었다. 그러나 2006년 말이 되면 상황이 바뀐다. GDP는 48조 3000억 달러로 늘어나는 데 그친 반면, 금융자산은 무려 167조 달러로 불어났다.[2] 전 세계 금융자산의 급격한 팽창을 확인할 수 있다.

미국 기업들의 이윤 가운데 금융 부문이 차지하는 비중 역시 1980년대에는 약 10퍼센트였으나 2000년대에는 30퍼센트를 넘어섰다. 그러나 금융 부문이 담당한 고용 비중은 여전히 5퍼센트 안팎에 그쳤다.

즉 금융 부문이 제조업에 비해 양적으로 비대하게 팽창했을 뿐 아니라 금융 자체를 통해 수익성을 추구하는 방향으로 산업구조가 변한 것이 이번 금융위기의 1차적인 원인이라 할 수 있다.

1980년대 이후 금융의 부흥을 이끌었던 선물, 옵션, 스왑 등의 각종 파생상품이 금융의 오류와 위험을 확산하는 매개자 역할을 했다.

이들 파생상품은 한때 금융혁신의 상징이자 금융에 내재한 위험을 제로로 만든 기적과도 같은 발명품으로 평가받았다. 그러나 실제로는 위험을 분산Hedge시키기는커녕 오히려 전 세계로 확산하는 역할을 담당했음이 최근 확인되었다.

주식 황제라 불리는 워렌 버핏Warren Buffett마저 "'아무도 이해하지 못하는 상품Nobody knows who is doing what'에 '과도한 레버리지를 활용해서 투자'한 월가의 위험통제 기능 상실이 현 금융위기의 원인"이라며 파생상품의 위험성을 인정했다.

이처럼 기초자산으로부터 끝없이 분화되어가는 파생상품은 그 위험도를 측정하기 어려울 뿐 아니라 관리 감독도 거의 불가능하다. 금융시장 내부에서조차 파생상품의 위험을 인식하고 분산하는 기능, 또 위험이 발생했을 때 이를 해결할 능력이 없다는 사실이 드러났다.

따라서 현대 금융자본주의 시스템 자체에 심각한 결함이 존재하며 이것이 곧 이번 위기의 원인 가운데 하나라는 결론을 내릴 수 있다.

금융 부문의 급팽창에도 불구하고 그에 걸맞은 감독과 규제장치를 마련하지 않은 채 치명적인 위험이 누적되도록 방조한 것 역시 이번 금융위기의 중요한 원인이다.

 미국의 금융 팽창을 선도했던 주요 플레이어Player 가운데 헤지펀드나 사모펀드는 사실상 법인체로 규정되지 않는 사조직이다. 금융 규제의 대상이 아님은 물론이다. 투자은행 역시 규제를 제대로 받지 않는다. 이들은 증권거래위원회SEC로부터 감독이나 규제를 받지 않은 채 지주회사와의 상호합의에 근거한 자발적인 감독만을 받아왔다. 사실상 규제로부터 자유로웠던 셈이다.[3]

 상업은행도 이러한 문제로부터 자유롭지 않다. 미국의 상업은행들은 규제를 피하기 위해 구조화투자기관SIV 등을 별도의 자회사로 두고 신용공여를 제공하는 방식으로 부외거래를 하며 파생상품에 막대한 투자를 해왔다.

 그리고 여기에 더해 무디스Moody's, 스탠다드앤푸어스S&P, 피치Fitch 등 3대 신용평가기관들이 부실 모기지를 기초자산으로 하여 발행된 각종 파생상품에 최고 신용등급을 부여해 대량유통을 지원하기도 했다. 이들 신용평가기관들은 실제로는 이윤을 추구하는 사적 기업에 불과하며 파생상품을 발행하는 금융회사들로부터 수수료를 챙겨왔다.

 이러한 허술한 관리 감독 체계 아래서 한때 펀드 수 1만 개, 전체 자산 규모 1조 9000억 달러에 이를 정도로 고속성장하던 헤지펀드들은 파생상품 부실의 타격으로 2007년 7월 이후 연쇄파산하기 시작했다. 파산의 도화선 역할을 한 것은 각각 미국의 4, 5위 투자은행

이었던 리먼브라더스Lehman Brothers와 베어스턴스Bear Stearns였다.[4]

이듬해인 2008년 9월 들어 금융위기가 심각한 금융 경색과 자금 순환의 단절로 번지자 약 700여 개의 헤지펀드가 도산하면서 주가 폭락과 대규모 펀드 환매를 이끌기도 했다.

이처럼 금융 부문의 팽창에 걸맞은 관리와 감독 체계의 발전이 뒤따르지 않은 데에는 시장의 자기조정 능력에 대한 지나친 믿음이 작용했다고 볼 수 있다.

위기가 불거진 뒤에도 미국 정부가 적극적인 개입을 미루며 문제 해결을 시장에 맡긴 것도 이번 금융위기를 키운 원인이라고 할 수 있다.

서브프라임 모기지 부실이 수면 위로 떠오른 뒤에도 미국 정부는 1년 가까이 금리인하를 통한 유동성 공급에만 열중했다.[5] 모든 것을 시장에 맡겼다고 해도 지나치지 않다. 2008년 3월 14일 미국 5위의 투자은행인 베어스턴스가 무너지자 뒤늦게 공적자금 300억 달러를 투입하는 등 시장에 개입했지만 그때만 해도 "시장에 맡기고 간섭하지 말라"는 목소리에 눌려 보다 적극적인 대책을 세우지 못했다.

6개월 뒤인 9월 14일 리먼브라더스 파산에 이어 메릴린치Merrill Lynch와 AIG가 무너진 뒤에야 비로소 7000억 달러를 긴급투입하는 구제금융법안을 내놓았다. 하지만 이미 상황은 손 쓸 수 없을 정도로 악화된 뒤였다. 미국 정부는 그제 서야 '시장이 자기통제 기능을 상실' 했음을 인정하며 서둘러 구제금융법안을 통과시키고 은행지분 인수, 기업어음CP 직접 매입 등의 적극적인 개입정책으로 돌아선다.

따라서 위기가 표면화된 뒤에도 시장의 자기조정 능력에 대한 지나친 믿음으로 미국 정부가 적극적 대책을 세우지 못한 점 역시 이번 위기의 주요한 원인이다.

◆ 신용 팽창에 의한 소비경제의 한계

앞서 살펴보았듯이 '서브프라임 모기지 부실 ➡ 월가 금융위기 ➡ 글로벌 금융위기 ➡ 글로벌 인플레이션 ➡ 글로벌 외환위기 ➡ 글로벌 경기침체'의 연쇄파장은 미국식 금융 시스템 자체의 결함과 규제 및 감독의 소홀 그리고 금융시장의 자기조정 능력에 대한 미국 정부의 지나친 믿음 등이 복합적으로 작용한 결과다.

하지만 또 다른 각도에서 문제의 원인을 짚어볼 수도 있다. 고용

[그림 1-1] 미국의 생산성 지수와 생산직 일반 노동자의 시간당 보수 증가율 추이

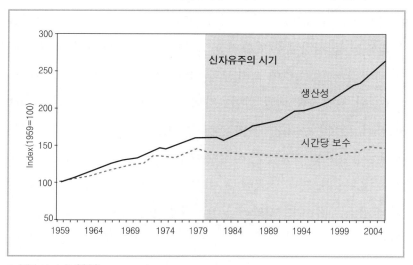

* Mishel et al, 2006

과 소득의 개선에 기초하기보다는 이른바 신용 창출, 즉 부채에 기초한 소비로 지탱해온 미국경제의 구조가 그것이다.

　1980년대부터 가속화된 경제의 금융화로 미국경제에서 차지하는 금융의 비중은 갈수록 커졌고, 금융회사들은 전통적인 예대마진 추구에서 벗어나 고수익 투자에 집중했다. 그 결과 노동생산성을 높이고 고용을 늘려 다수 국민의 소득을 향상시키는 성장은 멈춰버렸다. '소득 향상 → 저축 증가 → 대출 증가 → 투자 확대'의 선순환 구조가 깨지면서 '소득 정체 → 부채(신용)에 의한 소비 → 가수요와 거품 확대'로 이어지는 취약한 거품경제로 전환된 것이다.

　신자유주의 정책이 전면 도입된 뒤 미국도 예외 없이 사회적 양극화가 심화되었다. [그림 1-2]에서 볼 수 있는 것처럼 지난 30년 동

[그림 1-2] 1979~2003년 미국의 가계 실질소득 증가율

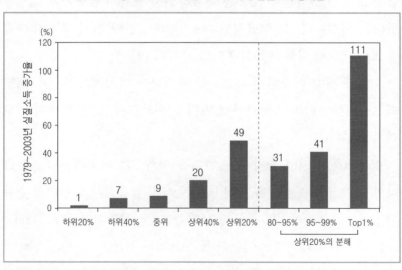

* EPI, 2008

안 소득수준 하위 20퍼센트 계층의 실질소득은 사실상 정체상태인 1퍼센트 성장에 그친 반면, 상위 1퍼센트 계층의 실질소득은 111퍼센트나 늘어났다. 소득과 자산의 양극화가 심화된 결과 미국 중산층은 빠르게 붕괴했고, 1970년 기준 전 국민의 58퍼센트에 달하던 중산층 비중은 2000년에 접어들면서 41퍼센트로 줄었다.[6] 자그마치 3분의 1이 사라진 셈이다.

미국경제가 호황을 누리던 시기로 알려진 1990년대에도 사회의 내면을 자세히 들여다보면 서민들의 생활형편은 그리 좋지 않았으며 양극화 역시 꾸준히 심화되었음을 확인할 수 있다. 다만 금융의 발달에 따른 신용가수요 덕에 마치 소비여력과 자산이 늘어난 듯한 착각에 빠져 있었을 뿐이다.

더욱 심각한 문제는 소득이 전혀 늘지 않은 저소득층을 상대로 감당하기 힘든 약탈적 대출을 자행하면서 월가의 금융가가 성장해왔다는 사실이다. 그 약탈적인 대출이 바로 한때 전체 모기지 대출의 20퍼센트에 달했던 서브프라임 모기지 대출이다.

소비가 경제 비중의 70퍼센트를 차지하는 미국에서 대다수 국민의 소득 증가 없이도 막강한 소비력을 유지할 수 있던 비결이 바로 여기에 있다.

실질소득이 전혀 늘지 않은 하위 20퍼센트의 저소득층이 서브프라임 모기지 대출 부실을 떠안고 있는 사이 금융회사들은 미국 전체 기업이윤의 3분의 1을 독차지할 만큼 엄청나게 성장했다. 2006년 기준 헤지펀드 매니저 소득순위 상위 25명의 평균 보수는 5억 7000만 달러로, 이들의 소득을 합치면 자그마치 140억 달러에 이른다. 대부분의 미국 국민이 6만 달러 이하의 연봉을 받을 때 이들은 웬만한 대기업의 영업이익률을 뛰어넘는 초고액 연봉을 챙겼다.

그러나 이번 서브프라임 모기지 부실 사태와 금융위기로 가장 큰 타격을 받은 것은 정작 문제를 일으킨 펀드 매니저들이 아니라 미국의 서민들이다. 주택 거품이 붕괴되는 과정에서 발생한 연체와 압류, 뒤 이은 가계 파산은 처음부터 자산과 소득이 부족했던 서브프라임 모기지 대출자들에게 감당하기 힘든 고통을 주고 있다.

오늘 미국의 현실은 소득과 고용에 기초하지 않은 채 부채를 통해 이루어진 경제 성장은 절대 지속될 수 없으며, 거품이 꺼지는 순간 중하위 소득의 서민이 가장 먼저 피해를 입게 된다는 사실을 정확히 보여주고 있다.

덧붙여 둘 것은 미국이라는 국가 자체가 매년 대규모 경상수지 적자를 기록하고 있음에도 기축통화국이라는 지위를 이용하여 세계경제를 이끌고 있다는 사실이다.

미국은 그동안 '국내 제조업 기반의 위축 ➡ 수입에 의한 소비 ➡ 경상수지 적자 ➡ 달러 유출 ➡ 미국 국채 발행 ➡ 주요 수출국(경상수지 흑자국)으로부터의 달러 회수'라는 메커니즘으로 세계경제를 선도해왔다. 그러나 금융위기가 발생하자 기축통화인 달러의 유동성이 경색되기 시작했고, 이는 곧바로 대외의존도가 높은 동유럽과 아시아 국가들의 외환위기로 이어지고 있다. 유럽 국가들 역시 여기에서 자유로울 수 없다.

결국 이번 금융위기로 달러 기축통화 체제에 대한 심각한 의문이 세계경제의 주요 화두로 등장했으며 2009년부터 신新 브레튼우즈

체제에 대해 본격적인 논의가 시작될 것으로 보인다.

　이런 와중에 2008 회계연도 기준으로 이미 4500억 달러의 적자를 안고 있는 미국은 2009 회계연도를 시작한 첫 달인 2008년 10월에 이미 그 절반에 해당하는 2300억 달러의 적자를 기록했다. 미국 정부는 그렇게 마련한 자금으로 자국의 거대 금융기업들을 지원하고 있지만, 이들 기업의 자산은 그보다 더 빠른 속도로 줄어들고 있어 기업 부실과 금융 불안은 해소되기 어려울 것으로 보인다. 심지어 850억 달러의 공적자금을 투입하면 진정될 것 같던 AIG의 부실은 갈수록 커져 2008년 11월 기준으로 부실 규모가 그 두 배인 1500억 달러로 드러났다.

　더욱 심각한 문제는 이렇게 투입한 국민의 세금이 과연 금융기업들의 재무 건전성을 회복시키는 데 사용되고 있는지조차 확신할 수 없다는 점이다. 어쩌면 금융기업들의 몸집 불리기를 위한 기업 인수 합병의 실탄으로 사용되고 있을지도 모를 일이다.

　GM(제너럴모터스)을 비롯한 제조업체들도 금융기업들처럼 구제금융을 해달라고 아우성이다. 미국의 거대 가전유통업체인 서킷시티Circuit City가 2008년 11월 11일자로 파산보호 신청에 들어갔고, GM 역시 구제금융을 받는다고 해도 파산상태나 다름없게 될 것이라는 비관적인 전망이 우세하다.

　그보다 더 큰 문제는 주택담보대출을 갚지 못해 집을 차압당하고 파산상태에 몰린 수많은 미국 국민들을 위한 직접적인 대책이 2008년 11월 현재까지도 전혀 시행되지 않고 있다는 점이다. 이 모든 문제를 일으킨 부시 대통령에 이어 민주당의 오바마 대통령 당선인이 해결사로 나서게 된 지금도 여전히 해결 전망이 불투명한 이유는, 미국 금융위기와 실물경제의 위기가 지도자 한 사람의 교체로 해결되기에는 이미 너무 멀리까지 와버렸기 때문이다.

2

—

금융위기로 무너진
한국의 외환시장과 은행, 주식시장

1997년 외환위기 이후 외환시장이 전면 개방되고 은행이 외국인 소유로 넘어가면서 수익추구형 금융회사로 탈바꿈하고, 자본시장이 전면 개방되면서 금융시장이 구조전환된 결과, 국내 금융시장의 내성과 안정성이 강화되기보다는 오히려 정반대의 결과가 초래되었음이 이번 금융위기를 통해 드러났다.

미국발 금융위기는 다양한 경로로 한국경제에 파장을 일으키고 있다. 그 가운데 외환시장과 자본시장 등 한국 금융시장에 준 충격은 특히 위기가 고점에 달했던 2008년 9, 10월에 심각한 양상으로 발전했다. 물론 그 여파는 지금도 계속 확산되고 있다.

그런데 이는 단지 우리 경제의 대외의존도가 높기 때문만은 아니다. 그 보다는 외환위기 이후 국내 외환시장과 자본시장이 지나치게 자유화된 탓에 외부의 금융 충격을 완화할 수 있는 장치가 사라졌기 때문이다.

2007년 한때 한국을 비롯한 아시아 신흥시장이 미국경제에 대해 탈동조화Decoupling 현상을 보이고 있다는 주장이 제기된 적이 있다.[7] 하지만 그러한 경향은 기껏해야 대미 수출입 의존도가 줄어든 상품무역 분야에서 제한적으로 나타났을 뿐이다. 게다가 최근 금융시장에서는 오히려 과거보다 훨씬 강한 동조화Coupling 경향이 나타나고 있어 재동조화Recoupling론이 힘을 얻고 있다.

특히 2008년 9, 10월 위기 국면에서는 하루 전의 미국 증시 동향이 거의 실시간으로 국내 증시에 반영되는가 하면, 반대로 아시아 증시가 곧바로 미국 증시에 반영되는 현상도 나타나고 있는 실정이다.

◆ **세계에서 가장 극심한 변동을 보인 한국 외환시장**

국내 금융시장에서 미국 금융위기의 충격을 가장 크게 받은 곳은 외환시장이었다. 큰 폭의 환율 변동과 외환위기설이 이를 보여준다. 특히 2008년 원화의 달러 대비 환율 변동폭은 전 세계에서 가장 컸다. 원-달러 환율은 달러화 가치와 상관없이 폭등세를 이어갔고 위기가 증폭될 때마다 큰 폭으로 상승했다.[8]

환율 상승이 수출기업들에게 호재로 작용한 것은 분명하다.[9] 그러나 동시에 수입물가 상승을 부추기면서 전반적인 수입원자재가격과 소비자물가를 급등시키는 중요한 요인으로 작용했다.

[그림 1-4]를 보면 달러화 약세가 지속되는 상황에서도 원화의 초약세가 시작된 2007년 11월부터 이미 원화표시 수입물가는 달러화 표시 수입물가를 뛰어넘기 시작했다. 2008년 7월 한때 147달러

[그림 1-3] 원-달러 · 엔 환율 변동 추이

원/미국 달러　　‥‥‥ 원/일본 엔(100엔)

* 한국은행

까지 치솟은 원유가격은 8월 이후 다시 빠르게 하락하여 2008년 11월 현재 50달러 밑으로 떨어졌고 수입물가 하락에 대한 기대감은 커졌다. 그러나 이때부터 폭등하기 시작한 환율로 유가하락 효과는 완전히 상쇄되었고 심지어 원화표시 수입물가가 더 오르는 일이 벌어졌다. 2008년 10월 기준으로 달러표시 수입물가는 전년 대비 1퍼센트나 추락했지만 우리 원화로 환산하면 무려 47퍼센트가 오른 것이 그 단적인 사례다.[10]

　사실 유가 하락보다 물가에 큰 영향을 미치는 것이 바로 환율 상승이다. 최근 한국은행 자료를 보더라도 환율이 10퍼센트 상승하면 물가는 2.62퍼센트(공산품의 경우 3.95퍼센트)나 상승하는 효과를 보이지만, 원유가격이 10퍼센트 하락할 때 물가의 하락효과는 0.49퍼센트에 그치고 있다. 결국 원유가격의 하락보다 환율의 상승이 물

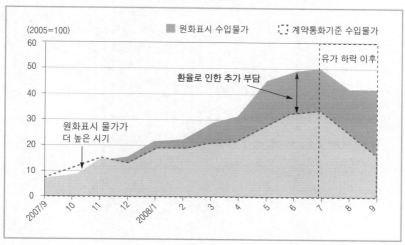

[그림 1-4] 수입물가 상승률

(2005=100)   ■ 원화표시 수입물가   ⌐⌐ 계약통화기준 수입물가

유가 하락 이후

환율로 인한 추가 부담

원화표시 물가가
더 높은 시기

* 한국은행

가에 5배 이상 큰 영향을 주고 있는 것이다.[11]

더욱이 최근 1년간 원-달러 환율만 폭등한 것이 아니다. 원-엔 환율은 그보다 더 큰 폭으로 상승했다. 이는 일본으로부터 부품과 소재를 들여와야 하는 국내 수입구조에 직간접적 영향을 주었을 것으로 추정된다.

실제로 2008년 들어 대일 수입액이 늘어나면서 1~8월 대일 무역역조 규모는 약 230억 달러에 이른다(그림 1-5 참조). 특히 일본에서 들여오는 부품과 소재의 수입단가가 올라가면 이들을 2차 부품으로 가공하여 대기업에 납품하는 중소기업들의 채산성이 크게 악화될 수 있다는 점을 고려할 필요가 있다. 생산원가가 크게 늘어도 대기업 납품가는 이를 따라가지 않을 가능성이 높기 때문이다.

그렇다면 어째서 우리나라만 이처럼 극심하게 환율이 폭등하여

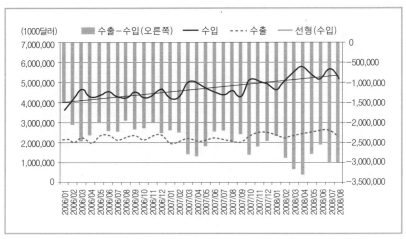

[그림 1-5] 일본 수출입 변화 추이

* 한국은행

그렇지 않아도 심각한 위기를 가중시키게 된 것일까. 환율 상승과 달러 부족 현상은 다양한 요인으로부터 발생했다고 볼 수 있다.

기본적으로는 ▶ 2008년에 접어들며 경상수지가 흑자에서 적자로 전환되었고 ▶ 미국의 금융위기가 본격화된 2007년 6월부터 2008년 10월까지 유동성 부족 해소를 위해 한국에서 무려 60조 원 이상의 주식을 팔아 달러로 바꾸어 국외로 유출시키는 사태가 이어지고 있으며 ▶ 이 밖에도 조선업 수출대금의 선물환 매도 물량이나 해외펀드 헤지 물량도 적지 않았고 ▶ 여기에 일부 역외 환투기 세력의 개입 등도 영향을 미쳤을 것으로 판단된다.

특히 2008년 9, 10월 들어 국제적인 신용경색으로 국내 은행과 외국 은행 간, 국내 은행 간, 또 은행과 수출기업들 간의 달러 유통이 막혀 달러 거래 자체가 축소된 상황에서 환율이 비정상적으로 폭등하자 급기야 우리나라가 외환위기에 노출되는 상황이 벌어지기도 했다.

이런 상황에서 이명박 정부는 10월 초까지 외환시장에 외환보유고를 푸는 방식으로 대응했지만 효과는 하루를 가지 못했다. 그러자 외환 스왑시장에 자금을 공급하는 것으로 대응방식을 바꾸었다가 다시 은행권에 달러 지급보증과 직접 공급하는 방식으로 바꾸게된다.

그러나 분명한 것은 세계에서 가장 큰 폭으로 환율이 요동치고 일부 역외차액결제선물환NDF 시장에서의 환투기까지 의심되는 상황에서 국내 금융시장은 이를 제어할 어떤 정책기제도 가지고 있지 않다는 사실이다.

❖ 과잉 수익추구로 위험도에 노출된 한국의 금융기관들

미국발 금융위기에서 시티은행Citibank이나 JP모건체이스J.P. Morgan Chase, 뱅크오브아메리카BOA와 같은 상업은행들도 자유로울 수 없었지만 위기의 주요 진원지는 투자은행들이었다. 때문에 2008년 9월 이전까지만 해도 국내 주요 상업은행들이 위기에 빠질 것이라는 전망은 많지 않았다. 기껏해야 부동산 프로젝트 파이낸싱 대출 부실과 연체가 높은 저축은행들이 먼저 위험수위에 들어설 것이라는 우려가 많았을 뿐이다.

그러나 극단적인 신용경색이 일어난 2008년 10월에 접어들면서 오히려 은행권이 위기의 진원지로 돌변했고, 외신발 외환위기도 대부분 은행권을 대상으로 나온 것이었다. 때문에 2008년 10월에 정부에서 발표한 대부분의 금융안정화 대책은 증권시장이 아니라 은행권에 맞추어져 있다. 1000억 달러 지급보증, 300억 달러 직접 지원, 은행채 직접 매입, 유동성 비율 완화 등이 대표적인 사례다.

그렇다면 외환위기 이후 수차례의 인수 합병을 거치면서 자본건전성을 강화해왔다고 자부해왔고, 최근에는 글로벌 메가뱅크로 발돋움하기 위해 우리·신한·하나은행에 이어 국민은행까지 지주회사 전환을 서둘렀던 은행권이 대체 어떤 이유로 이번 충격에 그토록 쉽게 노출되었던 것일까.

사실 1997년 외환위기 이후 가장 큰 변동을 겪은 것은 국내 은행들이었다. 이들은 '금융기관'으로서 담당했던 자금중개 위주의 운영에서 벗어나 수익을 추구하는 '금융회사'로 전환하기 시작했고,

[그림 1-6] 주요 시중은행의 당기순이익 규모

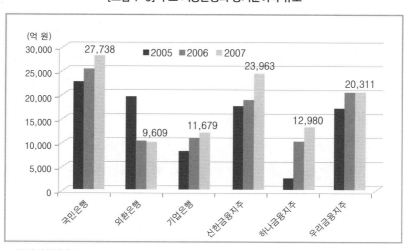

* 증권선물거래소

이를 위해 규모화와 겸업화를 모토로 변신을 거듭해왔다.

　그 결과 국내 은행들은 2007년 2조 7000억 원의 당기순이익을 올린 국민은행을 필두로 대부분 조 단위의 이익을 실현하며 국내 굴지의 자동차기업이나 통신기업에 버금가는 수익창출력을 보여준 것이 사실이다(그림 1-6 참조). 그리고 순이익의 절반 이상을 현금 배당으로 돌려왔다. 국내 거의 모든 은행의 외국인 주식소유 비중이 60퍼센트를 넘은 상황에서 이 배당의 대부분은 당연히 외국인에게 돌아갔다.

　그러나 은행들의 수익성 위주 경영과 이에 따른 규모화 경쟁은 2003년 신용카드 대란을 낳은 데 이어 2005년 이후에는 무리한 주택담보대출 영업으로 부동산 거품을 키웠는가 하면 2006년 이후에는 보험과 펀드의 판매수수료에 집착하게 만드는 등 부작용을 낳았다.

　국내 은행의 문제에 대해 조금 더 자세히 살펴보기로 하자. 은행들이 무리하게 대출을 늘려가던 상황에서 2006년 이후 증시의 호황과 펀드상품의 판매 호조로 시중자금이 은행저축에서 펀드와 주식시장으로 이동하자 은행의 저축성 수신은 줄어들게 된다. 저축성 수신이 전체 금융기관 유동성Lf에서 차지하는 비중은 2004년 말 42.4퍼센트에서 2008년 상반기 33.5퍼센트로 줄어든 반면, 같은 기간 펀드 잔액은 14.7퍼센트에서 19.9퍼센트로 증가했다.

　그 결과 나타난 현상이 바로 예금수신 규모를 뛰어넘는 대출의 증가, 즉 예대율의 증가다. [그림 1-7]을 보면 일반적인 예금은행의 총예금(요구불 예금과 저축성 예금) 대비 대출비율은 2008년 8월 말 현재 말잔 기준으로 149.2퍼센트(총 예금잔액은 635조 원, 대출잔액은 891조 원)로 나타나고 있다. 금융위원회는 예금에 CD(양도성예금증서)를 포함해야 한다고 주장하지만 그럴 경우에도 6월 말 기준 예대율은 103퍼센트로 적정 수준인 80퍼센트를 훨씬 뛰어넘기는 마찬가지다.[12]

이처럼 예금이 늘지 않는 상황에서 은행들이 규모를 키우고 수익을 늘리기 위해 사용할 수 있는 방법은 은행채나 CD와 같은 시장성 수신을 확대하는 것이었다. 그 결과 이른바 저축성 수신이 아닌 시장성 수신이 급격히 팽창했다. 총자본조달액에서 시장성 수신이 차지하는 비중은 평잔 기준으로 21.4퍼센트나 되었다.

문제는 이런 식으로 마련해 대출한 자금이 제대로 회수되지 않을 경우, 은행들이 만기가 도래한 CD와 은행채를 갚지 못해 심각한 유동성 위기에 빠질 수 있다는 점이다. 특히 조달금리가 높아진 은행채의 경우 2008년 상반기에만 추가로 25조 4000억 원이 늘어나 발

[그림 1-7] 예금은행 총예금 대비 총대출 변화

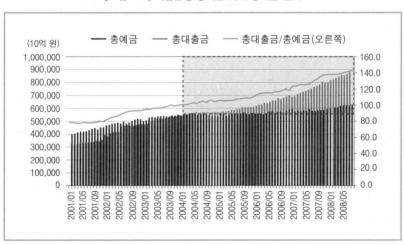

* 월말잔 기준, 한국은행

행잔액 기준으로 무려 290조 4000억 원에 달하는 상황이다.[13]

2008년 9월 들어 자금 경색이 극심해지면서 결국 잠재돼 있던 문제들이 드러나기 시작했다. 한편에서는 기업과 가계대출의 부실이 깊어지면서 대출 회수에 대한 부담이 가중되었고, 다른 한편에서는 과잉 발행된 CD나 은행채를 더 이상 시장이 소화하지 못하면서 자금 조달이 더욱 어려워졌다. 그럴수록 CD 금리와 은행채 금리가 올라간 것은 물론이다(그림 1-8 참조). 지난 2008년 10월에는 CD 금리가 전달 5.79퍼센트에서 6.03퍼센트로 치솟고 은행채 금리도 6.79퍼센트에서 7.5퍼센트로 급상승한다.

은행의 조달금리 상승은 당연히 대출금리의 상승으로 이어졌다. 중소기업 대출의 경우 금리가 7.5퍼센트를 넘어섰고, 고정금리부 주택담보 대출금리는 10퍼센트를 돌파했다(그림 1-9 참조). 2008년

[그림 1-8] 일일 은행 조달금리 변동 추이

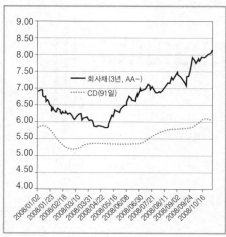

[그림 1-9] 예금은행 가중평균 대출금리

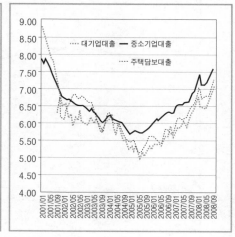

* 한국은행

10월 한국은행이 기준금리를 0.25퍼센트 내린 데 이어 다시 0.75퍼센트, 11월에 다시 0.25퍼센트 내려 4.0퍼센트까지 인하했지만 시중금리는 오히려 올라가는 기현상이 발생한 비밀이 바로 여기에 있었던 것이다.

문제는 원화 유동성만이 아니었다. [그림 1-10]을 보면 은행들은 국내 은행이나 외국 은행 지점을 막론하고 2005년 이후 단기 대외 차입을 급격히 늘려왔고, 그 결과 정부 발표로도 2008년 10월 현재 800억 달러의 단기 대외채무를 지고 있는 상황이다.

그런데 2008년 9월 들어 전 세계적으로 달러 유동성 경색이 심화되자 기존 대외채무의 만기연장이 불가능해지는 것은 물론, 추가 해외차입도 단절되는 상황이 발생했다. 여기에 기존 수출대기업들

[그림 1-10] 은행권의 순대외채권 변동 상황

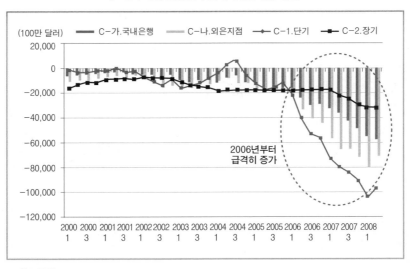

* 한국은행

조차 수출대금으로 받은 달러를 시중에 풀지 않으면서 은행들은 극심한 달러 부족에 시달리게 되었고, 이것이 발단이 되어 은행발 외환위기설까지 등장했던 것이다.

결국 2008년 10월 30일 한미 간 300억 달러의 통화스왑이 체결되면서 잠깐 안정세가 오기도 했지만 정부의 기대와 달리 그 효과는 2주일을 가지 못했고 환율은 다시 1400원을 넘어서게 되었다. 그 동안 환율 안정을 위해 정부가 외환보유고를 축낸 탓에 2008년 1월 2618억 달러이던 우리나라의 외환보유고는 11월 말 2005억 달러로 줄었다. 경상수지 적자로 감소한 금액을 감안하더라도 줄잡아 300억 달러 이상을 환율 방어에 소진한 것으로 보인다. 그 결과 한국은 외환위기 이후 다시 순채무국으로 전락했다.[14]

덧붙여 둘 것은 2008년 11월 들어 원화 유동성 경색은 은행을 넘어 캐피탈, 카드사 등 제2금융권으로 번져갈 조짐을 보이기 시작했다는 점이다. 캐피탈사와 카드사 등의 여신 전문 금융기관은 고객 수신 기반을 갖춘 은행에 비해 신용도가 낮아 여전채(여신전문회사채권, 카드채 등)나 기업어음CP 발행이 더욱 어려울 뿐 아니라 자신들이 보유한 채권을 담보로 한 자산유동화증권ABS 발행도 여의치 않으면서 더욱 궁지로 몰리고 있다.

증권사나 보험사도 사정은 크게 다르지 않다. 증권사들은 보유 채권을 담보로 빌린 자금이 이미 크게 늘어난 상태고, 보험사들 역시 채권과 주식 등의 보유자산 가치가 하락하여 지급 여력이 급격히 악화되고 있다. 은행의 위기가 카드사의 위기, 캐피탈사의 위기, 증권사와 보험사의 위기로 전이되고 있는 것이다.

자본시장 개방이 가져온 후과, 폭락하는 주식시장

주식시장에서 4조 9000억 원 순매도, 채권시장에서 역시 4조 1000억 원 순매도. 이것이 미국발 금융위기의 충격이 가장 컸던 2008년 10월 한국 자본시장에서 외국인 투자자들이 취했던 행동이었다.

이로써 글로벌 금융위기가 격화되기 시작한 2008년 1월부터 10월까지 한국 주식시장에서 외국인이 주식을 팔아 회수해간 자금은 총 41조 8000억 원이다(그림 1-11 참조). 외국인이 차지하는 비중은 2000년 이후 8년 만에 시가총액 기준 30퍼센트 밑으로 하락했다. 그 사이 코스피 지수는 한때 1000선 밑으로 추락하기도 했다. 정확히 1년 만에 반 토막이 난 것이다. 주가가 5분의 1 수준으로 폭락한 종목도 무려 20여 개에 달했다. 주식 매도 흐름이 계속되던 상황에서도 한때 한국의 높은 금리를 노리고 매수세가 유지되던 채권시장에서마저 외국인은 채권을 팔고 빠져나가기 시작했다.

사실 우리나라 주식시장이 개방된 것은 1990년대 초의 일이다. 1992년 1월 3일 국민주를 제외한 모든 상장 종목에 대해 1인당 3퍼센트, 종목당 10퍼센트 한도에서 외국인 투자를 허용함으로써 한국 주식시장은 본격적인 개방시대를 맞았다. 그런데 1997년 외환위기가 발생하기 직전까지도 종목당 26퍼센트 미만이던 외국인 투자허용 한도는 1997년 12월을 기해 무너지기 시작했고 결국 이듬해인 1998년 5월 25일 외국인 주식투자와 관련한 모든 제한이 사라졌다. 2008년은 그로부터 만 10년이 되는 해다.

[그림 1-11] 투자자별 순매수 금액 변동 추이

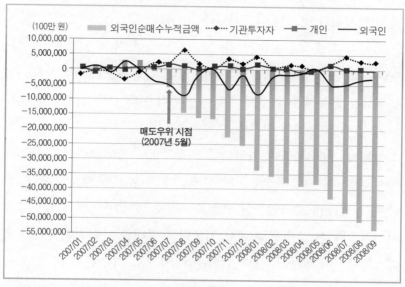

* 한국은행

외환위기를 맞아 정책 당국자들은 외자 유치를 가장 중요한 정책 구호로 들고 나왔지만 실제로 외국인 직접투자보다는 주식, 채권과 같은 포트폴리오 투자만 큰 폭으로 늘어났다. 외환위기 여파로 1998년 코스피 지수가 300선을 밑돌던 국내 주식시장에서 외국인은 시장개방과 함께 포트폴리오 투자를 확대하기 시작한다. 한국경제 최악의 상황이 외국 금융자본에게는 헐값에 주식을 매수할 절호의 기회가 되었던 셈이다.

1998년까지만 해도 국내 주식시장의 외국인 지분율은 20퍼센트를 밑돌았으나 2000년 들어 30퍼센트를 넘어섰다. 그 뒤 2004년까지 외국자본은 가파른 속도로 주식을 사들이며 지분율을 40퍼센트 이상으로 끌어올렸다. 이는 세계적으로 자본시장 개방도가 최고 수준인 멕시코와 맞먹는 비중이었다.

외국인이 순매수를 이어간 1999~2004년 사이 코스피 지수는 500~800 정도였다. 이 기간 동안 외국인 지분율은 18퍼센트에서 42퍼센트로 무려 24퍼센트나 증가했는데 이때 순수하게 투입된 금액이 약 41조 7000억 원이다.

그러나 2005년 들어 외국인이 본격적으로 차익실현에 나서면서 주식 매도 경향이 뚜렷해지기 시작했다. 외국인이 매도 기조로 돌아서기 시작한 2005년 1월 코스피 지수는 1000포인트를 돌파했고 이러한 가파른 상승세 속에서 외국인은 막대한 차익실현에 성공했다. 외국인이 2005~2007년에 주식 매도로 회수한 자금은 39조 9000억 원에 달했다.

결과적으로 외국인은 1999~2004년 지분율을 24퍼센트 늘리기 위해 42조 원의 자금을 국내 주식시장에 투자한 뒤 2005~2007년 그 가운데 단지 10퍼센트에 해당하는 지분만을 팔아 투자원금에 가까운 40조 원을 회수한 셈이다. 나머지 14퍼센트에 해당하는 지분은 고스란히 순평가 이익으로 남게 되었다. 이것이 국내 자본시장에 외국인 투자를 본격적으로 유치하기 시작한 지난 10년의 대차대조표다.

미국발 서브프라임 모기지 부실이 수면 위로 떠오른 2007년 6월 이후에도 외국인의 매도세는 이어졌으나 이때부터는 단순한 차익실현을 위한 매도와는 다른 양상을 띠기 시작했다.

[그림 1-12] 주식투자자별 주식거래 추이

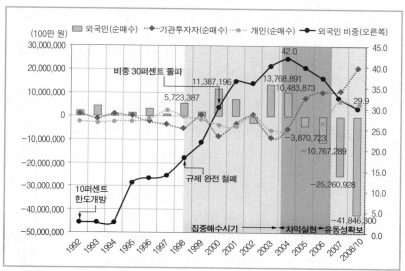

* 한국은행, 금융감독원

[그림 1-13] 월말 주가지수 추이

* 증권선물거래소

금융위기로 심각한 유동성 부족을 겪게 된 외국 금융자본이 한국을 비롯한 신흥시장에 투자했던 자금을 회수해가기 시작한 것이다. 주가 등락과 상관없이 빠른 속도로 신흥시장의 주식을 처분해 달러로 환전한 뒤 본국에 송금하는 행위는 지금도 계속되고 있다.

이런 경향은 특히 우리나라에서 두드러졌다. [그림 1-14]에서 볼 수 있는 것처럼 2007년부터 외국인이 대규모 주식 매도에 나선 나라는 아시아에서 한국이 거의 유일하며, 2008년에는 많은 나라들에서 매도 경향이 나타났지만 특히 한국의 순매도 규모가 압도적으로 컸다.

이 국면에서 주가는 가파른 폭락을 거듭했으며 그나마 국민연금을 비롯한 국내 기관투자가들이 적극적인 매수에 나선 덕에 더 큰

[그림 1-14] 아시아 7개국 외국인 주식매매 동향

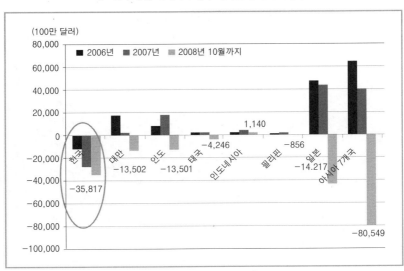

* 금융감독원

폭락을 막을 수 있었다. 하지만 10월 들어 투신권을 포함한 기관투자가마저 펀드 환매사태에 대비해 주식을 매도하기 시작하면서 한때 코스피 지수가 1000선 밑으로 떨어지는 상황에 몰리기도 했다.

한편 외국인 매도세가 이어지고 금융불안이 시작되던 2007년 한 해 동안 국내 개인투자자들은 오히려 80만 명이 늘어나 2007년 말 기준 444만 명이 되었다. 외국인이 주식을 내다 파는 사이 국내 직접투자 인구는 오히려 확대된 것이다.

국내 주식시장의 외국인 비중은 2008년 11월 기준으로 여전히 29퍼센트 전후를 유지하고 있어 일반적인 선진국 수준인 25퍼센트 보다는 높다. 따라서 금융불안이 해소되지 않는 한 외국인의 매도 행진은 그 규모가 조금 줄어들지언정 지속될 가능성이 매우 높다.

결국 외국인 투자 유치를 위해 사실상 무제한으로 자본시장을 개방한 결과 금융위기 국면에서 혼란은 오히려 증폭되고 있는 것이다. 그리고 그 피해는 결국 440만 직접투자자와 2000만이 넘는 펀드투자자들의 몫으로 돌아가고 있다.

종합해보면 1997년 외환위기 이후 한국 외환시장과 자본시장은 전면 개방되었고 시중 은행들은 외국인 소유로 넘어가면서 수익추구형 금융회사로 탈바꿈했다. 그러나 이러한 구조조정을 거친 결과 국내 금융시장은 내성과 안정성이 강화되기보다 오히려 외부 충격에 극히 취약한 구조로 전락하고 말았다. 이번 금융위기는 이러한 사실을 분명하게 보여주고 있다.

3

—

바닥을 드러낸
수출의존형 한국경제의
위태로운 내수기반

11년 전 외환위기에서 한국이 그나마 비교적 빨리 탈출할 수 있었던 것은 미국을 비롯한 아시아 이외 지역의 경기호조로 수출이 대폭 증가한 덕분이었다. 그러나 지금은 그런 기대를 가지기 어려운 상황이다. 따라서 한국경제가 자체적으로 불황을 탈출할 수 있는 방법은 수출이 아니라 내수에서 찾을 수밖에 없다.

❖ 마이너스 성장시대로 돌입할 2009년

2008년 우리나라의 경제성장률은 1/4분기 5.8퍼센트 → 2/4분기 4.8퍼센트 → 3/4분기 3.9퍼센트를 기록하는 등 분기마다 거의 1퍼센트씩 떨어지면서 실물경제도 빠르게 하향곡선을 그리고 있다. 이 때문에 IMF가 2008년 경제성장률을 4.1퍼센트로 전망하는 등 대부분의 기관들은 2008년 한국 경제성장률을 3.5~4.5퍼센트로 전망하고 있는 실정이다.

그러나 2009년의 전망은 2008년과는 비교가 안 될 정도로 어둡

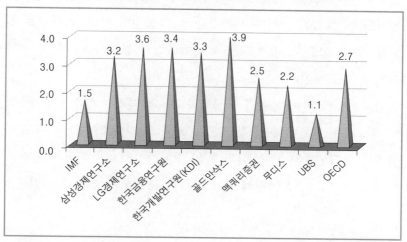

[그림 1-15] **2009년 한국 경제성장 전망치**(2008년 10, 11월 발표)

4.0

3.6 3.4   3.9

3.2   3.3

3.0   2.5   2.7

2.0 1.5   2.2

1.0   1.1

0.0

IMF / 삼성경제연구소 / LG경제연구소 / 한국금융연구원 / 한국개발연구원(KDI) / 골드만삭스 / 맥쿼리증권 / 무디스 / UBS / OECD

* 각 연구소 발표자료 종합

다. 우선 IMF가 2008년 11월 수정한 2009년 세계 경제성장률은 2.2퍼센트로 2008년 3.7퍼센트에서 무려 1.5퍼센트나 주저앉았다. IMF가 전망한 주요 선진국의 2009년 경제성장률을 살펴보면, 미국은 -0.7퍼센트, 유로존 -0.5퍼센트, 일본 -0.2퍼센트, 영국 -1.3 퍼센트 등 선진국 경제 전체가 마이너스 성장에 빠질 것을 예고하고 있다.[15] 이는 세계경제가 빠른 속도로 불황을 향해 가고 있음을 보여주는 것이다.

한국경제도 예외가 아니다. 우리나라의 2009년 경제성장률 전망치는 최대 3.9퍼센트에서 최하 1.1퍼센트까지 거론되는 상황이다. 하지만 향후 금융위기의 수습 방향에 따라, 그리고 실물경제 침체의 깊이에 따라 크게 달라질 수 있다. 이미 일부에서는 마이너스 성장을 점치고 있고, 특히 2009년 상반기에는 경기침체의 골이 가장 깊어 마이너스로 떨어질 것이 확실시되며 침체가 얼마나 오래 지속될지도 이 시기를 거치면서 판가름 날 가능성이 높다. 바야흐로 성장률, 수출, 고용, 소비가 모조리 마이너스로 진입하는 시대가 가까워지고 있는 것이다.

금융위기에 이어 실물경제 침체가 가속화되면서 향후 더 큰 충격이 예상되는 가운데 우리 경제도 2008년 하반기부터 세계적인 경기 침체의 영향권 안으로 들어서게 된 것이다. 2009년 한국경제의 가장 중요한 변수는 실물경제 침체의 폭과 깊이가 될 것으로 보인다.

◆ 유일한 희망, 수출마저 추락한다

외환위기 이후 2000년대의 한국의 경제성장은 수출이 주도해온 반면 내수는 부진을 면치 못했던 것이 사실이다(그림 1-16 참조). 그 결과 2005년 기준 한국경제의 대외의존도는 일본보다 두 배 이상 높은 28.2퍼센트였다.[16] 이는 10년 전인 1995년의 24.9퍼센트에 비해 3퍼센트 이상 증가한 것이다.

특히 수출이 수입을 유발하는 경향이 갈수록 커지면서 결과적으로 수출이 국내 부가가치를 유발하는 효과, 즉 내수연관효과 역시 줄어들고 있다. 실제로 2005년 기준 수출의 부가가치 유발계수는 0.615로 10년 전의 0.698에 비해 낮아졌다.[17]

1997년 외환위기 이후의 한국경제를 돌아보면(그림 1-16 참조), IT 버블 붕괴의 여파로 수출이 잠시 급락했다가, 다시 몇 년 뒤 신용카드 대란을 겪으면서 이번에는 내수가 심각히 위축되었다. 그 이후 민간소비가 채 회복되지 못한 상황에서 미국발 금융위기가 터져 이미 국내 경기는 침체상태에 빠져들고 있으며, 상반기까지 20퍼센트 이상의 고성장을 유지해왔던 수출마저 하반기 들어 급격한 둔화양상을 보이고 있다.

우선 통관 기준으로 2008년 10월까지의 수출실적을 보면 전년대비 21.3퍼센트의 수출증가율을 보이고 있어 오히려 2007년의 13.7퍼센트를 앞지르고 있다. 그러나 2008년 상반기에는 미국을 비롯한 몇몇 나라들의 경기침체가 가시화되었을 뿐이었다. 우리나라의 최대 수출국인 중국을 비롯한 아시아 시장의 본격적인 침체로 확산되기 전의 상황인 것이다.

[그림 1-16] 분기별 실질 경제성장률 변화

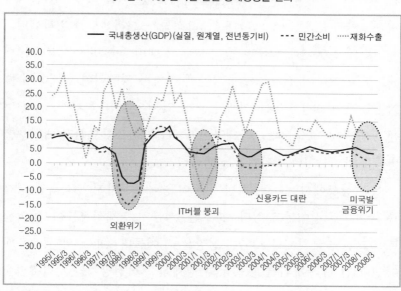

* 한국은행

그러나 이미 2008년 10월에 수출은 전년 대비 8.5퍼센트로 추락해 본격적인 한자리수 증가를 시작했으며, 11월에는 −18.3퍼센트로 급락했고 12월에는 추락속도가 빨라져 2009년에는 외환위기 이후 가장 큰 수출둔화를 예고하고 있다.

이처럼 수출전망이 암울하게 된 대외적인 환경을 살펴보기로 하자. 우선 소비로 견인되고 있는 미국경제의 경우 2008년 3/4분기 소비지출 증가율이 −3.1퍼센트로 후퇴하면서 경제성장률도 −0.3퍼센트를 기록했다. 그나마 약달러 덕택에 수출이 호조를 보인 성적이다.

미국의 소비여력 급감의 영향으로 미국 내 자동차 판매는 빠르게 줄어들고 있다. 2008년 10월 현대와 기아자동차의 대미 수출증가율은 각각 −31퍼센트, −38퍼센트를 기록했다. 참고로 GM의 미국 내 매출증가율은 −45.1퍼센트, 도요타는 −23퍼센트를 기록했다.

그런데 2000년대 중후반 들어 한국의 대미수출 비중은 10~13퍼센트로 줄어들어 전체 수출증가율에 미치는 영향력이 현저하게 줄어들었다. 반면, [그림 1-17]에서 볼 수 있는 것처럼 중국은 21~23퍼센트, EU 13~15퍼센트, 아세안이 9~11퍼센트로 오히려 대미수출 비중을 앞지르거나 따라잡은 상황이다.

이런 상황에서 2008년 하반기 들어 중국경제마저 본격적인 경착륙 국면으로 접어들고 있다. 2008년 3/4분기 경제성장률이 9.0퍼센트에 그친 중국경제의 2009년 전망은 더 어둡다. OECD와 세계은행이 2008년 11월에 내놓은 중국의 경제성장률 전망치는 각각 8퍼센트와 7.5퍼센트로 천안문 사태 이후 가장 낮다. 물론 이보다 더 추

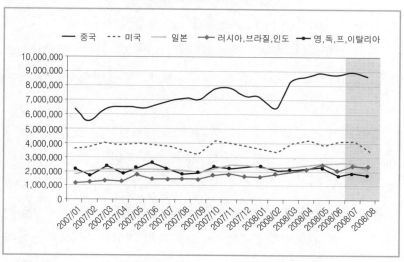

[그림 1-17] 주요국 수출금액 추이(통관 기준)

범례: ── 중국　···· 미국　── 일본　◆ 러시아,브라질,인도　● 영,독,프,이탈리아

* 한국은행

락할 가능성도 충분하다. 가히 세계 경제성장의 엔진이 식어가고 있다고 할 수 있다.

중국의 이러한 경기침체가 향후 우리 경제에 미칠 영향을 예상할 수 있는 사례가 IT 수출 동향이다. 2008년 10월 한국의 IT산업 수출 규모는 122억 3000만 달러로 전체적으로 전년 동월대비 6.4퍼센트가 감소했다. 그런데 이 가운데 대중국 수출은 47억 4000만 달러로 1퍼센트가 감소하는 데 그친 반면, 대EU 수출은 20억 8000만 달러로 14.5퍼센트, 대일본 수출은 6억 2000만 달러로 26.4퍼센트나 급감했다.[18] 다시 말해 중국의 경기침체가 우리 경제에 본격적으로 반영되는 순간 우리의 수출 규모는 더 큰 폭으로 줄어들 수 있다는 얘기다.

2009년에 중국경제가 최대 8퍼센트 성장에 머물고 미국과 유럽, 일본 등이 마이너스 성장으로 내려앉는 상황이 지속되면 한국경제를 이끌던 수출의 둔화는 피할 수 없다. 수출증가율은 한자리수를 겨우 유지하기도 벅차게 될 것이고 마이너스로 돌아설 가능성도 배제할 수 없다.[19]

결국 세계 경기불황이 장기화되면 내수의 뒷받침 없이는 한국경제의 동반 침체를 피하기 어렵다. 특히 수출 둔화의 원인이 우리 수출품목의 품질이나 가격경쟁력 저하가 아니라 미국을 비롯한 주요 수출국의 자동차, IT와 같은 내구재의 절대적인 소비 위축이라는 사실을 감안하면 수출 증진을 위해 특단의 대책을 세우는 것 자체가 만만치 않다.

11년 전 외환위기에서 한국이 비교적 빨리 탈출할 수 있었던 것은 실은 미국을 비롯한 아시아 이외 지역의 경기호조로 수출이 대폭 증가한 덕분이었다. 그러나 지금은 그런 기대도 하기 어려운 상황이다. 따라서 한국경제가 자체적으로 불황을 탈출할 수 있는 방법은 수출이 아니라 내수에서 찾을 수밖에 없다.

덧붙인다면 수출 둔화는 외환시장 불안으로 치솟고 있는 환율을 안정시키는 데도 부정적으로 작용할 수밖에 없다. OECD 30개 가입국 가운데 2008년 경상수지 흑자에서 적자로 전환된 나라는 벨기에와 우리나라뿐이다. 2008년 들어 10월까지 우리나라의 누적 무역수지는 −134억 5000만 달러였으며, 한 해 전체로는 평균 100억 달러 내외의 적자가 예상된다.[20]

2008년 10월 들어 12억 2000만 달러의 흑자를 기록하며 적자의 늪에서 벗어나긴 했지만 이는 수출에 따른 것이 아니라 원유가격의 급락에 따른 수입증가율의 둔화 때문이다. 앞으로 원유를 포함한 수입물가의 하락속도와 수출의 둔화속도 가운데 어느 것이 더 빠른가에 따라 무역수지가 결정되겠지만, 현재로서는 수출둔화 속도가 훨씬 더 위험해 보이며 결국 무역수지는 2009년에도 적자행진을 계속할 가능성이 높다.

◆ 중소기업 위기는 2008년부터 시작되었다

우리나라는 2008년 11월 현재까지 부도 위험에 노출된 C&우방과 신성건설을 제외하고는 아직은 미국처럼 굴지의 대형 은행이 도산한 사례도 없고, 과거 외환위기 때처럼 대기업이 도산하지도 않았다. 그럼에도 심각한 위기감을 느끼고 있는 이유는 그 위기가 중소기업, 자영업, 고용과 같은 경제구조의 하부에서부터 심화돼왔기 때문이다.

1997년에는 무리한 단기외채 차입을 통한 대기업의 중복 과잉투자로 외환위기가 촉발되어 대기업이 도산하고 은행의 부실이 발생하면서 대기업 정규직의 대량 해고가 일어났다면, 현재의 위기는 그때와 달리 중소기업과 자영업 부문에서부터 위험이 누적되는 방식으로 진행돼왔다고 할 수 있다. 외환위기 이후 사회적 양극화가 심화되면서 이미 오랫동안 경영난과 생활고에 허덕여오던 많은 중소기업인과 자영업인에게 이번 금융위기와 실물경기의 침체는 사실상 파산선고와 다름없기 때문이다.

2008년 상반기 금융위기의 여파로 인플레이션이 발생해 원자재 가격이 상승하고 이명박 정부의 잘못된 환율정책으로 환율이 치솟기 시작하자 직접적인 타격을 받은 것은 국내 고용의 87퍼센트를 담당하던 중소기업이었다(그림 1-18 참조). 이제껏 정부나 대기업을 상대로 좀처럼 문제 제기를 하지 않던 중소기업들이 '납품단가 연동제 법제화'와 '환헤지 상품 피해 대책 촉구'를 주장하고 나선 것은 문제의 심각성을 상징적으로 표현해주는 사례다.

외환위기 이후 3~4퍼센트의 낮은 영업이익률과 대기업의 3분의 1에 불과한 생산성으로 버텨오던 중소기업들은 한때 비용 부담을 낮추기 위해 중국이나 동남아로 진출하기도 했지만 현재는 그마저도 어려워진 상황이다. 반면 대기업들은 중소기업의 채산성에 직접적으로 영향을 주는 납품가 인상에 인색했고, 한발 더 나아가 이른

[그림 1-18] 중소제조업 경영상 애로사항(2008년 6월 중 복수응답)

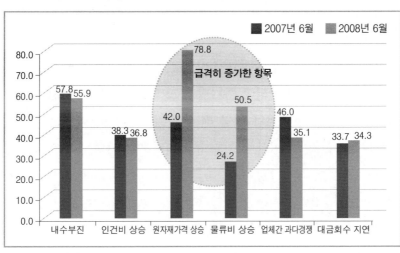

* 중소기업중앙회

바 글로벌 아웃소싱을 추진하며 국내 중소기업과의 연계성마저 줄여왔다. 게다가 중소기업의 자금줄인 은행들은 이미 수익성 위주의 경영전략으로 돌아서 중소기업 대출을 크게 줄여온 터라 자금 조달 역시 어려워졌다.

이런 상황에서 2008년 6월 92.5퍼센트(전년 동월 대비)까지 폭등한 원자재가격은 유가가 폭락하던 9월에도 여전히 59.1퍼센트라는 높은 수준을 유지하고 있어 원자재가격 인상분이 반영되지 않는 납품가로는 더 이상 견뎌낼 수 없는 한계에 이르게 된 것이다.

그 결과 [그림 1-19]에서 볼 수 있는 것처럼 중소기업의 가동률은 갈수록 떨어져서 2008년 9월 현재 80퍼센트 이상의 가동률을 유지하는 중소제조업체는 전체의 36.2퍼센트에 불과한 실정이다. 2008년 초부터 빠르게 떨어지기 시작한 평균 가동률은 6월 이후 70퍼센트

[그림 1-19] 중소제조업 가동률 변화

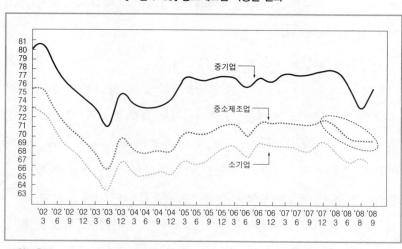

* 한국은행

미만으로 추락했다.[21]

이런 상황에서 중소기업이 위기탈출 해법으로 요구하는 내용은 간단하다. 아파트 분양원가 개념과 유사하게 원청업체인 대기업들이 원자재가 상승분을 납품가에 반영하도록 '납품가 연동제'를 법제화해달라는 것이다. 만일 이것이 어렵다면 차선책으로 납품단가에 대한 교섭권을 각 산업별 중소기업협동조합에 위임해줄 것을 요구하고 있기도 하다.

그러나 공정거래위원회는 '시장에 의한 자율교섭' 원칙을 앞세워 이를 묵살해오다 중소기업들의 열악한 상황에 사회적 관심이 모아지기 시작하자 이른바 '납품가 조정협의 의무제'라고 하는 변형안을 내놓았다. 2008년 정기국회에서 입법예고된 이 법안은 중소기업이 납품가 조정을 신청할 경우 대기업이 협의에 응할 것을 의무화하고 있다. 그러나 이는 원-하청업체 간 교섭력 격차를 무시한 발상에 지나지 않는다. 중소기업들 역시 이를 받아들일 수 없다며 거부 입장을 분명히 하고 있다.

원자재가격 상승에 이어 중소기업이 겪고 있는 두 번째 어려움은 키코Knock In Knock Out라는 파생상품으로 인한 대규모 손실이다. 잘 알려진 것처럼 키코는 우량 수출기업들이 2007년 하반기 이후 극심한 환율변동 위험을 피하기 위해 은행(주로 외국계)의 권유로 가입한 환헤지 상품이다. 그러나 2008년 들어 예상치 못한 환율 폭등이 발생하면서 많은 중소기업들이 큰 손실을 입고 있다(그림 1-20 참조).

특히 환율이 가파르게 상승했던 2008년 3분기 손실 규모는 엄청나다. 예를 들어 유가증권시장 상장사인 S사가 10월 16일 공시한 바

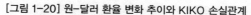

[그림 1-20] 원-달러 환율 변화 추이와 KIKO 손실관계

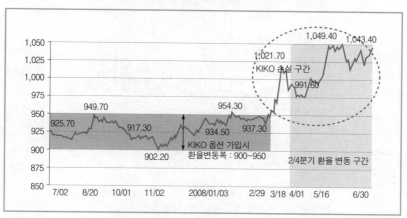

* 한국은행

에 따르면 3분기 통화옵션 평가 및 거래손실 규모는 자기자본의 95.02퍼센트에 해당하는 1526억 원이었으며 누적손실액(평가손실 포함)으로는 시가총액의 3배에 달하는 2974억 원이었다고 한다.[22]

금융감독원에 따르면 2008년 10월까지 키코에 가입한 487개 수출기업의 손실이 3조 1874억 원(실현손실 1조 4715억 원, 평가손실 1조 7160억 원)에 달했다. 기가 막힌 것은 우리나라 시중은행들이 2008년 9월까지 키코와 같은 파생상품이나 외환거래로 거둔 순이익이 1조 9853억 원으로 지난해의 두 배가 넘는다는 사실이다.

이미 2008년 6월 중소기업들은 키코를 판매한 은행이 손실위험성을 정확히 고지하지 않았다며 이들을 공정거래위원회에 불공정계약으로 제소했지만 공정위는 키코 가입 중소기업이 아니라 은행의 손을 들어준 바 있다. 그러자 2008년 11월, 120여 개 키코 피해 중소기업들이 모여 시티, SC제일, 신한, 외환은행 등 13개 은행을

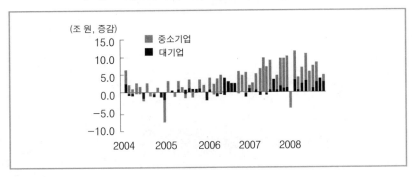

[그림 1-21] 은행의 대 · 중소기업 대출 증감 추이(순증감)

* 한국은행

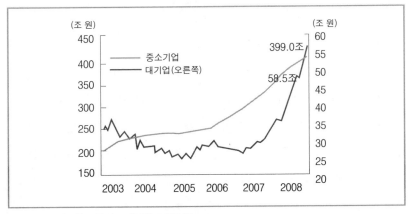

[그림 1-22] 은행의 대 · 중소기업 대출 증감 추이(잔액 기준)

* 중소기업연구원 동향자료 재인용, 2008.10

상대로 집단 손해배상을 청구해 놓은 상태다.[23]

중소기업들이 2008년 상반기에는 주로 원자재가격 급등으로 인한 채산성 악화를 감당해야 했다면 하반기부터는 여기에 대출금리 상승과 은행의 대출 축소로 인한 어려움이 더해졌다. 2008년 7월 중소기업에 대한 대출 규모는 5조 5000억 원이었으나 8월과 9월에는 각각 1조 8000억 원, 1조 9000억 원으로 급격하게 줄었다. 그나마 금융위기가 고점에 달한 10월에는 대통령이 나서 시중은행을 압박한 덕에 2조 6000억 원으로 약간 늘었을 뿐이다(그림 1-21 참조).

경제위기 심화로 중소기업은 갈수록 자금이 절실해지고 있지만 정작 은행들은 자신들의 유동성 압박을 해소하기 위해 오히려 대출금의 회수를 검토해야 하는 상황에 몰려 있다. 상황이 이렇다 보니 정부의 협박도 통하지 않고 있는 것이다.

설사 대출을 받는다 해도 평균 7퍼센트 이상인 대출금리를 상환할 수 있는 여력조차 없는 것이 지금 중소기업들의 상황이다. 순이자보상비율이 2005년 이후 급격히 떨어지고 있는 것은 중소기업들의 이자상환 능력이 갈수록 떨어지고 있음을 말해주고 있다. 현재 중소기업의 40퍼센트 가량은 영업이익으로 이자도 내지 못하는 상황에 처해 있다고 볼 수 있다(그림 1-24, 25 참조).

[그림 1-23] 국내 은행의 대출행태 지수(DI)

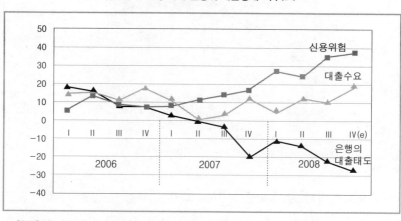

* 한국은행

[그림 1-24] 대기업 · 중소기업 단기차입금 상환능력 격차('현금흐름 보상 비율' 변화 추이)

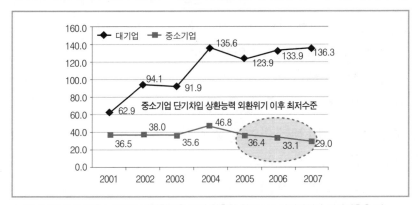

* 현금흐름 보상 비율 : 기업이 영업활동을 통해 창출한 현금으로 단기차입과 이자비용을 어느
  정도 부담할 수 있는지를 나타내는 지표
  현금흐름 보상 비율 = (영업활동 현금 수입+이자비용)/(단기차입금+이자비용)
* 한국은행

[그림 1-25] 대기업 · 중소기업 이자상환 능력 격차('현금흐름 이자보상 비율' 변화 추이)

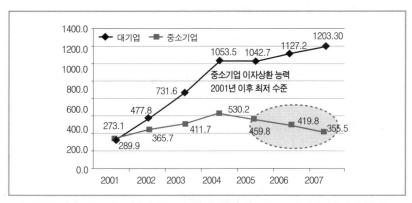

* 현금흐름 이자보상 비율 : 기업이 영업활동을 통해 창출한 현금으로 단기차입과 이자비용을
  어느 정도 부담할 수 있는지를 나타내는 지표
  현금흐름 보상 비율 = (영업활동 현금 수입+이자비용)/이자비용
* 한국은행

　　원자재가격과 금리 상승의 부담 그리고 환혜지 상품 피해로 줄도
산 위기에 처한 중소기업들이 2009년 상반기까지 견디기 위해서는

특단의 조치가 필요하다. 이미 2008년 3/4분기 이후 본격화되고 있는 국내 소비의 위축은 앞으로 중소기업의 판매실적에 점점 더 큰 영향을 주게 될 것이다. 중소기업의 연쇄도산은 당장 고용에 미치는 충격이 적지 않은 것은 물론 은행의 부실로까지 이어질 수 있다는 점에서 대단히 심각한 문제다.

◆ 이미 구조조정된 자영업의 재구조조정

2008년 들어 가장 심각한 생존의 위기에 몰린 계층이 600만 자영업인이라는 사실은 이미 잘 알려져 있다. 그러나 이들의 소득상태나 여건을 구체적으로 확인하는 것은 쉽지 않다.

2000년대 이후 우리 사회의 양극화를 상징하는 집단은 단연 비정규직이었다. 물론 지금도 이들의 상황은 전혀 나아지지 않았다. 하지만 2008년에 접어들면서 부쩍 자영업 계층, 특히 영세자영업인의 어려운 경제형편에 관심이 모아지고 있다. "골목경제가 흔들린다"(쿠키뉴스 2008. 8. 6), "하루 12시간 일해 고작 3만 원, 폐업생각 굴뚝"(경향신문 2008. 8. 4), "점포 절반이 자릿세도 못내요"(서울신문 2008. 8. 6) 등 자영업인의 채산성 악화를 표현하는 극단적인 용어들이 언론매체에 오르내리고 있다.

한 중국집 운영주는 "중국집을 시작한 이래 요즘이 제일 힘들다"고 토로하기도 했다. "예전엔 중국집을 차리면 90퍼센트는 잘 됐다. 그런데 요새는 주변에 폐업하는 집들이 많이 생겨난다"며 그 원인으로 지난해보다 35~40퍼센트 오른 식자재 값과 2배나 오른 LPG

[그림 1-26] 직장인과 자영업인의 소득 추이 비교도(도시 2인 가구 이상)

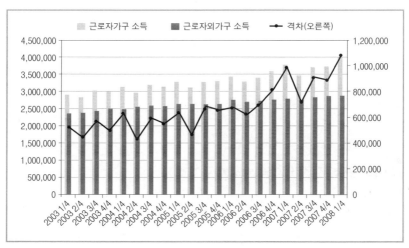

* 통계청

가스비를 지목했다. 지난 2월부터 자장면 등 주요 메뉴의 가격을
500~1000원씩 올려보기도 했지만 손에 떨어지는 돈은 1년 전보다
100만 원 이상 줄었다고 한다.[24] 실제로 현재 드러나고 있는 자영업
실태는 상상 이상으로 심각하다.

 그렇다면 어째서 유독 자영업 부문이 집중적으로 피해를 입고 있
는지, 문제의 원인은 대체 무엇인지를 살펴보기로 하자.

 1990년대 정부의 농정포기 정책으로 농업이 붕괴하고 외환위기
이후 기업들의 대규모 구조조정이 감행되면서 도시의 자영업 계
층은 폭발적으로 증가했다. 전체 규모로는 선진국의 2배를 넘어섰
고 영세한 도소매 서비스업 종사자의 규모만으로도 전체 취업자
의 26퍼센트를 차지할 정도로 기형적인 구조가 형성됐다.

 이렇게 초과잉 초영세 상태에 몰린 자영업은 2003년 카드대란으

로 1차 구조조정 압박을 받아야 했고, 불과 2년 뒤 다시 2차 구조조정 상황에 놓이게 되었다. 여기에 더해 2007년 말 미국발 금융위기의 여파로 구조조정의 압력은 한층 급격한 양상을 띠고 있다.

실제로 가장 취약한 부분이라고 할 수 있는 도소매 음식업 종사자의 경우 2003년에 한 차례의 급격한 감소 추세를 보인 뒤 다시 2005년 이후 빠르게 줄고 있다. 최근에는 그 추세가 더 빨라지고 있기도 하다.

2008년 통계에 따르면 자영업인의 수는 2007년에 비해 무려 7만여 명이 감소했다. 불과 1년 사이의 일이다. 원자재가격과 소비자물가 상승, 국내소비 위축의 가장 직접적 피해계층이 되고 있는 것이다. 이들의 소득이 꾸준히 추락하고 있음은 물론이다. [그림 1-26]에서 볼 수 있는 것처럼 이는 도시근로자와의 소득격차가 갈수록 벌어지고 있는 데서도 알 수 있다.

고용대란의 어두운 그림자

외환위기 이후 국내 고용문제의 중심에는 비정규직이 자리하고 있었다. 이는 여전히 중요한 문제이자 난제로 남아 있지만 전 세계의 경기침체가 현실화되고 있는 지금, 고용문제는 비정규직을 중심으로 엉킨 실타래보다 훨씬 더 광범위하면서도 더 심각한 국면에 빠져들 것으로 보인다. 앞으로 경제불황이 장기화될 경우 고용사정이 더욱 악화될 것이라는 점은 너무나 분명하지만 현재로서는 그 폭과 깊이를 짐작하기가 쉽지 않다.

가장 먼저 검토해야 할 점은 한국경제 전체의 고용창출력 약화 문제다. 이미 참여정부 시절인 2002~2007년에 신규 취업자 수가 두드러지게 감소한 바 있다. 경제가 회복기에 있던 이 기간 동안의 평균 신규 취업자는 약 28~29만 명 규모로 외환위기 이전인 1990 년대 초반 50만 명이던 것에 비해 크게 줄었다.

신규 취업자 감소의 주된 요인은 경제성장률 하락과 제조업의 고용창출력 하락이다. 2000년대 초반만 해도 서비스업의 고용 확대가 이를 보완해왔으나 최근 3~4년 동안은 이마저도 여의치 않았다. 도소매 및 음식숙박업을 중심으로 취업자가 아예 감소 추세로 돌아선 것이다. 그동안 과대 고용돼 있던 영세자영업인들의 2차 구조조정이 2005년부터 서서히 진행되고 있는 것으로 보인다.

2008년 들어서는 비틀거리는 고용창출력에 뭇매가 가해지는 양상이다. 2007년 7월부터 나타나기 시작한 신규 취업자의 감소 추세가 2008년 들어 더욱 심각한 양상을 띠는가 하면 장기화 조짐마저 보이고 있기 때문이다. [그림 1-27]에 나타난 것처럼 2008년 1월 23만 5000명이던 신규 취업자 수는 3월에 18만 4000명으로 줄어들더니 6월 14만 7000명에 이어 10월에는 급기야 한자리 수인 9만 7000명으로 급락했다. 그리고 11월에는 다시 7만 8000명으로 주저앉았다. 정부 역시 4분기에 10만 명을 넘지 못할 것으로 보고 있다.[25]

2008년 고용창출력이 무너진 결정적 요인은 그동안 비교적 꾸준하게 성장을 유지하던 사업자 서비스 부문의 고용 악화에 있다. 미국발 금융위기의 직격탄을 맞으면서 이 부문이 새롭게 취업자 감소에 동참하는 형국을 보이고 있는 것이다.

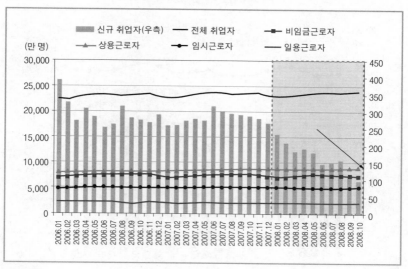

[그림 1-27] 취업자 변동 추이

凡例:
신규 취업자(우측)　전체 취업자　비임금근로자
상용근로자　임시근로자　일용근로자

(만 명)

* 통계청

그러나 이러한 고용사정의 악화는 실업자 증가가 아닌 비경제활동인구의 증가로 나타나고 있다(그림 1-28 참조). 2008년 평균 경제활동 가능인구 증가분인 약 43만 명의 26퍼센트(9월 기준)만이 취업자로 흡수되었음에도 실업률은 3.2퍼센트 수준을 유지하고 있다. 이는 늘어난 경제활동 가능인구의 대부분이 아예 구직활동을 포기하고 곧바로 비경제활동인구로 편입되었다는 뜻이다. 이는 실업자의 증가보다 훨씬 더 심각한 문제라고 할 수 있다.

비경제활동인구를 조금 더 자세히 들여다보면, 청년층 취업준비생의 증가와 함께 남성 장년층의 '그냥 쉬었음'(통계청 분류) 항목의 증가가 눈에 띈다. '그냥 쉬었음' 항목 인구는 2007년 현재 130만 명을 넘어섰고 이 가운데 80퍼센트가 남성이다. 경제사정의 악화에

[그림 1-28] 비경제활동인구 변화 추이

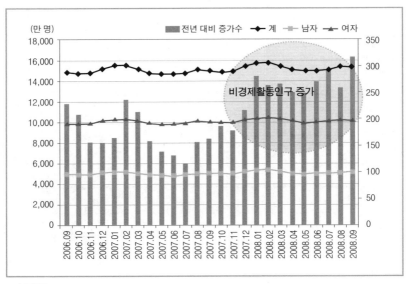

* 통계청

따라 이런 계층이 급속히 증가할 가능성이 높다.

향후의 추이를 판단하는 데 있어 여성 노동력의 추이도 주의 깊게 살펴볼 필요가 있다. 외환위기 이후 여성 취업자들은 남성 취업자보다 훨씬 빠르게 증가해왔다. 이른바 '좋은 일자리'가 줄어드는 가운데 '나쁜 일자리'가 소폭 확대된 현상을 반영하고 있는 것이다. 이런 '나쁜 일자리'를 주도한 대표적인 계층으로 여성과 노년층 그리고 단시간 일자리 종사자를 들 수 있는데 특히 여성이 전체 고용 사정을 대표하는 계층이라고 할 수 있다.

예컨대, 여성의 고용률은 최근 10년간 지속적으로 증가해 외환위기 이전 수준을 넘어섰다. 이는 고용의 질이 전반적으로 악화되면서 핵심 노동계층과 청년 노동계층의 노동력 확대가 용이하지 않자 노동력 부족을 보완하기 위해 여성 노동력을 확대했다는 추론을 가능하게 한다.

그런데 2008년 들어 여성 노동력의 고용지표들 역시 남성의 그것과 마찬가지로 악화되기 시작했다. 물론 아직 남성 고용지표의 악화속도보다는 덜하지만 2003년 이후 최초로 고용률이 하락하는 추세가 나타난 것이다. 만일 이러한 결과가 영세한 한계기업들의 고용사정을 반영하는 것이라면 이는 곧 이들 기업의 도산이 멀지 않았음을 의미하는 것이다.

우리나라에서 2008년 11월 현재까지 미국에서 나타나고 있는 대대적인 감원과 고용 감소가 본격적으로 현실화되고 있지는 않다. 하지만 실물경제의 하락속도가 빨라질 2008년 말~2009년 초에는 중소기업, 건설업 등을 시작으로 많은 기업들이 비상경영, 감산, 인력조정을 추진할 것으로 예상된다. 또한 금융권과 대기업에서도 구조조정이 진행된다면 외환위기 이후 최악의 고용대란이 닥칠 수도 있다.[26]

이는 이명박 정부 역시 인정하고 있는 부분이다. 정부는 2009년 경제성장률을 3퍼센트로 가정하며 약 12만 개의 신규 일자리가 창출될 것으로 보고 있다.[27] 물론 정부는 감세와 재정지출 등을 통한 1퍼센트의 추가 성장으로 일자리를 20만 개까지 늘릴 수 있다고 주장하기도 한다. 그러나 1퍼센트 성장에 일자리 7~8만 개가 어떻게 새롭게 창출될 수 있는지 근거를 밝히고 있지는 않다. 2000년대 초반까지는 1퍼센트 성장으로 평균 6~7만 개의 일자리가 만들어졌지만 2008년을 기준으로 보면 4만 개에도 채 못 미치기 때문이다.

　대다수 국민의 입장에서는 주식, 펀드, 부동산 등의 자산가치가 계속 하락하고 이자 부담이 늘어가는 상황에서 고용마저 축소돼 소득이 줄어들면서 말 그대로 유례없는 생활고로 빠져들고 있는 것이다.

4
—

위기를 구조전환의 기회로,
한국경제를 위한 제언

금융 플레이어 가운데 특히 은행과 여타 금융회사들은 분리할
필요가 있으며 은행들의 수익추구 제일주의를 제어할 필요가
있다. 은행 시스템이 붕괴하면 기업과 가계 전체가 위험해질 수
있기 때문이다.

미국발 금융위기가 확산일로를 걷던 2008년 9월까지만 해도 "외
환위기 때와 지금은 다르다"며 한국경제의 안정성을 주장하던 이
명박 정부였다. 그런 자신감 탓인지 정부는 현실화되고 있는 위기
에 선제적인 대응을 하기보다는 민영화 정책(8.11~10.10), 부동산 규
제 완화 정책(8.21~), 감세정책(9.1) 그리고 금산분리 완화정책
(10.13)을 잇달아 발표하였다.

그런데 2008년 10월에 접어들어 주가 폭락과 환율 폭등이 심상
치 않은 국면을 예고하고 외신발 국내 은행의 위기설이 끊이지 않
자, 갖가지 금융안정화 대책과 경기진작 대책을 진지한 고려도 없

이 백화점식으로 풀어 놓기 시작했다. '10.19 금융안정화 대책'과 '11.3 경제난국 극복 종합대책'이 그 대표적인 사례다. 감세와 재정 지출 확대가 서로 모순되고 충돌하는 등 설익은 정책들의 남발이 오히려 향후 장기화될 불황에 대한 체계적인 대처를 더 어렵게 만들 수도 있다는 우려가 들 정도다.

현재 한국경제가 처한 상황은 외환위기 이후 잠재돼 있던 문제점들이 외부 충격에 의해 국내 금융과 실물경제의 모든 부문에서 터져 나오고 있는 대단히 심각한 국면이다. 충격과 불확실성이 여전히 사라지지 않고 있는 상황에서 침체 자체도 장기화될 것이 거의 확실하다. 따라서 임기응변식 처방이 아니라 경제구조의 전환까지도 감안한 강도 높은 대책이 필요하며 위기의 전개 상황에 맞춰 체계적으로 대처해야 한다.

❖ 외부 금융충격을 완충할 시스템적 기제의 필요성

이명박 정부는 2008년 11월 미국이 대선을 거치며 금융 불안정성이 어느 정도 완화되고, 미국과의 300억 달러 통화스왑이 체결되자 금융경색의 고비를 넘긴 것으로 잠시 안도하기도 했다. 그러나 그 효과는 불과 두 주일을 가지 못하고 오히려 더 큰 위기감이 몰려오고 있는 상황이다. 지금까지는 금융경색이 기업과 실물경제를 압박했다면 앞으로는 실물경기 침체와 기업 실적의 악화가 반대로 금융부실을 초래하는 악순환 국면으로 빠져들 것이기 때문이다. 금융위기를 확산시킨 뇌관들이 제거되었다고 보기도 어렵다.

이러한 상황에서 현재 우리 금융시장은 외부의 금융 변동성에 대한 어떤 완충기제도 없이 거의 실시간으로 영향을 받고 있다. 밤사이 뉴욕 증시가 폭락하면 바로 다음날 우리 증시에서 외국인 순매도가 폭증하고 환율이 치솟는 상황이 2008년 9, 10월 거의 매일같이 반복되었으며, 주식시장과 외환시장에 투기세력마저 제한 없이 들어와 혼란을 가중시키고 있다. 이미 시장의 조절기능이 작동하지 않는 상황에서 외환보유고와 국가 재정을 시장에 쏟아 붓는 방식의 대처는 더 이상 효과를 기대할 수 없다는 것이 명확해졌다.

외환 거래를 안정화시킬 시스템적 기제의 필요성

최근 외환시장의 극심한 불안이 시사해주는 것은, 국내외의 경제 여건으로 볼 때 현재와 같은 외환시장의 완전한 개방과 자유변동환율제에 대해 다시 생각해봐야 한다는 점이다. 사실 1998년에 외국환거래법을 제정해 외환시장을 자유화하고 자유변동환율제로 전환한 것은 어디까지나 IMF의 요구에 따른 피할 수 없는 선택이었을 뿐 내부적인 여건의 성숙에 따른 조치는 아니었다.

또한 향후 달러 기축통화체제를 포함해 국제통화를 둘러싼 다양한 논의와 함께 외환 시스템의 변동이 예상되는 만큼 우리도 변화에 능동적으로 대처할 안정적인 외환관리 시스템을 가지고 있어야한다. 이를 위해서는 순전히 시장기능에 의존하는 방식 보다는 '시스템적 기제'를 다시 갖출 필요가 있다.

향후 환율 불안정성이 심화될 경우 외환거래법에 규정된 세이프가드 같은 것을 활용하여 외환 거래를 적절히 통제할 필요도 있다.

또한 구조적으로도 외화가변예치제도에 상응하는 시스템을 두어 단기적인 대규모 외환 반출입을 제어함으로써 급격한 환율 변동과 외환 경색을 막아야 한다. 이와 함께 중장기적 이익을 추구하는 외국자본에 대해서는 그만큼 혜택이 돌아가는 구조를 확보해야 한다.

근본적으로는 자유변동환율제도에 대한 재검토가 필요하다. 시장에 의해 자유롭게 환율이 움직이는 자유변동환율제도 아래서는 대규모화·투기화한 외국 금융자본에 의해 국민경제가 통제불능의 상태에 빠질 수 있다는 사실을 확인한 지금, 적정한 수준의 관리변동환율제로 전환하는 것도 검토해야 한다. 과거에는 외환 시스템과 금융 시스템이 국가로부터 자율성을 획득하는 것이 과제였지만 지금은 오히려 외부충격으로부터 자율성을 확보하는 것이 가장 큰 과제가 되고 있다.

특히 앞으로 경상수지가 큰 폭의 흑자를 내기도 쉽지 않은 상황에서 외환보유고를 낭비해가며 시장에 달러를 공급하는 식의 대응은 중단해야 한다.

자금중개 기능으로 재전환해야 할 은행 시스템

유동성 위기에 처한 은행에 당장 원화와 달러화 유동성을 공급하는 것에 그치고 만다면 은행들은 또다시 수익 추구를 위해 수수료 수익처를 찾게 될 것이며, 예금이 늘지 않는 한 시장성 수신을 확대해 대출 규모를 키우게 될 것이다. 따라서 문제의 근본 원인을 찾아 해결할 필요가 있다.

지난 10여 년 동안 한국경제는 은행을 매개로 한 금융과 산업의

'장기적 관계금융'이 위축됨과 동시에 은행의 자금중개 기능financial intermediation이 현저히 약해졌다. 그러나 은행은 일반 기업(회사)과 다르다. 이는 10월 금융위기에서도 명확히 드러났다. 유동성 위험에 빠진 은행에 대해 정부와 중앙은행이 어떤 것도 마다하지 않고 지원에 나설 수밖에 없었던 이유는 바로 은행이 경제에서 차지하는 비중이 비할 바 없이 크기 때문이다.

금융 플레이어 가운데 특히 은행과 여타 금융회사들은 분리할 필요가 있으며 은행들의 지나친 수익성 추구 경향을 규제할 필요가 있다. 은행 시스템이 붕괴하면 기업과 가계 전체가 위험해질 수 있기 때문이다.

우선 은행에 대한 자금 지원과 지급 보증을 해주는 조건으로 주주들에 대한 배당금 지급 금지는 물론, 당분간 대주주의 주식 매각 금지를 요구할 필요가 있다. 정부가 공적인 자금으로 은행의 자금난을 해소해주고 주가를 받쳐주었다면 주주들은 마땅히 그에 상응하는 책임을 져야 하는 것이다. 정부도 은행이 유동성 위험에 처하게 된 책임을 직원들이 아닌 주주들에게 물어야 한다.

나아가 은행에 대해서만큼은 외국인 지분 소유 제한을 부활해야 하며 이를 위해 정부 재정이나 연기금을 통해서라도 지분을 매입할 필요가 있다. 우리와 외환위기를 다른 방식으로 해결했던 말레이시아는 여전히 은행에 대한 외국인 지분 소유 한도를 30퍼센트로 제한하고 있다.[28]

또한 최소한의 자금중개 기능을 살리기 위해 현재 중소기업은행만을 대상으로 하는 '중소기업 의무대출 비율' 적용 범위를 확대하는 것도 적극 검토해야 한다. 중간 단계로서 현재 매각을 기다리고 있는 우리은행을 자금중개 기능을 수행하는 선도국책은행으로 전환시킴으로써 외국자본에 넘어간 여타 시중 은행들에게 자극을 주는 방법도 고려할 수 있다. 과거 한국경제가 관치금융의 피해를 본 적이 있다고 해서 자유방임형, 수익추구형 은행만을 고집하는 것은 절대 정답이 아니다. 오히려 최근에는 '그래도 국책은행이 제일 안전하다'며 국책은행 선호도가 높아지고 있는 새로운 풍속도가 생기고 있는 걸 감안하면 더욱 그렇다.

또 손실 가능성이 있을 뿐 아니라 직원 자신들도 그 위험성을 정확히 인지하지 못하는 파생상품 관련 펀드의 은행 판매를 원칙적으로 금지할 필요가 있다. 사실 그동안 은행들은 펀드 판매로 막대한 수수료 이익을 챙겨온 것이 사실이다. 은행들이 2007년 펀드 판매로 올린 수수료 수익은 모두 1조 6824억 원이었다. 전년 대비 106.9퍼센트나 급증한 것이며, 증권사 수수료 수익보다 큰 것은 물론 은행 전체 당기순이익의 11.3퍼센트에 달하는 금액이다.

수많은 국민들이 펀드 가치 하락으로 보유 자산 가치가 폭락하고 있는 동안 은행들은 막대한 수수료 수익을 챙기고 있었던 셈이다. 은행에 대한 국민들의 신뢰를 악용해 손실 위험이 큰 펀드를 판매하면 당장에는 수수료 수익을 안겨줄지 모르지만 이로 인해 위험이 닥치면 피해 범위는 막대하다는 점을 기억해야 한다.

자본시장의 탈동조화와 직접금융으로서의 역할 확보

2008년 한 해 동안 자본시장에서의 높은 외국인 비중이 위기 국면에서 어떤 부정적 효과를 낳을 수 있는지는 충분히 학습했다고 볼 수 있다. 비록 미국 등 선진 자본시장과 완벽하게 탈동조화되는 것이 불가능하다 해도 최소한의 완충장치는 필요하다. 더 이상 외국인이 쉽게 유동성을 회수할 수 있는 현금 창고로 한국 자본시장을 여기게 해서는 안 된다.

현재 우리나라는 자율적인 시장 메커니즘을 통해 외국인 지분율을 선진국 수준인 25퍼센트 전후로 조절할 수 있는 시스템을 갖추고 있지 않다. 그렇다면 외국인 지분 소유 제한을 부활하는 것도 검토해야 하며, 만일 그것이 어렵다면 외국인이 단기 차익을 노린 매매를 할 수 없도록 이에 대해 높은 자본이득세를 부과하는 방안을 검토할 수 있다. 아울러 일정 규모 이상의 현금 배당을 일시에 송금할 수 없도록 보완장치를 마련하는 것도 고려해야 한다.

기업에서 자본시장으로 자금이 역류하는 것을 방지하기 위한 대책도 필요하다. 사실 2008년 1~10월 위기국면에서도 주가 방어를 위해 자사주를 취득한 상장사들은 112개로 지난해 같은 기간보다 69퍼센트가 늘어났다. 지금과 같은 국면에서 유상증자나 기업공개로 자금을 조달하기는 극히 어려운 실정인데 반대의 경우가 수월하다는 것은 균형 있는 시스템이라고 할 수 없다. 특히 이번 금융위기로 인해 위험성의 끝을 알 수 없을 정도로 문제가 있는 파생금융상품 거래에 대한 엄격한 제한은 필수다.

금융 불안정성이 지속되고 향후에도 국제 자본시장이 어떻게 재편될지 누구도 장담할 수 없는 조건에서 미국을 모델로 한 자본시장의 지각변동을 낳을 자본시장통합법은 무기한 연기하는 것이 바

람직하며, 2009년 연말로 예정된 헤지펀드 허용 방침도 유보해야
한다.

내수기반 확충을 통한 불황탈출 모색

현 정부가 기대하고 있는 '규제 완화와 감세 ➡ 수출 대기업 투자
활성화 ➡ 중소기업 활성화 ➡ 고용 확대'로 이어지는 적하효과는
더 이상 작동하지 않는다는 사실이 이미 여러 차례 확인되었다. 더
욱이 현재의 수출 부진은 세계적 경기침체로 인한 소비 위축에서
비롯된 측면이 크기 때문에 수출 지원을 위해 정부 재정을 쏟아 붓
는 것은 효과가 거의 없다고 봐야 한다. 효과가 있다 해도 내수 연관
효과가 적어 국민들의 고통을 완화시켜주는 데 효율적이지 못하다.

수출 대기업을 지원하는 데 역점을 두기보다는 대규모 부도 사태
를 낳을 수도 있는 중소기업들을 살리고 자영업이 살아갈 숨통을
틔워주어야 하며, 고용과 소득을 늘려 내수 구매력을 창출하는 데
정부의 재정 여력과 정책 수단을 집중할 필요가 있다.

중소기업과 자영업의 생존기반 확보

납품가 연동제는 공정거래위원회가 주장하듯이 자율계약 침해
와 아무런 연관이 없을 뿐 아니라 현재 하청 중소기업의 채산성을
맞출 최선의 방안이다. 최근 정부가 무수히 많은 중소기업 대책을
남발하고 있지만 납품가 문제를 풀지 않고서는 전체 중소기업의
절반에 해당하는 하청기업의 경영 상태를 결코 호전시킬 수 없다.

100개의 중소기업 정책도 납품가 연동제라는 하나의 대책보다 효과적일 수 없다는 뜻이다.

납품가 연동제를 공정거래법 안으로 법제화하고, 중소기업청 산하에 중립적인 원가조정센터를 설치해 원가 변동 가이드라인을 제공하는 방식을 찾는다면 얼마든지 합리적이고 공정한 납품거래 관행을 정착시킬 수 있을 것이다.

납품가 연동제와 함께 현재 가장 시급한 사안인 중소기업에 대한 자금조달 문제도 보다 능동적이고 직접적으로 풀어야 한다. 자금중개 기능을 거의 하지 않고 있는 상업은행들에게 정부가 자금을 쏟아 부어도 그것이 중소기업이나 자영업 부문에 흘러들어가지 않는 것이 현재의 상황이다. 금융위기 심화로 은행 자신이 달러유동성과 원화유동성 경색으로 자본건전성을 맞추는 데 여념이 없는 판국에 정부가 후선에서 지급 보증이나 자금 지원을 하고 은행이 전방에서서 '자발적으로' 대출 연장이나 추가 대출을 하도록 해서는 효과를 전혀 기대할 수 없다.

안택수 신용보증기금 이사장이 2008년 10월 15일 국회 정무위원회 국정감사에서 "국민·우리·신한 3개 금융기관은 중소기업이 신보의 보증서를 갖고 가도 대출을 해주지 않고 있다"고 지적할 만큼 철저히 사익을 추구하는 일반 시중은행들에게 중소기업 대출을 독려하는 것은 사실상 '지원 대책'이라고 볼 수도 없다. 시중은행들은 중소기업 대출을 위해 분주하기는커녕 오히려 도산 가능성이 있는 중소기업을 선별해 살생부를 만들고 있는 상황이 아닌가.

은행의 자금중개 기능 회복은 중장기적 과제로 둔다 하더라도 당장 비상시국에서 정부가 중소기업과 자영업을 위해 직접적인 자금 조달 통로와 수단을 마련하는 것이 시급하다. 대마불사 논리에 따라 주요 상업은행과 대기업의 부실을 막기 위한 대책만 필요한 것이 아니다. 똑같은 논리로 중소기업과 자영업을 위한 구제금융 정책도 필요한 때다.

예를 들어 '중소기업 지원기금 조직'을 별도로 만들어 정부 재원으로 대규모 기금을 조성하고, 빠른 실사과정을 거쳐 자금을 필요로 하는 중소기업에 융자를 해주거나 회사채를 매입하는 방식과 같은 대책을 세우는 것이 긴요하다. 동시에 아직 국책은행으로 남아 있는 기업은행과 산업은행 민영화는 재고되어야 한다. 현재 정부 자신도 시중은행을 통한 자금지원이 여의치 않자 국책은행인 기업은행과 산업은행을 활용하여 지원하겠다는 대책을 내놓는 것을 보면, 중소기업을 위한 국책 공공 금융기관이 왜 필요한지를 정부 스스로가 입증해 주고 있는 셈이다.

끝으로 중소기업이나 자영업 부문에 직접적인 이익을 가져다 줄 카드 수수료 인하 역시 더 이상 촉구나 권장에 머물지 말고 강제적으로 적용해야 한다.

이처럼 장기화될 실물경기 침체 상황에서 우선 중소기업들의 생존 조건을 확보한 뒤 장기적으로 중소기업과 내수기반 중심의 경제로 구조를 전환하기 위한 전략을 세워야 한다. 그것이 현재의 침체에서 벗어날 수 있는 가장 빠른 길이다.

고용을 통한 구매력 창출과 내수 진작

앞서 미국의 거품경제로부터 교훈을 얻었듯이, 장기화될 경기침체를 견뎌내면서 경기회복을 도모하자면 고용과 소득을 늘려 구매력을 창출함으로써 내수를 활성화하는 것이 중요하다. 하지만 지금은 토목공사로 내수를 부양할 수 있는 시대가 아니다.

정부는 경기 부양을 위해서 감세를 포기하지 않으면서 추가로 11조 원의 공공지출을 확대하겠다고 발표했다. 그런데 그 가운데 SOC(사회간접자본) 투자 확대 등 건설 투자 확대에 전체 예산의 절반에 가까운 4조 6000억 원이 편성돼 있다.

수년간 고통스런 경기침체를 겪을 수밖에 없다면 차라리 위기를 기회로 돌리기 위해서라도 건설공사보다는 대규모 사회 서비스 사업을 펴는 것이 바람직하다. 이 방안은 앞으로 닥칠 경제난 속에서 저소득층, 육아, 노인 등 사회복지 서비스를 대거 확충함으로써 고통을 완화해주는 한편, 대규모 일자리를 창출할 수 있는 방안이다. 또 이를 계기로 현재 선진국의 절반도 안 되는 사회 서비스 영역을 확충할 수도 있다.

즉 대규모 토목공사 대신 대규모 사회 서비스 사업으로 내수 창출과 경기 부양 그리고 취약계층에 대한 지원에 나설 필요가 있으며, 이를 발판으로 경기회복 이후 사회 서비스 영역을 현대화시켜 나가는 기회를 열 수 있다는 것이다.

지금은 21세기다. 토목건설 방식의 뉴딜정책은 20세기 방식이며, 이미 지난 10여 년간 수많은 건설사업이 이뤄져 현재는 투자 대비 효용성도 높지 않다. 반면 한국의 사회서비스 부문 공공지출 비중은 선진국의 절반에도 못 미친다. 한국에서 21세기에 추진해야 할 뉴딜정책이 마땅히 사회 서비스 투자가 되어야 하는 이유다.

아울러 대량실업 사태에 대비해 실업급여 기간을 늘리고, 청년실업자와 재취업자에 대해서도 정부의 임금 지원금을 대폭 늘리는 쪽으로 재정을 지출할 필요가 있다. 은행과 기업에 자금을 지원할 것이 아니라 이런 방식으로 고용 부문에 직접 투입해야 한다.

바야흐로 '시장의 시대'가 저물고 '국가의 시대'가 오고 있다. 자유시장주의를 주창해왔던 이들이나 시장의 실패를 우려해왔던 이들이나 예외 없이 모두 국가의 품으로 뛰어들어 위기를 해결해달라고 아우성치는 일이 전 세계에서 벌어지고 있다. 자유시장주의를 선도해왔던 미국 역시 다르지 않다.

문제는 국가가 누구를 향해 재정을 지출하고 통제 권한을 사용하는가에 있다. 지난 11년 전 외환위기 당시 대한민국 국가는 다수 국민이 아니라 대기업과 은행을 살리는 데 국민의 세금과 권력을 동원했다. 그러나 지금은 대주주나 대자본이 아니라 국민을 위해 국가가 나서야 한다. 또 지금은 중앙정부 혼자의 힘으로 문제를 해결하기에는 문제의 깊이와 폭이 너무 커져버렸다.

따라서 우리 사회에 존재하는 다양한 사회조직과 단체들의 자발적 동력을 극대화하여 난국을 돌파하는 데 참여토록 해야 한다. 그 길만이 이명박 정부가 집권 5년을 무사히 채우며 명예롭게 임기를 마칠 수 있는 유일한 길이다. 미네르바의 신원을 캐내는 데 허비할 시간이 없다.

1   2008년 11월 7일 민주노총이 주최한 토론회에서 김병권(새사연 연구센터장)이 발표한 발제문을 보완한 글이다.

2   Mckinsey Global Institute, *Mapping Global Capital Markets Fourth Annual Report*, 2008.1

3   원래 투자은행은 1929년 대공황 이후 1934년 증권거래법Securities Exchange Act 1934에 근거해서 규제를 받게 되어 있는데, 투자은행 지주회사에 대해서는 명백한 감독 규정이 없다. 그래서 2004년 CSE Program에 따라 법적 근거에 의한 강제적인 규제가 아니라 투자은행 지주회사가 CSE Program에 의해 자발적인 감독을 받을지 여부를 임의로 결정할 수 있는 방식이 도입되었다.

4   헤지펀드와 함께 지난 20년간 수십 배의 레버리지를 이용해서 미국 인수합병시장의 3분의 1을 장악한 사모펀드는 이번 금융위기의 주범이라기보다는 어떤 의미에서는 피해자일 수 있다. 파생상품 부실로 신용이 급격히 경색되고 은행들의 자금 회수de-leverage가 진행되면서 이들 역시 자금난에 시달려야 했기 때문이다. 일정하게 금융위기가 진정될 경우, 살아남은 사모펀드가 부실화된 기업들의 인수합병시장에 다시 뛰어들 가능성도 존재한다.

5   미국 연방준비제도이사회FRB는 2007년 8월 5.25퍼센트였던 금리를 2008년 4월 30일까지 7차례 인하하여 2.0퍼센트로 떨어뜨린다. 9,10월 금융위기가 다시 확산되자 2003년 초저금리 수준이었던 1퍼센트까지 인하한다.

6   민주노총 정책토론회, 〈서브프라임 사태의 교훈과 투기자본 정책대응 방향〉, 2008.10.

7   탈동조화를 제기한 것은 지난해 하반기 골드만삭스, 모건스탠리와 같은 미국의 투자은행들이었다. 미국 서브프라임 모기지 부실 파장이 세계적으로 확산되던 2007년 8월 이후에 부상된 이슈다. 골드만삭스는 2007년 9월 〈글로벌 경제의 탈동조화 가설에 대한 검증Stress-Testing Our Global Decoupling Thesis〉을 발표하면서 탈동조화에 불을 붙였는데 핵심내용은 이렇다(한국 뉴욕총영사관, 2007.9.20).
"최근 미국의 경제침체에도 불구하고 여타 국가는 탈동조화decoupling되는 경향이 나타나기 시작"했는데 그 증거가 금리, 주가, 환율에 걸쳐 나타났다는 것이다. ① 금리를 보면, "미 연준의 금리인하 조치에도 불구하고 유럽 중앙은행은 금리를 내리지 않고 있고 스웨덴과 중국 중앙은행은 금리를 인상했다(2007년 9월자 시점에서_인용자)" ② 주가와 관련하여, 미국 기업 가운데 대외지향 기업바스켓GSSU의 주가는 2007년 7월 중순 이후 주가 하락시에도 3.9퍼센트 상승했지만 미국 국내지향 바스켓 주가는 4.1퍼센트 하락했다. ③ 환율의 경우, BRICS 등 신흥시장 통화가치 상승이 지속되어 신흥시장 중심의 통화 바스켓이 2007년 7월 중순 이후 3.1퍼센트 절상되었다는 것이다.

8   2007년 초 대비 2008년 10월 말 현재 총 37개 통화 가운데에서 우리나라 원화 환율은, 2008년 10월 24일 21억 달러 IMF 구제금융을 받은 바 있는 아이슬란드의 크로나 통

화 다음으로 높은 상승률을 기록했다.

9   그러나 이 조차 KIKO나 스노우볼Snowball과 같은 환헤지 파생상품에 가입한 중소 수출업체들은 해당되지 않는다.

10   한국은행, 〈2008년 9월 수출입물가 동향〉.

11   한국은행, 〈2005년 산업연관표(실측표) 작성 결과〉, 2008.10.

12   특히 문제가 되고 있는 외화 예대율은 더 심각한 것으로 나타났다. 이데일리가 HSBC 분석자료를 토대로 보도한 것에 따르면 국내 은행들의 외화 예대율은 200퍼센트를 넘는 것으로 밝혀졌다(이데일리 2008.10.30).

13   은행채는 원화채가 230조 원, 외화채가 60조 4000억 원으로 구성되어 있다(한국은행, 〈금융안정보고서〉, 2008.10).

14   은행들의 외화유동성 경색이 완전히 해소된 것은 아니며 금융 불안정성 증폭에 의해 재발될 수 있다. 이 밖에도 2008년 연말 은행채 만기도래분 16조 원, 2009년 33조 원 등 원화 유동성도 불안한 상태다. 그런데다가 부동산 파이낸싱 대출과 주택담보대출 부실 가능성도 여전히 상존하고 있다. 특히 부동산 담보대출의 경우 내년부터 원금 상환이 시작되는 규모가 약 33조 원에 이른다.

15   IMF, World Economic Outlook Update, 2008.11.

16   대외의존도=[(수출액+수입액)/총수요]*100(한국은행, 〈2005년 산업연관표(실측표) 작성 결과〉).

17   부가가치 유발계수는 수출이 1단위 증가하는 경우 직·간접적으로 유발되는 부가가 치의 크기다. 예를 들어 유발계수가 0.617이라면 1000원어치를 수출할 경우 617원만 국내 부가가치로 창출되고 나머지 383원은 상품 수입에 따른 해외 지급으로 나간다 는 것을 의미한다.

18   지식경제부, 〈10월 IT산업 수출입 동향〉.

19   2008년 10월 시점에서 대부분의 민간기관들이 수출 증가율을 8~9퍼센트로 전망하 고 있는데 이는 예상되는 실물경제 침체를 제대로 반영했다고 보기 어렵다. 그나마 2008년 11월 12일자에 발표한 KDI는 아예 3퍼센트 수준으로 낮추고 있어 이 발표가 좀더 현실을 반영한 것으로 보인다.

20   지식경제부, 〈2008년 10월 수출입 동향〉.

21   중소기업중앙회, 〈2008년 9월 중소제조업 평균가동률 조사 결과〉.

22   이데일리, 2008.10.16.

23   120여개 키코 피해 중소기업들은 11월 3일 서울중앙지방법원에 소장을 제출했는데, "키코 등 파생상품의 구조가 지나치게 기업에게 불리한 조건으로 이루어져 있다는 점과 환헤지 상품이라기보다는 환투기 상품으로 볼 수밖에 없는 상품을 중소기업에 게 적극 권유하여 판매한 은행의 부도덕성을" 문제삼아 손해배상을 요구했다(중소기

업중앙회 보도자료).

24 경향신문, 2008.8.4.

25 이를 반영하여 2008년 1월부터 9월까지 전체 실업급여자 수도 78만 명으로 전년도
같은 기간에 비해 9만 명(13.2퍼센트) 가량 늘어나게 되었다.

26 이미 삼성전자, 하이닉스 등 대기업들도 비용절감에 들어간 것으로 보인다. 2008년
10월 27일, 취업 포털 인쿠르트에 따르면 직장인들 가운데 48.8퍼센트가 "최근 감원
에 대한 불안감이 커졌는가"에 '그렇다'고 대답했다(연합뉴스, 2008.10.27).

27 기획재정부 외, 〈경제난국 극복종합 대책〉, 2008.11.

28 이규선, 〈외환위기 극복을 위한 정책대응 비교 : 한국과 말레이시아를 중심으로〉(산
은경제연구소, 2008.7).

CHAPTER 02

신자유주의 금융 시스템 대해부

1

시장의 실패,
신자유주의의 위기가 시작되다[1]

> 미국의 금융위기는 일개 은행의 실패가 아니라 시스템의 실패
> 다.   —줄리오 트레몬티 이탈리아 재무장관
> 미국 금융시장에 영원한 변화가 생겼다.   —블룸버그
> 로널드 레이건 시대가 공식적으로 막을 내렸다. —파이낸셜 타임즈
> 미국 금융자본주의가 결정적인 전환점을 만들고 있다.
>   —월스트리트 저널

월가에서 현실화된 '9월 위기설'

2008년 8월 말 외국 언론들이 '한국의 검은 9월' 운운하며 이른바 '9월 위기설'을 제기해 한때 한국 금융시장이 혼란에 빠진 적이 있다. 그러나 검은 9월은 신흥 금융시장인 한국이 아니라 금융자본주의 심장부인 월가에서, 그것도 가장 잔인한 모습으로 나타났다.

미국 정부 보증 모기지업체GSE인 패니매이FannieMae와 프레디맥FreddieMac에 대한 2000억 달러 구제금융 결정이 내려진 지 일주일 만에 미국의 4위 투자은행인 리먼브라더스가 파산보호를 신청하

[표 2-1] 최근 미국 월가에 불어 닥친 금융위기 일지

9월 7일	정부 보증 모기지업체 패니매이, 프레디 맥, 2000억 달러 공적자금 투입 결정.
9월 14일	4위 투자은행 리먼 브라더스 파산보호 신청. 뱅크오브아메리카BOA, 메릴린치 인수 결정.
9월 16일	미국 연방준비제도이사회FRB, AIG에 850억 달러 자금투입, 지분 79.9% 인수.
9월 18일	미국 증권거래위원회SEC, 공매도 잠정 금지. 각국 중앙은행 대규모 유동성 공급.
9월 19일	102년 역사의 미국 저축은행 아메리뱅크 파산. 로이드 TSB 그룹, 영국 최대 모기지업체인 할리팩스 뱅크 오브 스코틀랜드HBOS 인수 결정.
9월 20일	헨리폴슨 재무장관, 7000억 달러 구제금융 법안 의회 승인 요청.
9월 21일	미국 최대 투자은행 골드만삭스와 모건스탠리, 은행지주회사 전환 신청.
9월 25일	JP모건 체이스, 미국 최대 저축대부조합인 워싱턴 뮤추얼WM를 19억 달러에 인수.
9월 29일	미국 하원 구제금융 법안 부결(찬성 205, 반대 228). 영국 정부, 모기지은행 브래드포드 앤드 빙글리B&B 국유화 결정.
10월 1일	미국 상원 구제금융법안 수정안 의결(찬성 74, 반대 25).
10월 3일	미국 하원 구제금융법안 의결(찬성 263, 반대 171). 부시 대통령 법안 서명, 뉴욕 증시 여전히 하락(157포인트 하락).
10월 4일	유럽 4개국(프랑스, 독일, 영국, 이탈리아) 정상 금융위기 공조, 공동기금 조성 합의는 실패.
10월 5일	미국 6위 상업은행인 와코비아 인수를 둘러싸고 웰스파고와 시티은행 분쟁.

고, 3위 투자은행인 메릴린치가 뱅크오브아메리카BOA에 인수합병
되었으며, 급기야 7400만 고객을 보유한 최대 보험업체인 AIG마저
사실상 국유화되었다. 1929년 대공황에서도 살아남았던 투자은행
들이 불과 며칠 사이에 줄파산 지경에 이르렀으니 대공황을 능가하
는 위기가 아닐 수 없다.

　미국 정부의 개입에도 주가는 다시 폭락했고 1, 2위 투자은행인
골드만삭스와 모건스탠리마저 불안한 상황을 보였다.[2] 더욱이 미국
을 넘어 영국 금융가로 사태가 확산될 조짐을 보이자 미국 정부는
7000억 달러에 이르는 대규모 공적자금 투입 계획을 세우고 의회에

승인을 요청하기에 이른다.

사실 미국 정부는 서브프라임 모기지 부실이 터진 지 1년이 넘도록 이른바 '시장의 자기조정'을 내세워 종합적인 대책은 고사하고, 기준금리 인하와 유동성 공급만으로 대처했다. 그러다가 사건이 터지면 그때마다 사후적으로 수습해왔을 뿐이다.

이런 미국 정부의 대응은 상황을 걷잡을 수 없는 혼란으로 빠뜨렸다. 급기야 정리신탁공사(RTC, Resolution Trust Corporation[3])와 같은 부실자산 인수기구를 만들 여유도 없어서 재무부가 직접 국채를 발행해 상황을 수습하겠다고 나섰으니 그 절박함과 심각성은 오죽하겠는가. 이는 "별도의 법인을 만들기에는 시간이 없다"는 바니 프랭크 미 하원 금융서비스 위원장의 발언에서 잘 드러난다.

말하자면 미국 재무부가 미국 정부의 세금을 쥐고 '주식회사 미국'이라는 최대 인수기업으로 직접 나서게 되었고, 골드만삭스 출신 헨리 폴슨 재무장관이 최고경영자로서 이를 진두지휘하는 모양새가 연출된 것이다.

그렇다면 미국 정부가 직접 최고 인수기업이 되어 국가 재정을 투입하는 결정을 내린 덕에 위기 국면은 막을 내리게 될 것인가. 유감스럽게도 누구도 상황 종결을 자신하지 못하고 있다.

상황 종결을 확신하지 못하는 이유는 첫째, 재무부가 발표한 최저가 매입 방식은 상당 수준의 영업실적과 자금 여력을 갖추고 있는 대형 금융기관의 부실채권 정리에는 도움이 될지 모르지만, 그렇지 않은 수많은 금융기관들은 정부의 매입순위에서 밀릴 수밖에 없어 당분간 이어질 파산을 피하기 어렵다. 이 때문에 최소 100여

개, 많게는 1000여 개의 금융기관들이 도산할 수 있다는 우려가 나오고 있는 것이다.

둘째, 역사상 가장 파격적이라고 하는 재무부의 대책도 일단은 월가의 대형 금융기관들의 도산을 막는 데 초점이 맞추어져 있을 뿐 GM과 같은 제조업의 파산 위기에 대한 대책은 포함되어 있지 않다. 향후 월가의 신용경색으로 기업들의 자금 조달이 어려워져 도산 위험에 처할 수 있다는 점이 고려되고 있지 않다는 것이다.

셋째, 금융위기의 출발점이자 최종 해결점이 될 미국 국민들의 신용 회복과 지불능력 회복을 위한 대책 역시 아직 만들어지지 않고 있다. 2008년 9월 현재 서브프라임 모기지 연체율은 여전히 24.48퍼센트나 되는 것으로 알려져 있고, 주택가격도 하락세를 이어가고 있다.

위기의 초기 국면이던 2007년 말과 2008년 초에 일부 연체자에 대한 대출 전환과 1600억 달러 세금 환급 조치가 내려졌지만 그 효과는 이미 사라졌고, 미국 정부는 현재 여기에 관심을 쏟을 여력 자체가 없는 것으로 보인다. 이 때문에 민주당 일각에서 상환 연체자와 중산층에 대한 지원 방안을 포함시키자고 주장하지만 가뜩이나 재정 여력이 부족한 미국 행정부가 이를 수용할지는 미지수다.

더욱이 위기는 이미 실물경제로 전이되어 장기불황의 조짐이 미국을 넘어 전 세계로 확산돼가고 있다. 이런 상황에서 7000억 달러의 공적자금 투입 결정이 당장 대형 금융기관의 줄파산을 진정시켜 금융시장 붕괴를 일시적으로 진정시킬 수는 있겠지만, 1년 넘게 확대되고 있는 금융위기에 종지부를 찍을 수 있을 것이란 기대는 아직 이르다. 미국 정부의 이번 법안은 대형 금융기관의 파산을 막기 위한 대책일 뿐 미국 경제위기에 대한 종합 대책은 아니기 때문이다.

◆ 시장의 실패를 떠안게 된 국가

갈수록 커지는 금융위기는 신자유주의의 이론적 근거가 되어온 '시장의 자기 치유력'이 바닥을 드러내고 있음을 확인시켜주고 있다. 그동안 정부의 규제 완화를 주장해왔던 굴지의 금융회사들이 앞 다퉈 각국 정부에 손을 벌리면서 구원을 요청하고 있다. 정부가 구제해준 AIG는 회생의 기회를 잡고, 정부가 외면한 리먼브라더스는 파산으로 내몰렸다.

금융시장이 스스로 위험을 분산시키면서 투자이익을 극대화할 수 있도록 자유로운 투자행위를 보장해야 하며, 여기서 발생할 수 있는 손실과 위험은 시장 스스로 치유해야 한다는 주장과 정부는 시장에 개입하지 말고 단지 게임의 규칙만 정해주면서 극히 예외적인 경우에만 개입하면 된다는 신념이 여지없이 무너지고 있다.

2008년 3월 베어스턴스가 파산위기에 몰렸을 때만 해도 '시장에 맡겨두라'고 목소리를 높였던 주장들을 지금은 거의 찾아보기 힘들다. 오히려 그동안 규제 완화와 작은 정부를 완고하게 고집하던 보수주의자, 시장주의자들마저 스스로 정부의 적극적 역할과 규제 감독 강화를 주장하지 않을 수 없게 된 것이다.

미국 뉴욕대 리처드 실러 교수는 "지난 20년간 '정부는 해결책이 아니라 문젯거리'라는 레이건 행정부의 구호가 시장을 지배했지만,

이제는 모두가 '시장이 문제고 정부가 해결책'이라고 말한다"며 급변한 상황을 비판했다.

"자기에게 이익이 될 때에는 시장경제를 주장하더니, 상황이 바뀌니까 국가의 개입을 주장한다."(CNBC)

"정부의 개입을 주장하는 가장 급진적인 민주당조차 꿈꿀 수 없었던 대책을 부시 행정부가 내놓는 것은 역사의 아이러니."(NYT)

"미국이 다른 국가에 요구했던 것을 자신은 실천하지 않는 국가가 되었다."(NYT)

이런 분위기는 당시 대통령이었던 부시마저 "오늘날 금융시장에서 전개되고 있는 위험한 사태와 미국 국민의 일상생활에 미칠 중대한 영향을 감안할 때 정부의 개입은 보장되어야 할뿐 아니라 필수 불가결하다"고 주장하게 만들었다. 불과 얼마 전까지만 해도 규제 완화를 주장했던 존 매케인 공화당 당시 대통령 후보도 "월스트리트의 규제받지 않는 탐욕과 부패가 현재의 위기를 초래했다"고 발언하는 등 극적인 입장 변화를 가져왔다.

이런 상황에서 골드만삭스 출신의 철저한 시장주의자 헨리 폴슨 재무장관이 스스로 나서서 정부 재정을 담보로 재무부가 직접 부실자산을 인수하는 사업의 최고경영자로 변신하게 된 것이다. 이번 구제금융 법안은 폴슨 장관에게 법원도 막을 수 없는 대공황 이후의 가장 강력한 권한을 부여하고 있다. 이에 대해 공화당 리처드 셀리 상원의원이 폴슨 장관에게 "당신이 발행하는 백지수표에 서명하라고 요구하는 것과 마찬가지"라며 불만을 표시했지만 상황의 긴급성 앞에서 의회도 어찌할 수 없는 것으로 보인다.

그런데 미국 정부가 모든 걸 떠안게 된 상황에서 미국 정부의 재정상태는 아무런 문제가 없을까? 이 모든 부실을 떠안고도 버텨낼 수 있는 마르지 않는 샘이 될 수 있을까?

이론적으로야 달러화가 국제적인 지불수단인 기축통화이니 달러화의 파산은 거의 있을 수 없고, 미국 정부는 통화를 찍어내어 국채를 발행하는 방식으로 적자를 메워갈 것이다.[4]

그러나 어떤 것이든 한계는 있게 마련이다. 향후에 눈덩이처럼 불어갈 연방 재정적자는 미국 정부의 경제 운용에 대한 운신의 폭을 갈수록 좁힐 것이며 달러화에 대한 국제적 신뢰도 역시 지속적으로 추락할 것이다(그림 2-1 참조). 이미 8500억 달러(이라크 6500억 달러, 아프가니스탄 2000억 달러)에 달하는 중동에서의 전쟁비용에 대한 부담이 계속 늘고 있는 마당에 감세정책을 고수한다면 미국이라

[그림 2-1] 미국 연방정부의 재정적자 추이

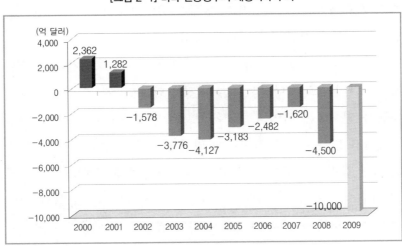

* 미 의회 예산국, 2009년은 추정치

도 감당할 수 없게 된다.

　미국 부실기업들의 연쇄사슬의 최상단에 서 있는 주식회사 미국이 자금조달 능력의 한계에 이르면 어떻게 될까. 과연 미국 재무부의 부실을 막기 위해 세계 각국 정부가 다시금 구원투수로 나설 것인가. 그러나 현재 다른 나라 사정도 그렇게 만만하지 않다. 전통적으로 미국을 지원해왔던 영국이나 일본을 비롯한 전 세계가 지금 미국 못지않은 불황국면으로 진입하고 있기 때문이다.

◆ 스스로 무너진 신자유주의

　"미국의 금융위기는 일개 은행의 실패가 아니라 시스템의 실패다."(줄리오 트레몬티 이탈리아 재무장관)

　"미국 금융시장에 영원한 변화가 생겼다."(블룸버그)

　"로널드 레이건 시대가 공식적으로 막을 내렸다."(파이낸셜 타임스)

　"미국 금융자본주의가 결정적인 전환점을 만들고 있다."(월스트리트 저널)

　미국 재무부가 7000억 달러의 공적자금 투입 결정을 내린 직후 선진국 언론이 보인 반응들이다. 바야흐로 30년 남짓 지속되어온 신자유주의가 중대한 고비를 넘고 있는 것으로 보인다. 하다못해 국내의 보수언론들마저도 "금융위기에 흔들리는 미·영 자본주의 모델"(조선일보 2008.9.19) "미국, 30년 신자유주의의 종언"(중앙일보 2008.9.21)이라는 제목의 기사들을 내보내고 있다.

그렇다면 글로벌 스탠더드로 추앙받으며 성장가도를 달리던 신자유주의에 이처럼 예기치 못한 급제동을 걸고 역사적 전환을 압박하는 이는 누구인가? 사실 그 어떤 외부세력도 아닌 바로 신자유주의 스스로가 화를 자초한 것이다.

　　1980년부터 본격화된 신자유주의 경제 시스템은 규제 완화, 감세, 작은 정부와 큰 시장, 민영화 등의 기치를 내걸고 미국과 영국을 중심으로 기존의 경제 시스템을 재편해왔다. 이어 남미와 아시아에 자유화·개방화를 강조하며 이른바 워싱턴 컨센서스Washington Consensus를 밀어붙였다. 규제 완화와 시장화, 개방화 물결의 가장 큰 수혜를 입으며 신자유주의에서 눈부신 성장을 이룬 것이 바로 금융자본주의다.

　　신자유주의는 전통적인 금융상품인 예금, 적금이나 주식, 채권

[그림 2-2] 미국 금융자본주의 역사와 최근의 금융위기

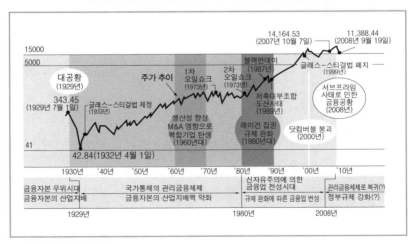

* 한국경제신문 재인용

외에 이른바 위험 분산을 명목으로 파생상품을 개발하는 '금융혁신'을 이루어 금융시장을 급격히 팽창시켜왔다. 온갖 첨단 수학기법이 들어간 파생상품은 위험을 분산시킨다는 당초의 취지 대신 고위험을 감수하여 높은 수익률을 올리는 최고의 고수익 상품으로 활용되고 유통되고 있다.

여전히 규제가 까다로운 전통적인 상업은행을 대신해서 사실상 규제가 전혀 없는 헤지펀드와 사모펀드가 파생상품에 대거 투자하고 기업 자체를 인수합병하는 기업거래시장을 창출했다. 파생상품 시장과 M&A(인수합병) 시장에서 고수익이 창출되자, 처음에는 헤지펀드와 사모펀드에 대규모 대출Leverage을 해주며 시장을 키우던 투자은행과 상업은행들이 규제를 피해 직접 자회사를 세워 투기적 금융상품을 대거 매입하고 유통시키게 되었다. 결국 금융 시스템에 대한 규제와 감독체제는 와해되고 말았다.

한편 전통적인 제조업은 점점 경쟁력을 잃어갔다. 오히려 제조업들마저 금융영역에 진출하여 이를 주력사업으로 수익을 올렸으며, 정작 제조업 자신은 투기적 금융자본의 이익 실현을 위한 M&A 시장의 상품으로 전락했다.

신자유주의 30년 동안 노동자와 중산층의 실질소득은 늘지 않았지만 금융자본은 갖가지 신용대출로 신용적 가수요를 만들어 소비를 조장했다. 그 결과 미국 국민들은 대규모의 채무자로 전락하고 말았다. 엄청난 금융자본을 동원해 국민들을 부동산 시장으로 내몰아 국민과 모기지업체, 정부의 부채를 한계점까지 끌어올리고 마침내 서브프라임 모기지 부실로 파산을 맞이한 것이다.

다시 말해 신자유주의가 만들어낸 규제 완화와 작은 정부, 시장화와 개방이란 환경을 배경으로 급성장한 파생상품과 M&A 시장, 헤지펀드와 사모펀드, 그리고 여기에 자금을 동원했던 투자은행과 금융기관들 자신이 투기적인 부동산 시장에서 스스로 위험을 극대화하고 전 세계로 확산시킨 것이다. 자기 내부에서 개발한 최첨단 금융 시스템에 의해 자신의 금융 시스템을 붕괴시킨 신자유주의는 이제 외부로부터, 신자유주의 밖으로부터 수습과 해결의 실마리를 찾아나서야 할 상황에 이르렀다.

◆ 침묵하는 보수적 기업 연구소들

100년 만에 한 번 올까 말까 한 금융위기가 월가를 휩쓰는 동안 경제의 해외의존도가 유난히 높고 특히 외국 금융자본의 자본시장 유입이 높았던 한국경제는 연일 큰 충격에 흔들리고 있다.

이런 와중에도 국책은행 총재인 민유성 산업은행 총재는 이미 파산보호 신청을 한 리먼브라더스 인수 시도가 글로벌 투자은행 진출의 기회였다는 고집을 꺾지 않고 있다.[5] 전광우 금융위원장도 "규제 완화를 흔들림 없이 추진"하겠다고 호언하고 있는 실정이다. 쓰러져가는 미국 금융 시스템에 대해 월가의 미국인들보다 더 강고한 신념을 갖고 있는 듯하다.

반면 경제 현안에 대해 신속하고 발 빠른 대응으로 정평이 나 있는 국내 주요 기업 연구소들의 침묵에 가까운 소극적 대응은 보는 사람들을 당혹스럽게 할 정도다. 세계경제와 경영 환경의 최신 동향을 민첩하게 분석해왔던 과거 모습은 찾아보기 어렵다. 물론 소속 연구원들이 개별적으로 언론매체 등을 통해 금융위기에 대해 의견을 피력하는 경우가 있긴 하지만 파산하고 있는 신자유주의 금융시스템에 대해 공식적으로 인정하는 모습은 찾아보기 어렵다. 어째서 유독 현재 금융위기에 대해 이토록 신중한 것일까.

이들의 침묵은 여전히 규제 완화와 민영화를 향해 질주하는 이명박 정부의 외골수 경제정책을 사실상 방조하고 있다. 한국이 세계적인 금융위기 국면에 신속히 대처하여 다가올 혼란을 예방할 수 있는 길을 정부와 보수적인 기업 연구소가 함께 막아버리고 있는 셈이다.

◆ 신자유주의는 스스로 종언되지 않는다

패니매이와 프레디맥의 구제금융 결정이 내려졌을 때, 리먼브라더스가 파산하고 메릴린치가 인수합병되었을 때, AIG 국유화가 결정되었을 때도 한국의 경제정책 담당자들은 '경제위기의 끝'을 되풀이하여 주장했다. 그러나 번번이 위기는 재발했고 정부 당국자들의 기대는 무너졌다. 이제 '위기의 끝'이 아니라 '신자유주의 끝'을 말하는 주장에 오히려 무게가 실리고 있는 형편이다.

신자유주의가 중대한 전환국면에 서 있는 것이 확실해지고 있는 지금, 그것이 신자유주의 시즌2로 성공적인(?) 진화를 할지, 아니면 아예 또 다른 자본주의로 전환할지는 누구도 장담할 수 없다.

그러나 확실한 것이 하나 있다. 인류가 신자유주의가 가진 투기

성과 위험성을 정확히 인지하고 대안적인 경제 시스템을 찾기 위해 적극적으로 나서지 않는다면 신자유주의는 자신의 위험성을 회피하고 유보시키면서 제2, 제3의 변종으로 살아남으려 할 것이다. 수백 년 자본주의 역사에서 특정 형태의 자본주의가 스스로를 부정한 적이 없듯이 말이다.

그런데 한국의 현실은 어떤가. 하루가 멀다 하고 신자유주의를 찬양하던 보수학계와 기업계가 위기에 대해 침묵으로 답하고 있는 동안, 이명박 정부는 신자유주의 최신 버전도 아닌 30년 전 원시 버전을 강행하고 있다. 지금의 금융위기를 지켜보면서도 말이다.

규제 완화와 감세, 민영화와 자본시장 개방, 금융화는 바로 30년 전 미국의 레이건과 영국의 대처가 추진하려던 신자유주의 초기 버전 그 자체다. 지금 미국에서 한창 도입되고 있는 신자유주의 최신 버전은 오히려 고삐 풀린 금융 시스템에 대해 규제와 감독을 강화하고 이미 민영화되어버린 금융기업들을 국유화하는 것이다.

❖ 이명박 정부, 경제정책 전면 재검토 필요

이명박 정부는 이제라도 세계적인 금융위기 상황을 제대로 보고 추진 중인 경제정책들을 전면 재검토할 필요가 있다. 어떻게 변할지 모를 세계 금융시장에서 당분간 자본시장통합법 시행은 전면 유보해야 한다. 미국식 금융모델이 절대 바이블이 될 수 없음은 물론이다. 더구나 30년 전의 미국 모델은 지금 미국인들에 의해 부정되고 있지 않은가. 또한 정부가 추진하려는 금융회사 신규설립 요건 완화, 파생금융상품 발행과 거래에 대한 규제 완화, 산업자본의 은행 소유지분 한도 확대, 금융지주회사에 제조업 자회사 허용, 헤지펀드 허용, 채권보증 전문회사 설립 허용과 같은 규제완화 정책들도 전면 재검토해야 한다.

산업은행과 기업은행에 대한 민영화 계획도 현재 상황에서 추진하기에는 무리다. 그나마 국내 시중은행들이 대부분 민영화되고 외국인 지분이 다수인 상황에서 얼마 남지 않은 국책은행마저 민영화하겠다는 것은 금융불안에 대비할 최소한의 안전판마저 없애는 것이다. 이렇게 되면 향후 장기화될 중소기업의 자금조달 어려움에 정부가 능동적으로 대처하기도 어려워질 수밖에 없다. 특히 지금과 같이 자본시장이 극도로 위축된 조건에서의 민영화는 자칫 헐값 매각이나 주식시장 폭락을 초래할 가능성도 있다.

지금은 규제 완화나 감세, 민영화를 추진할 시기가 아니다. 이미 불황의 늪으로 빠져들고 있는 한국경제를 살리기 위해 중소기업과 자영업의 자금조달 여건을 마련해 내수를 살리고, 국민들의 소득과 소비여력 확충을 위해 적극적인 재정정책을 마련하는 데 총력을 기울여야 한다. 특히 이번 서브프라임 모기지 부실이 보여주는 것처럼 폭발성이 큰 신자유주의 금융위기가 대부분 부동산 거품과 금융의 과잉이라는 잘못된 만남에서 시작되었다는 것을 유념하고 금융위기 국면에서 부동산 부양책을 동원하는 실수를 반복해서는 안 된다.

미국 경제학 교수인 루비니 교수는 현재 신자유주의 금융위기를 보면서 "이익은 사적으로 독점하면서 손실은 사회화한다"고 공박한 바 있다. 이명박 정부가 잘못된 방향으로 고집스럽게 경제정책을 이끌고 간다면 일부 대기업과 부동산 부유층은 이익을 볼지 모르겠으나 대다수 국민들은 심각한 피해를 보게 될 것이다. 그것이 새사연이 정책 전환을 강력히 요구하는 유일한 이유다.

2

금융자본주의는 어떻게
세계경제를 지배하게 되었나[6]

금융은 세계적으로 급팽창하였고 미국 월가는 글로벌 경제의 심장부로 자리매김하게 되었다. 더 이상 사람이 노동을 하고 노동이 가치를 창조하는 것이 아니라 '돈이 일하는 경제Money Working Economy', 즉 우리가 잠든 사이에 돈이 지구를 돌며 부가가치를 창출한다는 발상이 생겨나게 된 것이다.

현재 세계적 경기침체와 인플레이션을 일으킨 장본인은 금융자본이다. 글로벌 실물경제의 기초가 여전히 튼튼하고 건전한지는 모르겠지만 지극히 위험하고 불건전한 상태에 놓여 있는 것이 금융경제 부문이라는 것만은 확실하다. 따라서 글로벌 경제위기를 큰 틀에서 진단하자면 지금의 금융 시스템 분석에서 시작해야 한다.

돈이 일하는 경제

세계 경제위기는 신자유주의 시스템의 위기다. 신자유주의는 긴

축재정이나 규제 완화, 또는 감세나 민영화와 같은 특정 정책을 지칭하는 것이 아니다. 신자유주의는 20세기 중반을 지배했던 케인스주의 경제 시스템과 마찬가지로 지난 30년간 미국을 필두로 세계경제를 지배하고 있는 자본주의 시스템을 가리킨다. 1980년대에 등장해서 전 세계의 지배적인 경제 시스템으로 성장한 신자유주의의 가장 큰 특징은 다름 아닌 '경제의 금융화'와 '금융의 세계화'다.

금융화Financialization란 무엇인가? 국민경제에서 금융 부문이 차지하는 비중이 높아져가고 제조업 상품의 생산이나 교역보다는 금융상품과 금융 거래를 통한 이윤 창출의 계기와 규모가 커지는 것이다. 또 세계적으로 자본 이동이 자유로워지며 속도가 빨라지고 금융시장의 통합성이 높아지는 현상이 금융화의 표면적 모습이다. 지난 수십 년 동안 이 모든 현상은 '금융혁신' '금융 첨단화'라는 이름 아래 정보통신기술의 혁명과 맞물리면서 초고속으로 진행되었다.

그 결과 금융은 세계적으로 급팽창하였고 미국 월가는 세계경제의 심장부로 자리매김하게 되었다. 더 이상 사람이 노동을 하고 노동이 가치를 창조하는 것이 아니라 '돈이 일하는 경제Money Working Economy', 즉 우리가 잠든 사이에 돈이 지구를 돌며 부가가치를 창출한다는 발상이 생겨나게 된 것이다. 그리고 이러한 금융이야말로 선진국 경제가 발전하는 원동력이자 '미래의 핵심 성장산업'으로 추앙받기에 이르렀다.

한 경제 분석가는 동구 사회주의 붕괴로 "사회주의라고 하는 자본주의의 적수가 사라진" 20세기 말, 자본주의 내부에서 혁명적 변화가 나타났는데 그것이 바로 현대 금융자본주의라고 지적했다.

"우리는 지금 1970년대까지의 관리 통제가 가능했던 자본주의가 세계적 금융자본주의로 전환하는 모습을 목도하고 있다"며 이 새로운 자본주의는 100년 전인 1890년대 초와 많은 면에서 유사성이 있지만 그때를 훨씬 뛰어넘고 있다고 지적한다.[7]

결국 글로벌 경제위기를 일으킨 금융자본주의는 신자유주의의 또 다른 이름이라고 할 수 있다. 그렇다면 현대 금융자본주의는 어떤 역사적 환경과 조건에서 성장하게 된 것일까.

◆ 규제 완화, 금융혁신일까 금융위험 안전판의 해체일까

금융자본주의의 등장은 금융 부문의 모든 규제가 풀리면서 가능했다. 1929년 대공황 이래 1970년대까지 자본주의에서 금융 부문은 높은 수준에서 관리되고 통제되어왔기 때문이다.

지금과 유사한 수준의 자유로운 금융자본은 19세기 말에서 1920년대 대공황이 일어나기 전까지 한시적으로 존재했던 적이 있다. 금융자본주의라는 용어도 이 시기에 나왔는데 산업 생산과 자본의 집적집중으로 독점자본주의 단계가 도래하고 거대 은행자본과 독점산업자본이 결합하여 금융자본이 형성되었으며 이를 기반으로 이른바 금융과두제Financial Oligarchy가 성립된 시기다. 금융과두제는 세계대전을 일으킨 제국주의의 경제적 배경이 되었다.

그러나 1920년대 미국을 중심으로 지금과 유사한 과잉 차입에 의한 투기가 만연하여 주가가 두세 배 폭등하고, 은행은 청산이 불가능할 정도로 대출을 키우는 등 신용과잉[8] 경향이 빈번하게 일어나자 결국 1929년 10월 24일 뉴욕 주식시장은 '검은 목요일'을 맞이하고 말았다. 주식시장의 대폭락 이후 연쇄적인 은행 도산과 기업 파산, 대규모 실업으로 얼룩진 10년간의 대공황이 이어졌다.

대공황을 겪은 후 다시금 금융에 대한 엄격한 규제와 감독이 가해졌다. 1930년대 뉴딜정책은 어떤 의미에서 금융에 대한 국가의 통제 정책이었다. 그 후 반세기 동안 규제의 틀 안에서 작동하던 금융자본이 다시 무제한의 자유를 누리며 세계경제를 휘젓게 된 것은 1970년대 선진 자본주의가 스태그플레이션에 빠지게 되면서부터다.

1980년대부터 미국을 중심으로 한 선진국들은 국내적으로는 금융 규제를 풀기 시작함과 동시에 새로운 금융상품과 기법을 도입하고 자본시장을 성장시키는 '금융혁신'을 단행한다. 이와 함께 세계적으로는 자본 자유화·개방화라는 이름 아래 1980년대 남미를 필두로 하여 국가 간 외환 규제나 자본시장에 대한 규제를 허문 데 이어 1990년대에는 구 동유럽 사회주의를 자본시장 영역에 편입시켰다.

그리고 2000년대 들어서는 거대한 중국 국영기업으로까지 자본시장을 확대하는 데 성공했다. 이 과정에서 남미 외채위기와 같은 수차례의 금융위기를 겪기도 했지만 결국 20세기 초를 능가하는 새로운 금융자본주의를 탄생시켰으며 IT 버블 붕괴를 통과하면서 거대한 금융 유동성을 창출하기에 이른 것이다.

신자유주의는 자본시장과 금융 자유화에 대한 전폭적인 신뢰에 바탕을 둔 금융자본주의다. 한 세기 전의 금융자본주의나 지금의 금융자본주의나 "시장은 완벽하게 스스로 조절되며 정부의 주요 임무는 재산권을 보호하는 것이다. 그렇지 않을 경우 시장에게 길을 비켜주는 것이 낫다"는 신념은 완전히 동일하다.

이처럼 금융에 가해졌던 모든 국내적·국제적 규제를 풀고 성장한 금융자본은 ▶ 금융 비중의 절대적 팽창과 세계 금융 통합 ▶ 자본시장 중심의 금융 거래와 신종 금융상품, 금융기법 출현 ▶ 사모펀드, 헤지펀드 등 새로운 금융주체 등장 ▶ 주주자본주의를 통한 금융의 산업 지배와 기업 지배라는 21세기적인 새로운 특징들을 나타내며 부상했다.

이렇게 성장한 21세기 금융자본에게 닥친 본격적인 도전과 시련이 지금의 금융위기다. 그동안 시스템의 내구성 검증을 한 번도 받지 못한 현대 금융자본주의가 현재의 세계적 금융위기를 견디고 살아남을 수 있을지, 아니면 신자유주의와 함께 상당한 변화를 겪을지를 좀더 구체적으로 분석해보자.

◆ 세계 GDP는 48조 달러, 금융자산은 167조 달러

현대 자본주의를 금융자본주의라고 부를 수 있는 양적인 지표는 금융 부문의 절대적 팽창이다. "세계 GDP는 48조 달러, 세계 금융자산은 그 세 배에 이르는 167조 달러"[9], 이것이 2006년 말을 기준으로 글로벌 경제에서 금융 부문이 차지하는 성적표다(그림 2-3 참조).

전체 산업을 압도한 금융 부문

세계적으로 볼 때 신자유주의가 시작된 1980년에는 세계 GDP와 금융자산 규모가 거의 같은 수준이었다. 그러나 1990년에 금융자산

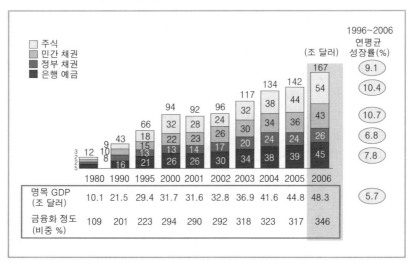

[그림 2-3] 167조 달러 규모로 성장한 세계 금융자산(2006년 말 기준)

	1980	1990	1995	2000	2001	2002	2003	2004	2005	2006	1996~2006 연평균 성장률(%)
명목 GDP (조 달러)	10.1	21.5	29.4	31.7	31.6	32.8	36.9	41.6	44.8	48.3	5.7
금융화 정도 (비중 %)	109	201	223	294	290	292	318	323	317	346	

* 맥킨지 글로벌 인스티튜트

(43조 달러)이 GDP(21조 5000억 달러)의 두 배가 넘게 성장했고 2006
년에는 거의 3.5배가 되었다. 세계 GDP가 연평균 5.7퍼센트 성장하
는 동안 금융자산은 9.1퍼센트 성장한 결과다. 이는 제조업을 중심
으로 움직이던 세계가 금융의 지배 안으로 점점 더 깊이 빠져들었
음을 보여주는 수치이자 신자유주의 30년 동안 세계경제의 금융화
가 어느 정도 심화되었는지를 단적으로 보여주는 증거다.

　이쯤 되면 '금융이 실물산업을 보조하고 지원'한다는 것이 시대
착오적인 발상이 되고 '금융 자체가 경제 활동의 중심이 되는 금융
자본주의'가 당연한 상식이 되며 금융산업 육성만이 경쟁력의 비결
이 될 수밖에 없다. 더욱이 2006년 금융자산 성장률은 17.5퍼센트
로 1995~2005년 성장률인 8퍼센트의 두 배에 달했으니 2007년 서

브프라임 모기지 부실이 터지기 직전까지 금융은 문자 그대로 초고속 성장을 한 것이다.

전 세계로 확산되는 금융화

금융 비중의 팽창은 비단 미국, 영국에만 국한된 현상이 아니었다. 유럽 전역과 일본, 아시아, 남미, 아프리카에 이르기까지 말 그대로 전 세계로 확산되었다(그림 2-4 참조). 1990년만 해도 금융자산 규모가 GDP를 앞지른 나라는 33개에 불과했지만 2006년에는 거의 두 배에 해당하는 72개로 늘어났다. 2006년에는 금융자산이 GDP

[그림 2-4] 2006년 세계경제 금융자산 규모와 권역 간 투자망

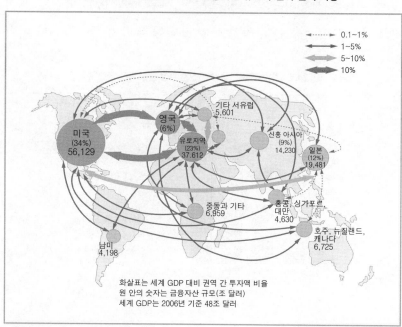

* 맥킨지 글로벌 인스티튜트

의 세 배가 넘는 나라도 26개나 되었다.

금융자본주의를 선두에서 이끌어왔음은 물론 금융 부문을 키움으로써 약해지는 실물 부문을 대체하고자 했던 미국은, 전 세계 금융자산의 34퍼센트를 소유하고 있을 정도로 압도적인 비중을 차지하고 있다. 세계 금융거래에서 차지하는 미국의 비중은 더욱 높다. 그러나 1999년 유로화를 도입한 유로 경제권과 영국을 비롯한 기타 유럽 국가들을 모두 합치면 미국과 대등한 수준의 금융자산 규모가 될 정도로 유럽의 금융 비중도 커지고 있으며, 14조 달러 규모로 성장한 신흥 아시아 시장도 매우 빠른 성장을 해왔다.

특히 [그림 2-5]에서 볼 수 있는 것처럼 중국, 브라질, 러시아, 인도를 포함한 신흥시장의 성장 속도는 매우 빨라 1990년 이후 21퍼센트의 초고속 성장을 구가하고 있고 이들 국가의 금융자산도 이미

[그림 2-5] 24조 달러 규모로 성장한 신흥시장 금융자산(2006년 말 기준)

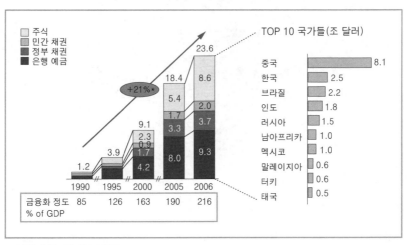

* 맥킨지 글로벌 인스티튜트

GDP의 두 배를 넘어서고 있다.

2007년 코스피 지수가 2000을 넘어선 한국도 외환위기와 자본시장 자유화, 개방화 이후 금융 부문이 급팽창했으며 동시에 세계 금융시장에 통합되어갔다. 사실 미국 서브프라임 모기지 부실과 아무런 관련이 없는 한국 주식시장이 2008년 연초부터 폭락하는가 하면, 2008년 1/4분기 3개월 간 국내 기업의 경영 실적에 별다른 변화가 없었음에도 외국 투자자들이 매달 수조 원씩의 주식을 팔아치우는 등의 현상이 나타난 이유는, 글로벌 신용경색으로 안전자산을 찾고 유동성을 확보하려는 세계 금융자본의 움직임 때문이었다. 금융 세계화의 단면을 한국 자본시장에서도 얼마든지 볼 수 있는 것이다.

◆ 커지는 자본시장과 신종 금융상품

규제 풀린 금융이 만들어낸 신종 금융자본주의가 단지 수량적으로만 금융자산 비중을 키워온 것은 아니다.

금융의 무게중심이 점점 더 은행에서 자본시장으로 이동하고 있다

1980년 기준으로 전 세계 전체 금융자산에서 은행예금이 차지하는 비중은 42퍼센트에 달했다. 그러나 2006년에 이르면 그 비중은 27퍼센트로 떨어진다. 같은 기간 은행예금이 7.8퍼센트 성장하는 동안 주식시장이 10.4퍼센트나 빠르게 성장한 결과다.

이는 은행을 매개로 한 금융과 산업의 '장기적 관계금융'이 위축됨과 동시에 은행의 자금중개 기능이 현저히 약해졌다는 것을 의미한다. 또한 은행을 대신해 자본시장과 기업의 관계(주주-경영자 관계, 또는 기업인수 금융-피인수기업 관계)가 형성된다는 것을 뜻하며 특히 실물산업과 직접적 관계가 없는 자본 유통시장의 독립적 확대와 팽창까지도 예상되는 것이다.

파생상품이라는 새로운 금융상품의 출현으로 팽창이 가속화되었다

주식, 채권, 외환 등을 넘어서 선물, 옵션, 스왑과 같은 복잡한 파생상품이 등장하면서 금융시장 규모는 더욱 커지고 복잡해졌다. 파생상품 시장은 명목적 가치로만 보면 파생상품을 제외한 세계 금융자산 167조 달러의 세 배인 477조 달러에 이르는 엄청난 규모다.

특히 "정보통신기술 혁명은 파생상품과 같은 복잡한 금융 거래를 만들어낼 수 있게 했다. 그리고 거대한 규모의 금융자산을 24시간 거래할 수 있게 했다. 컴퓨터 기반의 새로운 리스크 관리 모델도 많은 금융 부문에 도입되었다"[10] 정보통신 기술과 금융의 접합으로 최신 금융상품의 개발과 유통이 가능하게 된 것이다.

이로써 금융은 과거의 단순한 예금·대출 거래를 뛰어넘어서 다양한 유형의 '증권화Securitization'를 통해 갖가지 파생상품을 만들게 되며, 일정한 곳에 투입된 자본은 투입처에서의 물리적인 이익 회수에 얽매이지 않고 증권화를 통해 더욱 자유롭게 움직이는 '유동성 팽창'의 시대를 맞이하게 된다. '세계 GDP 48조 달러 ➡ 금융자산 167조 달러(파생상품 제외) ➡ 파생상품 시장 477조 달러' 구조는 이런 상황에서 만들어졌다. 즉 파생상품 시장에 투자된 1달러가 여러 경로를 거치는 사이 그 10배인 10달러로 보일 수도 있는 것이다. 그리고 이제 은행도 파생상품 판매를 거들게 된다.

현재 서브프라임 모기지 부실을 전 세계 금융위기로 전파시킨 장본인인 부채담보부증권CDO도 바로 이런 메커니즘에서 나온 파생상품의 하나다. 첨단 유동화기법이자 위험분산기법으로 인식된 파생상품이 위험전달 매개체로 변질된 전형적 사례다.

또한 최근 새롭게 사용되고 있는 증권자본주의, 펀드자본주의, 파생상품 자본주의라는 용어들 역시 증권화를 통한 각종 파생상품의 개발과 거래를 특징으로 하는 현대 금융자본주의의 다른 이름들이다. 그러다보니 다음과 같은 기대와 찬사들이 쏟아지게 되었다.

"금융시장, 증권시장, 펀드시장, 파생상품시장은 한국경제를 이끌 차세대 성장동력이다. 금융자본주의, 증권자본주의, 펀드자본주의, 파생상품 자본주의는 이를 이념적으로 뒷받침할 자본주의 모형이다."[11]

금융기업의 수익은 느는데, 노동자들의 소득은?

1970년대 이후 제조업 이익은 정체되거나 오히려 줄어든 데 반해, 금융업은 신자유주의 금융화로 인해 높은 수익을 올리며 고부가가치 산업이자 미래 핵심산업으로 자리 잡았다. 제조업을 주력으로 했던 기업들마저 속속 금융기업을 인수하기 시작했고 금융 부문의 수익에 더 많이 의존하는 경영 양상을 보이게 되었다(그림 2-6 참조).

이익과 부와 권력이 금융 부문으로 점점 더 많이 이동하게 된 것

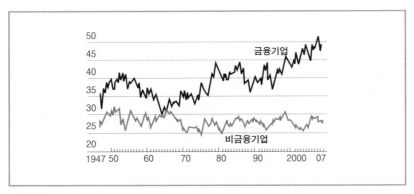

[그림 2-6] 미국 기업의 이익률 추이

* Smithers

은 물론, 특히 금융화의 첨단을 달리던 미국과 월가는 1990년대에 전성기를 구가하면서 문자 그대로 '글로벌 스탠더드'로 자리 잡게 되었다. 그렇다면 금융기업이 이처럼 엄청난 수익을 올리면서 글로벌 경제의 중심으로 부상하고 있을 때 생산을 담당하던 노동자들은 어떤 이익을 얻었을까.

'양극화 확대'를 떼려야 뗄 수 없는 또 하나의 자기 속성으로 지니는 신자유주의는 금융자본에 막대한 이익을 보장하면서도 노동자에게는 생산성에도 훨씬 못 미치는 소득 분배 시스템을 유지해왔다.[12] 이는 종국적으로 미국 국민이 실질소득에 근거하지 않은 부채와 주식 버블에 기대 소비하도록 조장했고 첨단 금융 시스템은 이를 뒷받침했다. 서브프라임 모기지 대출이 바로 그 전형이다. 마치 제조업 기반이 허약해진 미국경제가 아시아의 외환보유고를 끌어들여 경상수지 적자를 메워왔던 것처럼.

결국, 지금의 신자유주의 경제 시스템은 ▶ 규제 풀린 금융자본주의가 ▶ 파생상품이라는 신종 금융상품과 ▶ 사모펀드, 헤지펀드 같은 신종 금융주체들을 앞세워 글로벌 경제를 제어하는 한편 ▶ 주주 자본주의라고 하는 경영 시스템을 구축하여 기업을 지배하고 ▶ 정보통신기술을 흡수하여 24시간 세계 금융거래를 가능하게 하여 문자 그대로 자유로운 글로벌 자본 이동이 가능한 '글로벌 경제'를 만들었으며 ▶ 이것이 정치 이데올로기적인 신보수주의, 군사적 개입주의와 결합하면 아프간·이라크 전쟁으로까지 치닫는 것이다.

그런데 현대 금융자본주의가 양산한, 특히 2000년부터 대규모로 늘려왔으며 어쩌면 미국 연방준비제도이사회FRB가 금리 인하를 통해 조장한 '유동성 잔치'는 2007년 서브프라임 모기지 부실로 막을 내리게 된다.

3
—
헤지펀드와 사모펀드,
현대 금융자본주의의 새로운 첨병들[13]

1990년대 금융자본주의가 전면화한 이후, 특히 2000년 이후 놀라운 속도의 성장세를 보이며 세계 금융시장의 강자로 떠오른 신진 주자들이 있다. 그 대표적인 경우가 익히 알려진 헤지펀드와 사모펀드고, 서브프라임 부실이 세계화되던 2007년 말부터 주목을 받아온 아시아와 중동의 국부펀드다.

　　현대 금융자본주의를 말해주는 주요 특징들로는 전체 산업에서의 금융 부문의 비약적 팽창, 은행으로부터 자본시장으로의 금융의 중심 이동 그리고 파생상품이라는 신종 금융상품의 등장과 금융 거래의 복잡성 등이 있다.

　　그런데 자본주의가 금융자본주의로 변신하는 과정에서 전에 볼 수 없었던 새로운 스타들도 부상한다. 한국에서 GE(제너럴 일렉트릭)의 잭 웰치가 일약 스타가 되고 그의 저서가 경영 모범서가 된 것이 하나의 사례다.

　　1981년 잭 웰치는 에디슨으로부터 시작된 유명한 전기회사, 즉 제조업체인 GE의 최연소 회장으로 취임한다. 그는 1등이 아닌 기업을 미련 없이 팔고 수익성 높은 기업을 적극 인수하는 등 기업을 '사고파는' 물건으로 뒤바꿔놓은 인물이자 전통적인 제조업체인 GE의 금융 부문을 강화하는 경영전략을 펴면서 금융이 21세기 성장을 주도할 분야라고 주장한 경영자다. 바로 금융자본주의와 주주 자본주의를 기업 경영에 적용해 실재화한 인물이며 GE의 수익 가운데 70퍼센트를 금융에서 창출하도록 만들었고 최근까지 한국 경영자들이 떠받들고 추앙하던 인물이다.

잭 웰치가 회장이 되던 바로 그 해에 블룸버그 통신이라는 세계 최초의 금융 뉴스 분석 서비스 모델로 기업을 창업한 마이클 블룸버그 역시 금융자본주의의 신화와 함께 성장한 스타라고 할 수 있다. 지금은 100여 개 지역에서 활동하는 1200명의 특파원을 포함해 약 8000명의 직원이 90개 국 이상에 금융 분석 정보 서비스를 제공하는 금융 전문 미디어 그룹으로 성장하여 월가를 넘어 전 세계에 막대한 영향력을 과시하고 있다.

◆ 현대 금융자본주의에서 떠오르는 신진 스타들

그렇다면 신자유주의가 금융자본주의로 변신한 이후 단지 잭 웰치나 블룸버그와 같은 스타만을 배출했을까. 그렇지 않다. 더욱 조직적이고 구조적인 스타들도 출현한다. 이 이슈를 분석하기 위해서는 다음과 같은 두 가지 질문이 필요하다.

첫째, 누가 무게중심이 옮겨진 자본시장의 주요 플레이어인가.

그리고 신종 금융상품은 누가 나서서 거래하는가.

둘째, 금융자본은 기존의 산업자본이나 기업 내부에 관여하지 않고 오직 실물산업과 무관한 금융시장 자체만을 거래하는가, 아니면 실물산업과 기업 내부에 적극 개입하는가.

1990년대 금융자본주의가 전면화한 이후, 특히 2000년 이후 놀라운 속도의 성장세를 보이며 세계 금융시장의 강자로 떠오른 신진 주자들이 있다. [그림 2-7]에서 볼 수 있는 것처럼 그 대표적인 경우가 익히 알려진 헤지펀드와 사모펀드고, 서브프라임 부실이 세계화되던 2007년 말부터 주목을 받아온 아시아와 중동의 국부펀드다. 말하자면 신新 금융자본주의 시대의 신흥 금융자본New Power Brokers이라고 할 수 있을 것이다.

우선 양적으로 이들 신흥 금융자본이 얼마만한 규모로 성장해왔

[그림 2-7] 대규모화되고 빠른 성장세를 보이는 신흥 금융자본

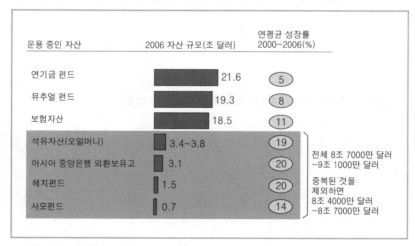

운용 중인 자산	2006 자산 규모(조 달러)	연평균 성장률 2000~2006(%)	
연기금 펀드	21.6	5	
뮤추얼 펀드	19.3	8	
보험자산	18.5	11	
석유자산(오일머니)	3.4~3.8	19	전체 8조 7000만 달러 ~9조 1000만 달러
아시아 중앙은행 외환보유고	3.1	20	
헤지펀드	1.5	20	중복된 것을 제외하면 8조 4000만 달러 ~8조 7000만 달러
사모펀드	0.7	14	

* 맥킨지 글로벌 인스티튜트

116

는지 확인해 보도록 하자.[14]

매킨지 글로벌 연구소의 집계방식에 따르면 헤지펀드와 사모펀드 그리고 중동 오일머니와 아시아 외환보유고를 합하면 약 8조 4000억 달러로 추산된다. 이는 오랜 역사를 가진 뮤추얼 펀드의 40퍼센트에 달하는 규모다. 더욱 중요한 것은 이들의 성장세인데, 이들은 2000 ~2006년에 각각 3배 이상으로 몸집을 불릴 정도로 초고속 성장을 했다. 뮤추얼 펀드가 8퍼센트 성장할 때 이들 신흥자본은 평균 20퍼센트의 성장률을 보인 것이다.

더 주목해야 할 지점은 매킨지가 예상한 향후 2012년까지의 추가적인 성장 규모다. [그림 2-8]을 보면 앞으로의 성장률을 보수적으로 예측해도 2012년에 신흥 금융자본의 규모가 2006년 말의 2배에 달하는 15조 2000억 달러가 될 것으로 보고 있다. 물론 보수적

[그림 2-8] 2012년에 15조 달러로 성장할 신흥 금융자본

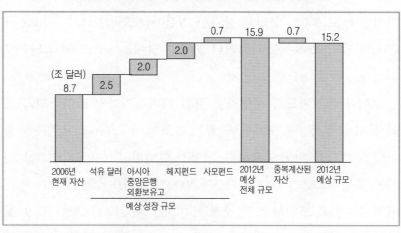

* 맥킨지 글로벌 인스티튜트

예측보다도 훨씬 더 높은 성장을 구가할 수도 있고 반대로 이번 금융위기의 여파로 크게 위축될 수도 있다. 그러나 변동 폭이 매우 클 것은 분명하며 그에 따라 세계 금융시장에 막대한 영향을 미친다는 점은 같다고 하겠다.

물론 8조 달러 규모의 신흥자본은 아직 전 세계 금융자산 167조 달러의 5퍼센트에 불과하다. 그럼에도 이들이 세계 금융시장을 좌우한다고 말할 수 있고, 또 새로운 금융혁신과 금융지형을 창출하며, 나아가 세계 경제지형을 바꾸는 데 중대한 역할을 하고 있다고 말할 수 있을까?

❖ 파생상품과 함께 성장한 헤지펀드

1992년 '파운드화 투매'로 영국 중앙은행을 손들게 하고 보름 만에 10억 달러의 수익을 챙겨 세상을 놀라게 했던 헤지펀드는 1990년까지만 해도 390억 달러에 불과한 작은 규모였다. 그러나 10년 새 4900억 달러(2000년)로 커지더니 2006년 말에는 1조 5000억 달러로 무섭게 성장했다(그림 2-9 참조).

그러나 헤지펀드가 운영하는 차입 레버리지까지 감안하면 그들이 실제 금융시장에 투자할 수 있는 총투자 규모는 6조 달러까지 불어날 수 있다는 점이 중요하다. 나아가 현재의 추세대로라면 2012년에는 보수적으로 추정해도 약 3조 5000억 달러로 성장할 것이고 레버리지 투자를 포함하면 전 세계 연기금의 3분의 1에 해당하는 12조 달러를 넘어설 것으로 보인다(그림 2-10 참조).

[그림 2-9] 지난 10여 년간 고속성장한 헤지펀드의 자산 규모 추이

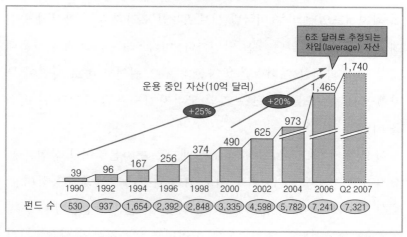

6조 달러로 추정되는
차입(laverage) 자산

운용 중인 자산(10억 달러)

연도	자산	펀드 수
1990	39	530
1992	96	937
1994	167	1,654
1996	256	2,392
1998	374	2,848
2000	490	3,335
2002	625	4,598
2004	973	5,782
2006	1,465	7,241
Q2 2007	1,740	7,321

+25%   +20%

펀드 수

* 맥킨지 글로벌 인스티튜트

헤지펀드는 증권시장과 채권시장, 선물시장과 현물시장, 각 나라의 외환시장을 넘나들면서 각종 첨단 파생상품을 거래한다. 이를 통해 세계 금융시장에 유동성을 공급하는 데 결정적인 영향을 미쳐왔고 그 와중에 첨단 금융기법, 거래전략, 전자거래 시스템, 위험관리 시스템 개발 등을 주도하며 고수익을 창출해왔다.

그 결과 2007년 금융위기가 시작되던 와중에서도 헤지펀드 매니저들 가운데 연봉 순위 상위 25명의 평균 수입은 3억 6000만 달러(미국 가정 평균 소득 6만 5000달러, 헤지펀드 매니저 수입 1위는 폴슨 앤 컴퍼니 대표 존 폴슨으로 37억 달러)라는 놀라운 결과가 언론에 보도되기도 했는데, 이는 2002년에 비해 18배나 증가한 것이라고 한다. 이는 주주자본주의 기업 CEO가 받는 스톡옵션을 능가하는 엄청난 규모로 신자유주의를 움직이는 일등공신이 누구인지를 가늠하게 해준다.

현대의 첨단 금융자본주의가 유지되고 확산될 수 있게 한 장본인이 헤지펀드였던 만큼 미국발 서브프라임 모기지 부실 확산의 중심에 헤지펀드가 있었던 것은 당연하다. 미국 5대 투자은행들 가운데 가장 먼저 파산한 베어스턴스 파산의 주요 원인도 바로 자신이 투자했던 헤지펀드들이 서브프라임 모기지 대출채권 부실로 큰 손실을 입었기 때문이다.

사실 헤지펀드는 차입Leverage을 매개로 투자은행이나 상업은행, 심지어 중동의 오일머니와도 서로 얽혀 엄청난 자금을 운용하며 금융시장의 큰손으로서 유동성을 공급해왔다. 일반 상업은행 ➡ 투자은행 ➡ 사모펀드와 헤지펀드로 이어지는 금융자본의 사슬구조가 존재하며 그 최종적인 후원자로 미국의 중앙은행격인 연방준비제

[그림 2-10] 기본 시나리오에 의한 헤지펀드 성장(2012년에 3조 5000억 달러)

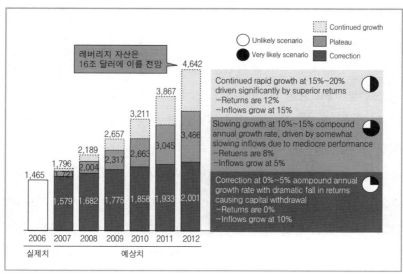

* 맥킨지 글로벌 인스티튜트

도이사회가 버티고 있다는 사실이 이번 금융위기, 특히 2008년 3월 14일 베어스턴스 파산위기에서 매우 선명하게 드러났다.

이 자금 연쇄사슬 가운데서 사모펀드와 함께 헤지펀드가 과감히 전방에 나서서 행동대원 역할을 했으며 상업은행이나 투자은행들은 든든한 물주 역할을 했던 것이다. 그리고 묘하게도 헤지펀드가 앞장서 일으킨 금융위기를 일차적으로 수습하는 데에 아시아와 중동의 국부펀드가 나서게 된다.

물론 이번 위기를 일으킨 주범인 헤지펀드도 그 피해로부터 자유로울 수는 없었다. 2008년 1/4분기 헤지펀드 규모는 1조 8800억 달러까지 늘어났지만 예년에 비해 성장률은 현저히 둔화되었고 헤지펀드로의 자금 유입도 급격히 줄어들었다. 또한 평균 수익률도 마이너스 3퍼센트로 돌아서는 등 헤지펀드 역사상 최악의 해를 맞이하게 되었다.

◆ 기업 인수합병을 본업으로 하는 사모펀드

한미은행을 인수한 칼라일펀드, SK 경영권을 위협했던 소버린펀드, 외환은행을 인수한 뒤 되판 론스타펀드까지 투기자본으로 알려진 사모펀드는 세계 금융시장에서 상상 이상의 영향력을 발휘한다.

2007년 텍사스 최대 전력업체인 TXU는 450억 달러에 미국 최대 사모펀드인 콜버그 크라비츠 로버츠KKR에 차입인수되었다. 그 밖에도 바슈롬(워버그 핀커스, 45억 달러), 퍼스트데이터(KKR, 290억 달러), 얼라이언스부츠(KKR, 205억 달러), 얼라이언스데이터(블랙스톤,

64억 달러) 등이 2007년 상반기에 사모펀드가 인수한 기업들이다.

서브프라임 부실이 터지기 직전까지 굴지의 세계적 기업들을 겨냥한 인수합병 시장을 장악하며 떠오르는 별로 주목받던 신흥 금융 자본이 바로 사모펀드다.

사모펀드를 넓게 해석하면, 기업 창업 초기에 주로 투자자 역할을 담당하는 벤처캐피탈, 성숙된 기업의 인수합병에 개입하는 차입 매수LBO, Leveraged Buyout 펀드 그리고 부동산 펀드, 인프라 펀드 등이 있다. 이 모두를 통틀어 대략 1조 달러 규모(2006년 말 기준)라고 한다. 그 가운데 LBO 펀드가 64퍼센트(아시아는 82퍼센트)에 해당하는 7100억 달러 규모다. 금융위기 논란의 핵심이 LBO 펀드이므로 이를 중심으로 사모펀드를 바라봐도 무방하다.[15]

알려진 것처럼 헤지펀드와 사모펀드는 자신이 조성한 몇 배, 심지어는 몇 십 배에 달하는 자본을 은행을 비롯한 자본 조달처에서 차입할 수 있으며 이에 대한 법적 규제는 거의 없다. 또 사모펀드는 심지어 미국에서조차 공식적인 기업 법인으로 간주되지 않아 법인세(수익의 35퍼센트)도 안 내고 단지 수익의 15퍼센트만 자본이득세 Capital Gain로 납부해왔다. 그마저도 차입금은 이자비용으로 공제되어 막대한 세금 감면을 받아왔다(이로 인한 비난을 의식해 최대 사모펀드의 하나인 블랙스톤이 2007년 기업공개를 추진하기도 했다).

사모펀드의 막대한 레버리지 덕에 실제 7000억 달러에 불과한 가장 작은 규모의 신흥 금융자본이 굴지의 제조업체들을 인수합병 해내고 있다. 사모펀드가 인수할 수 있는 기업 규모의 한계는 없다. 글로벌 기업이 된 삼성전자도 사모펀드 몇 개가 협력하여 인수하고

[그림 2-11] 인수합병의 주요 플레이어로 등장한 사모펀드

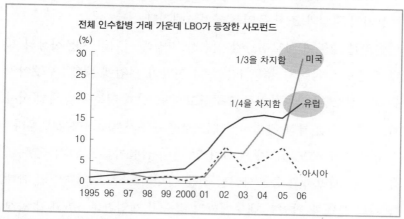

전체 인수합병 거래 가운데 LBO가 등장한 사모펀드

* 맥킨지 글로벌 인스티튜트

자 마음먹으면 어렵지 않게 인수할 수 있는 것이 현대 금융자본주의 시스템이라고 할 수 있다. 미국 증권시장의 2퍼센트 남짓 되는 바이아웃 펀드가 거대한 영향력을 행사할 수 있었던 중요한 이유 가운데 하나다. 그 결과 미국의 기업 인수합병 시장의 3분의 1을 사모펀드가 주도하는 형세가 만들어졌다.

특히 문제는 신자유주의가 심화되면서 제조업을 중심으로 한 기업들이 새로운 설비투자나 제품 개발에 주력하기보다는 이미 존재하는 기업을 합치고 분해하고 조정하여 다시 파는 행위, 즉 기업 자체를 상품으로 내놓고 거래하는 인수합병 시장에 대한 의존도를 높이고 있다는 것이다. 금융시장은 바로 그 공간을 제공해주고 있는 셈이며 여기에서 가장 적극적인 중개자가 바로 사모펀드다.

투자 속성상 사모펀드가 인수합병을 하는 목적은 기업을 꾸준히 보유하면서 수익을 획득하는 데 있기보다 단기적인 자본차익을 극

대화하는 데 있다. 따라서 인수합병된 기업의 장기 발전전망이나 중장기적 경영과 조직 운영은 불가능해진다.

이러한 경향이 사모펀드가 인수한 기업뿐 아니라 자본시장의 전체 흐름으로 굳어져 금융자본(주주) 전반이 기업에 대해 '주주이익을 최우선으로' 경영하기를 요구하고 이를 실제 지분을 앞세워 이사회, 주주총회를 통해 관철시켜내는 것을 주주자본주의라고 부른다.

다시 말해 사모펀드가 중심이 된 현대 금융자본은 단지 신종 금융상품을 개발하고 유통시키는 것뿐 아니라 금융 투자수익의 확대를 위해 산업과 기업의 내부에까지 깊숙이 개입한다. 그 개입 양상을 주주행동주의Shareholder Activism라 부르기도 하는데, 금융자본주의가 기업에 접합되면서 주주자본주의Shareholder Capitalism라는 신종 자본논리가 파생되는 것이다.

결국 금융자본이 산업자본과 기업 일반의 경영에 침투해서 수익 확대를 도모하고자 하는 것이 신자유주의며 따라서 이는 당연히 '이해관계자 자본주의'와 충돌할 수밖에 없다.

신자유주의가 국가적 수준에서 복지 시스템을 무력화하고 민영화 절차를 밟아왔다면, 기업적 수준에서는 기업-직원-지역공동체 사이의 최소한의 균형조차 무력화하고 금융자본(주주)의 이익을 배타적으로 관철해왔다. 따라서 주주자본주의는 현대 금융자본주의의 기업적 표현이다. 황제적 주주Emperor Shareholder, 제국주의적 주주Imperialistic Shareholder로 불리는 주주는 이른바 개미주주가 아니라 바로 거대 금융자본이다.

이런 주주자본주의에게 "펀드와 투자기업의 관계는 맘에 들지 않으면 주식을 팔고 떠나는 '쿨cool'한 관계가 바람직하다"는 주장은 거의 허무하게 들릴 뿐이다. 현대 금융자본주의는 절대 쿨하지 않으며 처음부터 쿨할 생각도 없다. 특히 사모펀드는 처음부터 맘에 들지 않는 기업을 뜯어고쳐 다시 팔 생각으로 해당 기업에 투자하는 것이다.

사모펀드라는 몸집이 가벼운 금융자본이 엄청난 레버리지를 동원해 대형 상장기업을 차입인수하고 그 차입금을 결국 인수된 기업의 부채로 떠넘기는 구조, 이는 금융자본도 산업자본도 이전에는 경험해보지 못한 매우 위험한 메커니즘이다.

저금리 기조를 배경으로 한 풍부한 유동성에 주식시장의 호황세가 가세하면서 과다한 인수비용을 부담하는 인수합병이 크게 늘고 있지만, 그에 반해 발생할 수 있는 위험에 대한 대비책은 별로 없는 것이 현실이다. 결국 이러한 문제도 서브프라임 모기지 대출 부실과 함께 불거지게 된 것이다.

⬧ 금융시장의 새 강자 국부펀드, 그들은 월가의 금융자본과 다른가

"채무 위험이 없는 대규모 자금을 보유한 국부펀드는 헤지펀드나 사모펀드 등을 대체하면서 새로운 자금 중개자로 부상하고 있으며 최종적인 국제자본 공급처였던 중앙은행들의 위상을 빼앗고 있다."(얀 랜돌프 이사, 글로벌 인사이트)

최근 세계 금융시장에서 주목을 받고 있는 국부펀드Sovereign Wealth Fund는 헤지펀드나 사모펀드와 달리 월가 중심부에서 기획되어 만들어진 것이 아니다. 신자유주의자들이 의도하지 않았던 국면, 즉 누적되는 미국 경상수지 적자의 반대급부로서 늘어나는 중국 중심의 아시아 경상수지 흑자, 그리고 2002년부터 유가 상승으로 축적한 중동의 오일머니를 자원으로 하여 그들 정부가 펀드화한 것이 국부펀드다. 즉 오일머니와 외환보유고를 자산으로 하여 정부가 투자기관을 설립한 것이 바로 국부펀드다.[16]

이들 국부펀드는 금융자본의 중심부에서 기획된 금융자본이 아니기에 통제하기는 더욱 어렵다. 그런 점에서 최근 OECD나 다보스포럼 등 전통 선진국들에서 국부펀드의 투명성에 대한 문제 제기와 함께 규제의 목소리가 높아지는가 하면 이들의 투자 활동을 의심의

[그림 2-12] 세계 최대 외환보유국의 4/5는 아시아

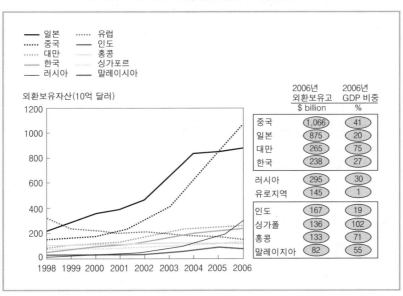

* 맥킨지 글로벌 인스티튜트

눈초리로 바라보는 것도 무리는 아니다.

[그림 2-12]를 보면 헤지펀드와 사모펀드가 각각 3배, 2.5배의 신장률을 보이던 2000년대에, 아시아 외환보유고와 중동의 석유 수익 역시 3배 이상 급신장하여 각각 3조 달러를 넘어섰다. 2012년에는 보수적으로 잡아도 각각 2조 달러 이상 팽창할 것이 확실하다. 2015년이면 세계 국부펀드의 규모가 미국 GDP인 14조 달러를 넘어설 것이라는 예상도 나오고 있다.[17]

잠재력을 키워온 중국 중심의 아시아 외환보유고와 중동의 오일머니가 국부펀드라는 틀을 갖춘 뒤 비록 한때나마 세계 신용경색과 유동성 부족을 일거에 해결해버린 일이 있었다. 바로 2007년 말부터 2008년 초까지 시티그룹과 메릴린치, UBS등 초대형 은행들의 서브프라임 모기지 대출 부실을 국부펀드들이 메워준 것이다.

알려진 바에 따르면 국부펀드들이 이들 은행에 투자한 금액은 무려 200억 달러 이상이다. 과거 미국의 채권을 사들여 달러의 미국 환류를 측면 지원했던 것과 비교하면 상당히 공격적으로 개입한 것이라고 할 수 있다.

현재 국부펀드를 두고 섣불리 그 성격을 예단하기는 어렵다. 기존 금융자본의 입장처럼 국부펀드를 민족주의의 잣대나 정치논리로 바라보는 것, 또 투명하지 못하다고 비난하는 것은 전혀 정당하지 않다. 오히려 사모펀드나 헤지펀드가 더욱 불투명할 뿐 아니라 그 운동 논리 역시 전혀 합리적이지 않다는 것이 미국발 금융위기로 증명되었기 때문이다.

국부펀드를 세계 금융자본주의에 대한 대항마로 인식하는 것 역시 섣부르긴 마찬가지다. 자금은 그것이 무엇을 목적으로 투자되는가에 따라 다를 뿐 사적 자본인가, 연기금인가, 대학재단기금인가, 아니면 국부펀드인가 하는 것으로 규정할 수는 없다. 투자목적이 무엇인가 하는 본원적 질문만이 의미가 있을 뿐이다. 이는 미국 연기금이 투기자본과 완벽하게 동일한 운동을 하는 것을 봐도 분명하다.

결국 외환보유고와 오일머니를 쥐고 있는 국가의 성격에 의해 해당 국부펀드의 성격도 규정된다고 볼 수 있다. 즉 국부펀드가 월가의 금융자본과 다른지, 아니면 월가 사모펀드와 헤지펀드, 투자은행의 든든한 후원자가 되어줄지는 순전히 그 펀드의 주인인 정부, 또는 국민에게 달려있을 뿐 국부펀드라는 명칭 자체에는 어떠한 규정력도 담겨 있지 않다.

그러나 한 가지 확실한 것이 있다. 신자유주의 30년 역사 이래 최대의 금융위기라는 현재 위기의 첫 단계를 막아준 국부펀드의 출현은 '실물경제를 장악해야 금융도 장악할 수 있다'는 평범한 진리를 재확인해주었다는 점이다. 이들 국부펀드는 결국 중국의 제조업으로 인한 경상수지 흑자와 중동의 자원이라는 실물경제에서 나온 것이다. 이러한 사실은 참여정부 시절부터 줄곧 금융허브 전략을 떠들어대고 있는 한국의 위정자들에게 실물경제의 기초가 없는 금융허브 전략이 얼마나 허망한지를 분명하게 일깨워주고 있다.

- **사모펀드**Private Equity Fund | 통상 대표적인 공모펀드인 뮤추얼 펀드와 대비되는데, 사전적으로만 해석하면 100인 미만(혹은 50인 미만)의 개인이나 기관이 자금을 조성하여 운영하는 펀드라고 할 수 있다. 헤지펀드 역시 자금 모집방식으로 보면 사모펀드다. 사적으로 모집한 소수의 투자자들로 구성된 펀드기 때문에 법적인 규제나 제한, 법적인 공시 의무 등이 거의 없다.

  다양한 곳에 투자되지만 사모펀드의 절반 이상이 차입매수 buyout에 투자되는 것을 보더라도 사모펀드의 대부분은 적극적 경영 개입과 인수합병, 그리고 되팔기를 통한 차익실현이 목적이다. 우리나라에서는 변양호 씨가 조성한 장보고펀드와 장하성 씨가 관여한 장하성펀드로 잘 알려졌다. 론스타 펀드, 칼라일 펀드, 소버린 펀드 등이 모두 외국계 사모펀드다.

- **헤지펀드**Hedge Fund | 주식, 채권을 포함하여 주로 통화, 선물, 옵션, 스왑 등의 파생상품에 대한 투자를 통해 고수익을 얻는 것을 목표로 하는 펀드다.

- **국부펀드**Sovereign Wealth Fund | 경상수지 흑자로 인한 외환보유액, 석유와 같은 국영자원의 판매 수익, 세금 등 국가가 보유한 자금으로 조성한 펀드를 국부펀드라고 한다. 중국을 필두로 한 아시아 지역의 막대한 경상수지 흑자로 축적된 외환보유고와 고유가로 벌어들인 중동의 오일달러 규모가 폭발적으로 팽창하면서 국부펀드의 위상이 갑자기 높아졌다.

  국부펀드는 금융투자와 같은 자산운용을 통해 고수익을 추구할 수도 있지만, 그 밖에 미래의 연금재원 확보, 천연자원 고갈에 대비해 미래세대에게 물려줄 유산 확보 등 다양한 목적을 위해 투자활동을 할 수도 있다. 우리나라는 2005년 한국투자공사KIC를 설립해 외환보유액의 일부를 해외에 투자해오고 있다.

4

서브프라임 사태 조망,
30년 금융불안 역사의 정점[18]

> 2008년 3월 14일 금요일을 기억하라. 자유시장 자본주의의 꿈
> 이 사망한 날이다. 30년 동안 우리는 시장 주도의 금융 시스템
> 을 추구해왔다. 베어스턴스를 구제하기로 결정함으로써 미국 통
> 화정책 책임기관이자 시장자율의 선전가인 FRB는 이 시대의
> 종결을 선언했다.

　　1970년대 스태그플레이션Stagflation으로 붕괴된 케인스주의 경제
시스템을 대신하여 자리를 잡기 시작한 신자유주의는 1980년대 들
어 거침없이 성장했지만, 2007년부터 시작된 금융위기로 역사상 최
대의 시련을 맞고 있다. 미국 서브프라임 대출 부실로 시작된 현재
의 국면은 단순한 '신용혼란Credit Turmoil'이나 '신용위기Credit Crisis'
차원을 훨씬 뛰어넘는, 문자 그대로의 '금융위기Financial Crisis'며
신자유주의 경제 시스템의 새로운 국면을 예고하는 중대한 분기점
이다.

❖ 신자유주의 30년 역사-끊이지 않았던 금융불안의 역사

사실 30여 년이라는 길지 않은 신자유주의 역사는 곧 금융위기로 점철된 역사라고 봐도 무방하다(그림 2-13 참조). 1980년대 들어 첫 금융위기는 남미에서 발생한다. 석유 산유국으로부터 대규모 자금을 유치한 미국의 주요 은행들과 금융기관들은 침체된 미국경제의 울타리를 벗어나 새로운 수익처를 모색하기 시작했고 미국의 강한 영향권 아래 있던 남미 정부들을 발견한다. 그리고 '국가'라는 안전한(?) 고객들에게 대규모 대출과 투자를 감행하기 시작했다. 그러나 1982년 멕시코를 비롯한 몇몇 국가들이 누적된 채무를 갚지 못해 국가부도 사태에 이르러 IMF 구제금융을 받는 신세가 되고 말았다. '남미 외채위기'가 터진 것이다. 그 결과 남미는 1980년대 내내 장

[그림 2-13] 세계 금융위기의 사이클

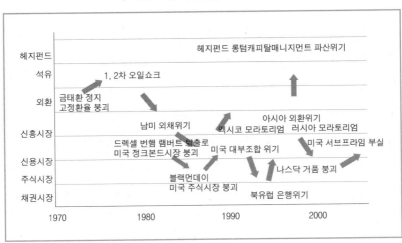

* J.P. 모건

기침체에 빠지게 된다.[19]

이뿐이 아니다. 1987년 10월 19일부터 불과 며칠 사이 미국과 유럽의 주요 주가가 무려 20퍼센트 이상 폭락하는 사건Black Monday도 일어났다.

1980년대 후반 부동산 가격 급락과 함께 시작된 미국 저축대부조합S&L, Saving Loan Association 부실의 경우는 총 700여 개의 조합이 파산하면서 1991년 미국경제를 마이너스 성장으로 몰고 갔는가 하면 그 여파는 1995년까지 이어졌다.

1990년대에 접어들면서는 세계 금융자본의 덩치가 커지고 헤지펀드와 같은 첨단 플레이어들이 전면에 부상했다. 여기에 더해 국제적 자본 이동성이 높아지면서 금융위기의 규모와 폭도 커져갔다. 멕시코, 아시아 외환위기와 러시아의 모라토리엄이 이어졌고, 미국에서는 최고의 두뇌집단들이 모여 있다고 알려진 헤지펀드 롱텀캐피탈매니지먼트LTCM가 파산지경에 몰려 연방준비제도이사회가 긴급지원에 나서기도 했다. LTCM은 1998년 자본금의 20배가 넘는 1250억 달러를 은행으로부터 레버리지로 끌어들여 파생상품에 무모하게 투자했고, 그로 인한 투자손실은 미국 금융 전반에 심각한 영향을 미쳤다.

신자유주의가 탄생한 이후 지난 30년 동안 금융자본은 세계 GDP의 3.5배에 달하는 167조 달러로 몸집을 키워왔다. 그 사이 전 지구적 범위에서 투기와 버블이 끊임없이 양산되었고 이렇게 커진 버블은 경제 시스템의 약한 지반을 따라 부분적인 폭발을 일으키면서 지속적으로 문제들을 누적시켜왔다.

[표 2-2] 주요 국제 금융위기 손실 규모(2007년 달러가치 기준)[20]

미국 저축대부조합 (1986~1995)	일본 은행위기 (1990~1999)	아시아 외환위기 (1998~1999)	미국 서브프라임 부실 (2007 ~)
2700억 달러	7500억 달러	3900억 달러	1조 4000억 달러

그러나 2000년대 IT 버블 붕괴에 이어 일어난 이번 서브프라임 모기지발 금융위기는 지금까지의 어떠한 위기보다도 규모나 파급범위 측면에서 심각하다(이미 1조 4000억 달러를 넘어서고 있으며 이는 미국 GDP의 10퍼센트가 넘는다). 가히 전무후무한 위기라 부를 만하다. 또 이번 금융위기는 세계 금융 시스템의 주변부가 아니라 중심부인 월가에서, 그것도 최첨단 금융공학이 동원된 '금융 파생상품'을 매개로, 그리고 최신의 금융 강자인 헤지펀드와 투자은행이 깊이 개입돼 확대되었다는 점에서 지금까지의 위기와는 차원이 다르다.

❖ 서브프라임 대출부실의 전개과정

금융위기 직전의 금융시장 환경

2000년대 들어 IT 버블로 나스닥 기술주들이 폭락하는 사태가 벌어지고 미국의 경기침체가 가시화되자 연방준비제도이사회는 금리를 대폭 내려 2003년까지 사실상 제로 금리인 1퍼센트 수준까지 떨어뜨렸다. 시중 유동성 공급 여건을 마련하기 위해서였다. 그러나 이렇게 형성된 유동성은 건전한 경제순환에 유입되기보다는 부동산 투기로 이어졌다.

이자율이 매우 낮아지자 미국인들은 금융기관 대출을 받아 부동산 매입에 나섰고 부동산 값은 오르기 시작했다. 신용등급이 좋은 고객을 대상으로 하는 프라임 대출뿐 아니라 등급이 다소 낮은 ALT-A 대출이 확대되었고, 급기야는 상환능력이 의심되는 고객들에게까지 대출이 대거 풀려나가게 되었다. 이것이 바로 서브프라임 모기지 대출이다.[21] 대출기관들은 늘어나는 수요에 맞춰 대출자금을 마련하기 위해 기존 대출채권을 증권화해 판매하고 다시 이 자금으로 신규 대출을 늘려갔다. 대출은 점점 신용등급이 낮은 고객으로 확대되었고, 그에 따라 기존 대출채권을 유동화해 새로운 대출자금을 마련하는 방식도 계속 반복되었다. 단, 주택가격이 계속 오르고 있는 동안만 가능한 일이었다.

한편 이런 식으로 만들어진 주택담보 대출 관련 유동화 증권인 RMBS, CDO 등이 대규모로 금융시장에 풀려나갔고[22], 이들 증권은 그동안 모험적인 파생상품에 집중 투자해온 헤지펀드들에게 매수되기 시작했다. 헤지펀드는 상업은행이나 투자은행으로부터 대규모로 차입(레버리지)한 자금으로 이들 증권을 매입했다. 나중에는 상업은행이나 투자은행이 직접 매입하기도 했다. 태평양 건너 한국의 우리은행도 미국의 RMBS를 매입했으며, 한국의 해외 부동산 펀드는 미국 부동산에 투자하기도 했다.

또한 모기지 담보 대출과는 직접 관련이 없던 사모펀드들도 저금리 시대의 풍부한 유동성 기류를 타고 대규모 기업 인수합병에 뛰어들었다. 이들은 2007년 상반기를 정점으로 미국 전체 인수합병시장의 3분의 1에 달하는 엄청난 규모의 기업 인수합병을 주도했고 이를 위한 자금 역시 많게는 30배가 넘는 차입으로 동원했다. 전 세계 유수의 은행들이 돈을 빌려주었음은 물론이다.

이렇게 규모를 키워온 금융은 2000년대 미국 경제성장의 견인차
가 되었다. 2002년 이후 미국의 경제성장에 대한 금융업의 기여도
는 10~30퍼센트에 달하며 그 중에서도 부동산 금융은 20퍼센트 수
준을 꾸준히 유지했다.

2000년 초부터 진행된 초저금리와 금융시장에 대한 과잉 유동성
공급, 주택시장 과열과 금융시장에서의 주택담보 대출 확대, 주택
담보대출 유동화로 인한 유동화 증권의 대규모 발행과 헤지펀드를
통한 전 세계 금융시장에의 유통, 이와 병행하여 풍부한 유동성을
기반으로 성장한 사모펀드들의 과다한 차입과 대규모 인수합병 붐
의 형성 등이 이번 금융위기가 터질 때까지 그 밑바탕에서 만들어
진 세계의 금융환경이었다.

2006년 하반기-금융위기의 전조

2006년 하반기부터 서브프라임 대출 연체가 급증하기 시작하고
이에 반비례해 주택가격은 추락하기 시작하면서 금융위기의 전조
가 터져나왔다.

더욱이 서브프라임 대출 가운데 상당수가 처음 2년간은 저금리
의 고정이자를 내다가 이후 고금리의 변동금리로 전환되는 '변동금
리부대출ARM'이었고, 이 시점이 돌아오면서 연체와 차압(유질처분)
이 급격히 늘어났다(그림 2-14 참조). 결국 미국 2위 모기지업체인 뉴
센트리파이낸셜New Century Financial이 파산하고(2007년 4월), 1위 업
체인 컨트리와이드Country Wide마저 뱅크오브아메리카BOA에 인수

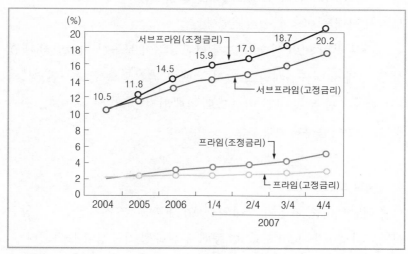

[그림 2-14] 모기지 유형별 연체비율

* 주 : 30일 이상 연체 기준
* Mortgage Bankers Association

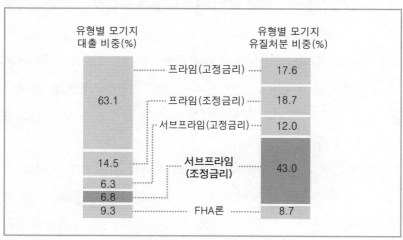

[그림 2-15] 모기지 유형별 비중 및 유질처분 비중

* 삼성경제연구소, '글로벌 금융불안과 세계경제' (2008.3)에서

(2007년 8월)되고 말았다. 전 세계를 금융위기에 빠뜨린 서브프라임 모기지 사태는 이렇게 시작되었다.

그러나 만일 이번 사태가 그저 상환능력이 부족한 미국인의 대출 상환 연체와 대출업체인 모기지 은행의 파산으로 끝났다면 제2의 저축대부조합 부실 사건 이상으로 확대되지는 않았을 것이다. 진짜 문제는 그 다음부터였다.

주택담보대출 부실 확대

주택담보대출 부실이 확대되자, 이 대출을 '기초자산'으로 '증권화'된 '파생상품' RMBS, CDO 등이 부실화될 가능성이 높아졌다.

실제로 2007년 7월 초 주요 신용평가사들이 연쇄적으로 주택대출담보부증권RMBS의 신용등급을 하향 조정했다. 이제 단순한 주택 경기나 대출금융의 문제를 넘어 전체 금융과 신용의 문제로 확대되기 시작한 것이다.[23]

RMBS, CDO 등 파생상품의 신용등급 하락은 곧바로 이들 상품에 대한 투자를 본업으로 하는 헤지펀드들의 대규모 손실을 초래했고, 이후 이들 헤지펀드에게 막대한 투자를 감행한 투자은행의 손실로 이어졌다.

파생상품의 신용위험은 헤지펀드뿐 아니라 신용시장 전체를 경색시켰고, 국경을 넘어 유럽 BNP파리바 은행이 2007년 8월 이들 상품의 환매를 중단시키면서 세계화될 조짐을 보였다. 주택담보대출 채권과 직접적인 관계가 없던 사모펀드의 차입인수합병 시장마저도 경색되기 시작했다.

"(신자유주의 금융) 시스템 내부에서 정의되지도 통제되지도 않은 거대한 문제점이 축적되고 있다"는 세간의 우려와 주장은 사실로 드러났다.[24]

확대되는 유동성 위기

헤지펀드뿐 아니라 '단기성 기업어음ABCP'을 발행해 조달한 자금으로 RMBS나 CDO에 투자했던 구조화투자기관SIV들도 유동성 위기를 맞게 되고 이들의 모기업인 시티은행과 같은 주요 상업은행의 손실로 확대된다.

시티그룹, 메릴린치, 모건스탠리 등 대형 금융회사들의 대규모 손실 내역이 속속 드러나게 되고 이들은 2007년 11월 들어서 아시아 국부펀드들의 긴급자금 수혈을 받기에 이른다.

미국 금융자산에 대한 선호도가 급격히 줄어들자 달러 가치는 폭락 행진을 이어갔다. 그리고 이에 대한 반대급부로 투기적 금융자본이 월가를 빠져나와 실물자산으로 옮겨가면서 금과 석유, 곡물 등의 원자재가격이 폭등하는 현상이 나타나기 시작했다. 2007년 하반기부터 2008년 상반기까지 진행된 글로벌 인플레이션은 이처럼 미국발 금융위기의 유탄으로 발생된 것이다.

계속되는 금융 부문의 손실

금융 부문의 손실이 계속 확대되고 주택경기가 급랭하는 한편, 미국 가정의 채무 부담이 가중되자 금융위기가 실물경제로 옮겨가기 시작했다.

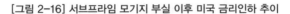

[그림 2-16] 서브프라임 모기지 부실 이후 미국 금리인하 추이

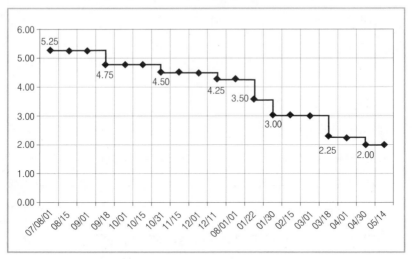

* 미국연방준비제도이사회(FRB)

2007년 12월 4퍼센트 수준이었던 미국 실업률이 5퍼센트로 올라가고 2008년 접어들면서 고용이 연속적으로 줄어드는 한편 소비심리는 급격히 위축되었다. 특히 2008년 2월 비농업 부문 고용이 전월 대비 6만 3000명 감소했던 것은 3월 14일 베어스턴스 파산에 큰 영향을 줄 정도였다.

그 결과 2007년 4/4분기 미국경제가 마이너스 상태에 빠진 데 이어 2008년에는 본격적인 침체에 돌입했다. 그리고 2008년 접어들면서 세계 주식시장이 동반 폭락하는 사태가 일어났다.

미국 금융자본은 유동성 압박을 받기 시작하자 한국처럼 자산 안전성이 낮은 자본시장의 자금을 급격히 회수해갔다. 그 결과 2007년 7월~2008년 2월 약 30조 원 이상의 자금이 국내 자본시장에서 빠져나갔다.

[그림 2-16]에서 볼 수 있는 것처럼 미국정부는 2008년 1월 22일
과 30일 각각 0.75퍼센트, 0.5퍼센트로 기준금리를 대폭 낮추는 한
편, 1600억 달러의 세금 환급조치를 발표하여 사태를 진정시키려
했다. 그러나 위기감은 오히려 더 확산되었을 뿐이다. 2008년 1월
말 모기지 증권에 보증을 섰던 모노라인 업체 MBIA, Ambac 등의
신용등급이 떨어지고 이들의 주가가 폭락하기 시작한 것이다.

극에 달하는 신용위험

신용위험이 극에 달하면서 헤지펀드와 사모펀드에 대규모 차입
을 제공했던 은행들이 자금 회수에 나서게 된다. 이른바 마진콜
Margin Call이 발생한 것으로 그 결과 차입에 의존하여 금융시장을
주도했던 헤지펀드와 사모펀드가 위기에 몰리게 되었다. 급기야 헤
지펀드에 투자해 대규모 손실을 본 미국 5위 투자은행인 베어스턴
스가 2008년 3월 14일 구제금융을 신청하기에 이르렀다.

긴박한 상황에 몰린 미국 연방준비제도이사회는 '비정상적이고
급박한 상황시 은행을 제외한 개인과 기업에 담보대출을 제공할 수
있다'는 연방준비제도법 13조 3항을 1929년 대공황 이후 최초로 발
동하여 베어스턴스에 300억 달러에 달하는 구제금융을 제공하는
등 이른바 '1929년 대공황 이후 최초'의 파격적인 자금 지원과 부실
채권 인수를 단행하면서까지 금융시장에 개입하였다. 결국 베어스
턴스는 주당 약 10달러에 JP모건체이스에 인수되었고, 파괴적인
국면은 이 시점에서 일단 소강상태로 접어드는 듯했다.

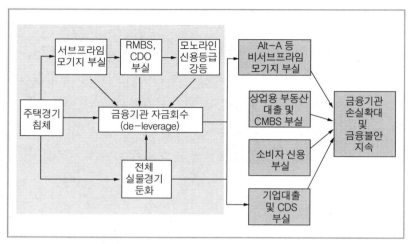

[그림 2-17] 금융불안의 확산 과정

* 한국은행, '미국 금융시장 불안요인과 향후 전망'

그러나 이미 실물경제로 전이된 금융위기는 미국의 경제침체를 기정사실화했고 세계는 경기침체와 인플레이션이라는 어려운 국면에 처하게 되었다.

❖ 신자유주의에 대한 믿음의 붕괴

단지 미국이라는 한 나라의 몇 개 주, 그것도 수많은 신용대출 종류 가운데 오직 주택담보대출, 또 그 가운데서도 비중이 20퍼센트 이하에 지나지 않던 서브프라임 모기지 대출 부실이 이처럼 전 세계적으로 확산되리라고 예측한 사람은 거의 없었다.

도대체 수백만 미국인들이 집을 담보로 하여 빌린 돈을 갚지 못해서 생긴 문제가 어떻게 세계경제를 흔들고 첨단 금융 시스템을 마비시킬 수 있었는가. 관치금융, 정경유착과 같은 전근대적 자본주의 행태가 아시아 금융위기와 외환위기를 불렀다며 그토록 신랄하게 비판했던 월가의 금융 전문가들은 자신들의 문제를 뭐라고 변명할까. 어째서 세계 최첨단의 금융 중심지에서 '구제금융'이라는 제3세계 후진국에서나 나올 법한 정책이 서슴없이 튀어나왔단 말인가.

지금으로서는 신자유주의 금융자본주의 자체 그리고 첨단 금융시스템 자체가 그러한 문제를 내재하고 있었다는 것 외에 다른 어떤 설명도 가능해 보이지 않는다. 그런 점에서 이번 위기는 신자유주의 시장만능주의가 필연적으로 만들어낸 결과라고 할 수 있다.

이번 금융위기가 시장주의의 파산임을 고백한 《파이낸셜 타임즈》 마틴 울프의 다음과 같은 주장은 그런 점에서 매우 설득력이 있다.

"2008년 3월 14일 금요일을 기억하라. 자유시장 자본주의Global Free-market Capitalism의 꿈이 사망한 날이다. 30년 동안 우리는 시장주도의 금융 시스템Market-driven Financial System을 추구해왔다. 베어스턴스를 구제하기로 결정함으로써 미국 통화정책 책임기관이자 시장자율의 선전가인 연방준비제도이사회는 이 시대의 종결을 선언했다. 이는 실제 '나는 더 이상 시장의 자기치유력을 믿지 않는다'고 선언한 도이치방크 요셉 아커만Joseph Ackermann 은행장의 말과 완전히 일치한다. 규제 완화가 한계에 다다른 것이다." [25]

아직도 계속되고 있는 이번 금융위기를 가리켜 일부에서는 금융시장에 대한 '신뢰의 위기'를 말한다. 신뢰의 위기란 무엇인가. 그것은 단지 신용의 위기를 가리키는 것이 아니라 신자유주의 자체에 대한 믿음의 붕괴를 뜻하는 것이다.

한때 자본주의의 쇠퇴와 소멸을 섣불리 전망하던 주장들이 빈축을 사던 시대가 있었다. 그러나 이제 신자유주의 글로벌 경제, 특히 금융이 승승장구하리라는 것을 전망하는 주장들이 빈축을 사고 시대착오적이라 비난받아 마땅한 시기가 왔다.

유동화 증권 용어

- **MBS**(Mortgage Backed Securities, 모기지 담보부 증권) | 서브프라임 모기지 대출과 같이 주택담보대출을 담보로 하여 발행되는 채권이다. 개인주거용 대출채권인 경우 RMBS, 상업용 부동산 대출채권인 경우에는 CMBS라고 부른다. 서브프라임 모기지 대출이 최초로 유동화될 때 바로 RMBS로 유동화되는 것이다.

- **CDO**(Collateralized Debt Obligation, 부채 담보부 증권) | 모기지 담보부 증권과 같은 채권을 기초자산으로 하여 이들을 신용등급별로 묶은 다음 이를 분할해 증권으로 발행한 파생상품이 CDO다. RMBS를 기초자산으로 하여 신용등급별 재분류 과정을 거친 다음에 CDO가 발행되는데, 이것이 모기지 대출의 일반적인 2차 유동화 과정이다. CDO에서 신용위험도를 CDS로 분리해 내면 '합성-CDO'라는 보다 복잡한 CDO가 만들어진다.

- **CDS**(Credit Default Swap, 신용 디폴트 스왑) | 신용위험을 회피하려는 헤지펀드나 투자은행이 채권보증업체(모노라인)에게 신용보증수수료를 지급하고 신용위험시 원금상환을 보장받을 수 있도록 계약한 신용파생상품이 CDS다. MBS나 CDO와 같은 증권

을 다량 매수한 헤지펀드와 투자은행은 채권보증업체와 CDS 계약을 맺어 원리금 상환 부담을 떠넘길 수 있다. CDS는 CDO 와 연결되어 모노라인업체의 부실로 전파된다.

• SIV(Structured Investment Vechicle, 구조화 투자전문기관) | 상업은행 및 투자은행들이 고수익 자산에 투자하기 위해 설립한 투자전문회사다. 단기 저금리 조달 수단인 ABCP 등을 통해 조달한 자금으로 RMBS, CDO와 같은 고수익 자산에 투자하는 금융기관인데 모기지 증권 부실로 이들 역시 대규모 손실을 입었고, 이들을 거느린 상업은행과 투자은행들도 역시 손실을 입었다. 지금까지 이들 손실은 은행들에게 부외거래(장부 이외의 거래) 대상이어서 손실 규모를 제대로 알 수가 없었다. 때문에 SIV와 같은 기관을 '부외거래기구'라고 부르기도 한다.

| 주 석

1	〈신자유주의 금융위기와 MB 정부의 경제정책 전환〉(김병권 새사연 연구센터장, 2008.9.22)을 수정 보완한 글이다.
2	얼마 지나지 않아 골드만삭스와 모건스탠리는 정부의 보호를 받기 위해 자청해서 투자은행을 포기하고 은행지주회사로의 전환 신청을 하게 된다.
3	1980년대 말 저축대부조합 사건으로 불리는 부동산 거품이 꺼졌을 때 미국 정부는 '정리신탁공사'라는 기구를 만들어 부실자산 처리를 하게 된다.
4	미국 연방 회계가 시작되고, 구제금융 자금 투입이 본격화되기 시작한 2008년 10월 한 달 동안 이미 미국의 재정적자는 2300억 달러를 넘어서고 있다.
5	우리나라 산업은행은 2008년 6월과 2008년 8월 말 두 차례에 걸쳐 이미 파산한 리먼 브라더스에 대해 약 60억 달러 이상을 투입하여 지분을 매입하려고 시도했던 적이 있다. 마지막 순간에 지분인수는 중단되었다.
6	〈금융자본주의, 글로벌 경제를 지배하다〉(김병권 새사연 연구센터장, 2008.5.2)를 수정 보완한 글이다.
7	〈세계 자본주의의 구조적 변화, 규제 없는 금융자본주의〉, 《새사연 이슈종합》, 2007.6.22.
8	로버트 커트너Robert Kuttner는 2007년 10월 미 하원 증언에서 유가증권 발행자들이 과도한 차입(레버리지)을 이용해서 자산버블을 만들어내는 등 1929년 대공황 당시와 2007년 서브프라임 모기지 부실 상황이 금융 측면에서 유사성이 발견된다고 주장했다(〈1929년과 2007년의 놀라운 유사성〉, 《새사연 이슈종합》, 2008.2.15).
9	Mckinsey Global Institute, *Mapping Global Capital Markets Fourth Annual Report*, 2008.1.
10	〈세계 자본주의의 구조적 변화, 규제 없는 금융자본주의〉, 《새사연 이슈종합》, 2007.6.22.
11	김형태(한국증권연구원 부원장), 〈금융자본주의 논쟁〉, 2007.
12	〈경제정책의 최우선 목표는 '완전고용'이다〉, 《새사연 이슈종합》, 2008.1.27.
13	〈현대 금융자본주의의 새로운 첨병들〉(김병권 새사연 연구센터장, 2008.5.8)을 수정 보완한 글이다.
14	McKinsey Global Institute, *The New Power Brokers: How Oil, Asia, Hedge Funds, and Private Equity are Shaping Global Capital Markets*, 2007.10.
15	McKinsey Global Institute, *The New Power Brokers: How Oil, Asia, Hedge Funds, and Private Equity are Shaping Global Capital Markets*, 2007.10.
16	중동 석유자금의 경우 약 6:4 정도로 석유 판매자산이 정부와 개인에게 분할된다고 한다. 그러므로 약 3조 5000억 달러 전부가 국부펀드로 전환되는 것은 아니다. 석유 자금 가운데 약 3500억 달러는 헤지펀드나 사모펀드 등의 자금원으로도 흘러들어가

고 있고, 이와 별개의 아랍권 금융시장을 형성하고 있기도 하다. 경상수지 흑자에 기초한 외환보유고는 대체로 각국 중앙은행으로 집중되므로 정책적 결정에 따라 국부펀드 전환이 가능하다. 그러나 아시아 중앙은행은 외환보유고를 상당 부분 미국 국공채 형태로 보유하고 있으므로 실제적으로는 투자자금 전환이 쉬운 것은 아니다. McKinsey Global Institute, *The New Power Brokers: How Oil, Asia, Hedge Funds, and Private Equity are Shaping Global Capital Markets*, 2007.10.

17 글로벌 인사이트를 인용한 마켓워치 보도, 이데일리, 2008.4.29.

18 〈현재의 금융위기는 30년간 계속된 금융불안의 정점〉(김병권 새사연 연구센터장, 2008.5.15)을 수정 보완한 글이다.

19 권세훈, 〈자본 규제의 정치경제학〉, 한국증권연구원, 2008.4.22.

20 한국은행 해외조사실, 〈미국 금융시장 불안 요인과 향후 전망〉, 2008.4.

21 서브프라임 모기지 대출은 2002년 이후 빠르게 성장하여 전체 모기지 대출의 15퍼센트까지 증가했다.

22 서브프라임 모기지 MBS 규모는 전체 MBS 발행금액의 10퍼센트 수준이지만 2006년 상반기에 발행된 서브프라임 모기지 MBS가 전체 MBS의 44퍼센트에 이르는 등 급격히 증가했다.

23 S&P가 73억 달러 규모 612개 RMBS 채권에 대해 부정적 관찰대상 지정, 무디스가 50억 달러 규모 399개 RMBS 채권 신용등급 하향 조정, 피치가 71억 달러 규모의 189개 RMBS 및 CDO 채권의 신용등급 하향을 경고했다.

24 〈세계 자본주의의 구조적 변화, 규제 없는 금융자본주의〉,《새사연 이슈종합》, 2007.6.22.

25 새사연, 〈월가에서부터 붕괴되는 시장주의 시스템〉, 2008.4.9.

CHAPTER 03

긴박했던 2008년 10월, 미국과 한국

1

─

위기의 미국경제, 과연 회생할 수 있을까[1]

아직도 미국경제는 응급실에 있다. 당장은 금융부실이 심각해 응급조치가 필요한 상황이었다. 실물경제 부문은 아직 제대로 보지도 못했다. 여기에는 수술비가 추가로 얼마나 들어갈지 알 수도 없다. 응급실을 거쳐 수술실에서 순환기 종양을 도려낸 뒤 실물경제라는 몸통은 어떻게 치료할 수 있을지 정해진 것이 없는 상태다.

간신히 산소호흡기를 달게 된 월가

"경제의 동맥이 막혔다. 이제 심장마비가 올 것이다."

미국 연방준비제도이사회 의장인 벤 버냉키가 구제금융Bailout 법안 통과를 호소하며 2008년 9월 의회에서 한 발언이다. 의회 통과를 압박하기 위해 과장된 표현기법을 동원했다는 점을 감안하더라도 1929년 대공황 전문가였던 버냉키의 절박한 심정을 그대로 보여준다고 할 수 있다. 100년 전통의 투자은행들이 연이어 간판을 내리고 금융위기가 전방위로 확산되던 2008년 9월은 미국경제사에 유례가 없던 한 달이었다.

미국 신자유주의의 심장인 월가 금융 시스템을 회생시키기 위해서, 미국 정부는 최후의 대책으로 7000억 달러의 세금을 월가의 부실자산에 투입하는 카드를 꺼냈다. 그러나 사태를 이 지경으로 만든 장본인인 월가 금융회사들에 대한 징벌은 없이 구제책만 담겨있던 재무부의 법안에 미국 국민들은 분노했고, 심장마비 직전의 금융 시스템에 산소 호흡기를 대는 응급치료를 거부하기도 했다.

폭스비즈니스닷컴이 공개한 여론조사에 따르면 미국 국민의 64퍼센트가 구제금융안에 찬성한 의원들에게 표를 주지 않겠다고 응답

[표 3-1] 부시 대통령이 2008년 10월 3일 최종 서명한 부실자산 인수법안 주요내용

인수자금	7000억 달러에 해당하는 미국 연방정부 재무부 증권 * 즉각적으로 2500억 달러 집행, 대통령 승인 아래 1000억 달러 추가 집행, 의회 승인을 거쳐 3500억 달러 추가 집행
인수대상	2008년 9월 17일 이전에 발행된 주택담보 모기지 증권MBS, 기타 필요한 경우 대상 확대
인수기간	* 2009년 12월 31일(연장 가능)
인수주체	미국 재무부
재무부 권한	부실채권 매입을 결정하고 집행할 수 있는 광범위한 권한 보유
인수방식	금융회사들이 보유한 모기지 부실채권을 최대한 낮은 가격으로 제시하면 정부가 매입하는 역경매 방식, 즉 최저가 매입 "단순히 부실채권을 역경매하는 방식으로 사들이는 것보다도 더욱 의욕적인 방안이 담겨 있다"(폴슨 장관이 하원 통과 후 한 발언)
인수기업 통제	* 자산인수 금융회사에 대한 경영진 스톡옵션과 연봉 제한, 부실채권 매입 대신 정부가 해당 기업 주식 매입권 확보, 단 의결권 없음
미국민 혜택	* 연방예금보험공사FDIC, 예금자 예금보호한도를 개인당 현행 10만 달러에서 25만 달러로 확대 * 주택 보유자들에게 최대 1000달러까지 세액공제를 하는 등, 세금 1490억 달러 감면조치 포함
후속 대책	부실자산 인수 대상, 자산 평가, 매입 절차와 관련된 세부적인 조치 마련

* 표시 항목은 부결 이후 수정, 추가된 사항

했다. 표를 주겠다고 답한 국민은 10퍼센트에 지나지 않았다. 자신의 지역구 의원들에게 반대표를 행사하라는 미국민들의 이메일과 전화가 쇄도했다.

2008년 11월 4일 대선과 의회 중간선거를 앞두고, 유권자들의 표를 의식하지 않을 수 없던 미국 정치인들은 결국 9월 29일 투표에서 구제금융 법안을 찬성 205표, 반대 228표, 기권 1표로 부결시켰다.

부랴부랴 성난 민심을 달래기 위한 수습책을 몇 가지 끼워 넣고 이례적으로 상원투표를 먼저 거치는 등의 우여곡절 끝에 법안 발의 13일 만에 '2008 긴급경제 안정화 법령Emergency Economic Stabilization Act of 2008'이라 명명된 451쪽 분량의 구제금융법안이 10월 3일 하원을 통과했고 그날로 대통령이 법안에 서명함으로써 논란은 일단락이 되었다. 심장마비 직전의 상태로 응급실에 실려 온 미국 금융 시스템이 간신히 산소호흡기를 달게 된 순간이다.

◆ 첫 번째 문제, 부실자산을 어떻게 평가할 것인가

그러나 법안 통과는 시작에 불과했다. 일단 벤 버냉키 연방준비제도이사회 의장과 실러 베어 연방예금보험공사 의장이 거들어서 월가의 금융 시스템을 중환자실로 이송시켰을 뿐이다. 이제 7000억 달러라는 엄청난 수술비 사용을 허락받고 거의 '백지수표'나 다름없는 광범위한 권한을 위임받은 헨리 폴슨의 집도 아래 진행될 대수술이 남아 있다.

첫 번째로 해야 할 대수술은 바로 부실자산을 잘라내는 것이다.

그러나 시작부터 만만치 않은 질문들이 기다리고 있다. 과연 어디까지가 부실자산인가, 도려낼 환부를 얼마나 신속하게 판단할 수 있는가, 얼마나 걸릴지 모를 수술이 진행되는 동안 다른 부위가 썩어가는 것을 어떻게 막을 것인가, 수술비는 7000억 달러면 충분한가, 그리고 결정적으로는 이번 종양을 키운 투자은행들 중에서도 으뜸인 골드만삭스의 최고경영자 출신인 헨리 폴슨 장관이 과연 집도를 책임질 자격과 능력이 있는가 등이 그것이다.

수백 년 자본주의 역사에서 일찍이 없던 초대형 외과수술이 얼마나 걸릴지, 얼마나 성공적으로 진행될지를 예측할 수 있는 명의는 불행하게도 지구상에 존재하지 않는 것 같다. 중환자실로 들어갔다는 것만으로는 월가 플레이어들 자신들도 안심하지 못하고 있는 상황이다. 그 결과 법안이 하원에 통과된 10월 3일에도 뉴욕 다우지수는 종가기준 1.5퍼센트(157포인트) 하락한 1만 325로 마감했다. 불안한 그림자는 여전히 월가를 떠나지 않고 있다.

우선, 수술해야 할 환부를 판단하는 것조차 상당한 시간과 복잡한 절차를 필요로 한다. 재무부가 국채를 동원해 인수할 부실자산을 평가하고 인수방법과 절차를 정해야 하기 때문이다. 그런데 그 부실자산이라는 게 뭔가. 설계한 사람들조차 제대로 알지 못한다는 악명 높은 파생상품들이 아닌가.

우량 모기지부터 불량 모기지까지 다양하게 존재하는 모기지 채권을 기초자산으로 설계된 약 6조 달러 가량의 MBS 증권들과 이를 다시 섞어서 만든 2조 달러 이상의 1차 CDO 증권과 2차 CDO 증권들, 그리고 이들 파생상품에 최고의 신용등급을 부여하기 위해 가입한 보험상품인 62조 달러 규모의 각종 CDS 상품들 가운데 부실자산 여부를 가려내고 적정한 매입가격을 산정해야 한다.

그뿐이랴. 이들 파생상품은 한두 개의 금융회사가 보유하고 있는 것도 아니고 수백 개의 금융회사들이 자기자본의 수십 배를 서로 차입하여 나눠서 보유하고 있는 실정이다. 이런 상황에서는 단지 몇 개 대형 금융회사들의 자산평가만 해도 수개월이 걸릴 판이다. 자칫 잘못된 자산평가를 하게 되면 순식간에 유사한 유형의 자산들이 시장에서 턱없이 높게 가치가 매겨지거나 또는 그 반대로 되면서 전체 부실자산 크기가 요동칠 수도 있다.

더욱이 재무부가 자산평가를 하고 있는 시간에도 월가의 시계는 멈추지 않는다. 신용경색은 계속되고, 파산하는 기업들이 생겨나며 그때마다 부실자산 규모가 달라질 것이다.

지금까지 사적 기업이면서 마치 공적 기관인양 행세해온 무디스, S&P, 피치 등의 신용평가기관들은 이번 금융위기의 공범들이니 이들에게 평가를 맡길 수도 없는 노릇이다. 알려진 바로는 재무부가 5~10개 정도의 자산평가회사와 계약을 맺고 여기에 법률과 금융, 회계 전문가들을 동원하여 부실자산 매입을 위한 세부절차에 들어갈 예정이라고 한다.

백악관 대변인은 "재무부가 가능한 빨리 부실자산을 사들이기를 원하고 있지만 그것은 복잡한 작업인 만큼 최소 몇 주가 걸릴 것"이라며 그때까지 참고 기다리라고 호소하고 있다. 정말 몇 주만 지나면 해결되기는 하는 것일까.

◆ 두 번째 문제, 수술비 7000억 달러면 족한가

상황이 이렇다 보니 두 번째 문제, 즉 7000억 달러가 과연 수술비로 충분한가 하는 의구심이 다시 커질 수밖에 없다.

이미 베어스턴스 구제에 300억 달러, 패니매이와 프레디맥에 2000억 달러, AIG에 850억 달러를 투입하기로 결정했고 추가로 7000억 달러를 의회로부터 약속받았지만 누구도 그 정도면 충분하다고 확신하지 못하는 형편이다. 애초에 부실자산 규모를 제대로 산정할 수 없기 때문이다.

IMF가 2008년 9월에 발표한 워킹페이퍼 〈Systemic Banking Crises : A New Database〉에 따르면 지난 30여 년 동안의 세계 금융위기를 분석한 결과 은행위기를 해결하는 데 평균 53개월, 즉 4년 이상이 걸렸으며 비용은 GDP 대비 13.3퍼센트가 소요되었다고 한다. 이 기간 동안 실질 GDP도 약 20퍼센트 이상 추락했다.

이 분석을 토대로 14조 달러인 미국 GDP의 10퍼센트가 투입된다고 예상한다면 지금까지 들어간 자금을 훨씬 뛰어넘는 1조 4000억 달러가 필요하다. 더구나 IMF의 분석은 과거의 사례를 통해 유추한 것일 뿐이다. 현재의 위기는 100년 만에 한 번 올까 말까 한 위기라고 하지 않는가. 따라서 앞으로 얼마의 돈이 더 필요할지는 알 수 없다.

고려대 박영철 교수도 2008년 10월 1일 '미국의 금융위기와 한국의 대응'이라는 토론회 발표자료에서, "부실자산을 보수적으로 계산해도 최저 2조 달러고, 7조 달러까지도 올라가는데 문제는 매일

매일 부실자산이 증가하고 있다는 것"이라며 7000억 달러에 대해 회의적인 입장을 보인 바 있다.

◆ 세 번째 문제, 근본적인 금융규제 대책은 어디 있는가

정작 더 중요한 문제는 세 번째다. 이들 금융회사를 미국 국민의 세금으로 살려주면 이들이 과거의 오류를 바로잡아 다시는 이 같은 금융 사기 행각을 벌이지 않을 것인가 하는 점이다. 미국 국민들이 분노하고, 의심하고 있는 것도 바로 이 대목이다.

지금 미국 재무부가 예정하고 있는 외과적 대수술이란 금융이라는 순환기 계통의 악성 질병을 근원적으로 치료하는 것이 아니라 당장 살려놓고 보자는 일종의 심장소생술이라고 볼 수 있다. 미국 정부 당국자들도 인정하듯이 당장 살려놓는 것이 급해서 재발 방지를 위한 구조적인 금융 재편은 손도 쓰고 있지 못한 형편이다.

미국 정가와 학계에서 이번 기회에 규제 풀린 금융 시스템에 대한 새로운 규제와 감독체제를 마련하고 투명한 경영체제를 구축해야 한다는 다양한 목소리가 나오고 있지만 아직 구체적인 제도에 대해서는 전혀 결정된 바가 없다. 2009년 말까지 한시적으로 집행되는 이번 구제금융 법안에도 이런 내용은 포함되어 있지 않다.

단지 현재의 추세로 보자면 1차적 충격 대상에서 비켜나 있는 대형 상업은행들에게 부실 투자은행이나 모기지업체들을 몰아주는 방식으로 갈 가능성이 있다. 그러나 이는 박영철 교수의 지적처럼 부실이 상업은행으로 확장되는 것이며, "미국의 지역은행 300개 중

100개의 파산이 시간문제라고 하는 등 금융부실이 투자은행에서 상업은행으로 넘어가는" 것을 조장할 가능성마저 배제할 수 없게 된 것이다.

진정한 금융위기 수습책이라고 봐야 할 금융 규제를 위한 포괄적인 제도적 대책은 어느 세월에 나올 수 있을까. 오바마 행정부로 수술팀이 교체됐으니 조만간 근본적인 치유책이 준비될 수 있을까.

◆ 실물경제 안정화를 위한 대책 필요

2007년 초 서브프라임 모기지 부실로 시작해 이후 1년이 훨씬 넘게 금융 전반의 부실과 파국이 진행되는 동안 다른 부위들은 멀쩡했을까. 유감스럽게도 전혀 그렇지 않다. 실핏줄이 터지고 동맥이 경화되고 심장까지 증세가 전이되는 동안 미국 신자유주의라는 몸통 자체도 병들어갔다. 현재 중병 초입에 들어선 단계라고 할 수 있다. 하지만 진짜 구제금융이 필요한 부분은 사실 미국경제의 몸통인 실물경제다.

미국경제의 뼈대라고 해야 할 제조업들은 이미 실질적인 경기 하락 국면에 접어들었다. 미국 공급관리자협회ISM에서 2008년 10월 1일 발표한 9월 제조업지수가 7년 만에 최저치를 기록했고 공장 주문도 2년 만에 최대 감소폭을 나타냈다. 제조업의 상징인 자동차 기업들도 9월 미국 내 매출이 26퍼센트 급감했다고 발표했다. 이런 상황에서 월가의 신용경색은 미국 기업들의 정상적인 자금 조달 경로마저 원천봉쇄를 하고 있는 셈이 되었다.

[그림 3-1] 연도별 주택대출과 가격 상승률

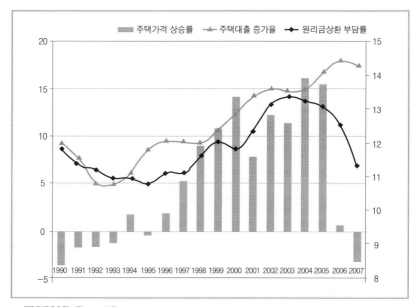

* FRB(2008), Flow of Funds Accounts

　자본시장에서 기업공개나 유상증자 등이 거의 불가능해진 것은 물론 회사채 발행시장과 기업어음시장CP도 얼어붙었고, 은행을 통한 기업 대출은 고사하고 은행에 예치해 두었던 자금마저 빼내야 하는 실정이다.

　그러다보니 투자등급이 양호한 비금융 회사채 발행건수도 2008년 9월 105억 달러에 불과했다고 톰슨로이터는 밝혔다. 이는 2007년 같은 기간의 410억 달러에 비해 25퍼센트로 쪼그라든 것인데, 초우량기업인 GE조차 신용경색 여파로 지난 10월 1일 120억 달러 규모의 신규 보통주 발행에 나서기도 했다.

　2008년 10월 3일 현재 미국의 기준금리는 지난 5월부터 2퍼센트를 유지하고 있지만², 유동성 경색으로 은행들 사이에서의 단기 거래에 적용되는 리보Libor 금리는 9월 30일자로 4퍼센트를 기록하고 있는 실정이다. 기준금리를 다시 인하한다고 해도 호전될 것으로 보이지 않는다. 지난 30년 동안 금융이라는 순환기 계통만 기형적으로 비대하게 키워온 신자유주의라는 질병이 지금 뼈대와 몸통까지 짓누르며 경제라는 몸 전체를 마비시키고 있는 것이다.

특히 이번 금융위기의 시작점이라고 할 수 있는 주택경기는 진정되기는커녕 최근 더욱 빠르게 하락세를 보이고 있다. 미국 20개 대도시의 주택가격을 반영하는 '케이스 쉴러 20지수'는 2008년 7월 전년 동월 대비 16.3퍼센트가 하락했다(그림 3-1 참조).

구제금융법이 통과되던 10월 3일 미국 노동부가 발표한 9월 비농업 부문 고용은 15만 9000개가 줄어들어 2008년 9개월 동안 총 76만개가 감소했다(그림 3-2 참조). 2008년 10월 들어서는 공식 실업자만

[그림 3-2] 최근 미국 비농업 부문 고용하락 추이

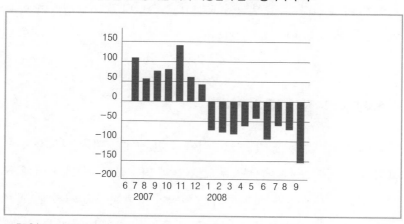

* BLS/Haver Analytics

1000만 명을 넘어섰다. 실업률은 2008년 8월에 이어 9월에도 6.1퍼센트, 10월에는 6.5퍼센트로 고공행진을 계속하고 있는 중이다.

이처럼 미국경제 전체로 병이 전염되기 시작했지만 구제금융법안은 주택시장이나 실물경제 안정화와 관련된 어떠한 요소도 포함하고 있지 않다.

아직도 미국경제는 응급실에 있다. 당장은 금융부실이 심각해 응급조치가 필요한 상황이었다. 실물경제 부문은 아직 제대로 보지도 못했다. 여기에는 수술비가 추가로 얼마나 들어갈지 알 수도 없다. 응급실을 거쳐 수술실에서 순환기 종양을 도려낸 뒤 실물경제라는 몸통은 어떻게 치료할 수 있을지 정해진 것이 없는 상태다.

내심 미국 재무부는 '금융부실 안정화 ➜ 신용경색 완화 ➜ 기업 자금조달 회복 ➜ 기업경기 활성화 ➜ 고용과 민간소비 회복'이라는 메커니즘이 작동하기를 기대하고 있겠지만, 순환기 응급조치만으로 경제 전체가 선순환을 타면서 살아나리라고 기대하는 사람은 거의 없어 보인다. 금융부실 수술만으로 끝난다면 미국경제는 향후 장기입원 신세를 면치 못할 것이다.

❖ 하이에나와 장의사들의 시대

구제금융법안 통과 여부를 둘러싸고 전 세계가 미국 의회를 주시하고 있는 동안, 월가에서는 부실로 인해 먹잇감이 된 여섯 번째 규모의 와코비아 은행을 차지하려는 치열한 쟁탈전이 벌어졌다. 월가의 금융위기가 전방위로 확산되던 지난 2008년 9월 와코비아 은행 역시 부실에 몰려 인수자를 구하는 처지가 되었다. 그러자 상당한 모기지 부실을 안고 있던 시티그룹이 연방예금보험공사의 지원 아래 와코비아의 은행 부문을 주당 약 1달러(인수가격 21억 달러)에 인수하겠다고 나섰고 와코비아 은행은 이를 받아들였다.

그런데 얼마 지나지 않은 10월 3일, 미국 웰스파고 은행이 미국 정부의 지원도 없이 주당 7달러(인수가격 151억 달러)라는 훨씬 좋은 조건으로 와코비아의 전 부분을 인수하겠다고 나섰고 와코비아는 당연히 이 제안을 받아들였다. 그러자 시티그룹은 즉각 자신과 와코비아가 배타적 협상을 하기로 했으니 웰스파고와의 합의는 무효라고 반박하고 나섰다. 분쟁이 확산될 조짐을 보이자 10월 4일 연방대법원이 나서서 시티그룹이 배타적 협상자임을 인정하며 협상안을 유지할 것을 와코비아 은행 측에 명령했으나 결국 며칠 뒤 시티그룹은 인수를 전격 포기하고 물러났다.

와코비아를 둘러싼 시티그룹과 웰스파고의 쟁탈전은 앞으로 월가에서 어떤 풍경이 벌어질지를 잘 암시해주고 있다. 화려했던 월가의 주요 금융회사들은 계속 무너져내릴 것이고 그 와중에 생존한 금융회사들은 무너진 다른 기업을 인수합병하여 살아남기 위해 치열한 각축전을 벌이는 문자 그대로 정글의 살풍경이 벌어질 전망이다. 현재로 봐서 미국 재무부의 7000억 달러는 힘센 금융기업들이 인수합병 전쟁을 치를 실탄 역할을 할 가능성도 높다.

특히 2007년까지만 해도 미국 전체 기업 거래의 3분의 1을 차지하며 월가의 스타로 떠올랐던 사모펀드들이 지금은 레버리지가 극도로 위축되어 숨죽이고 있지만, 조만간 다시 월가의 고물상을 자임하며 인수합병을 주선하거나 주도할 가능성도 있다.

외환위기로 초토화된 한국 금융시장에 소리 없이 들어와 뉴브리지캐피탈이 제일은행을, 칼라일이 한미은행을, 그리고 론스타가 외환은행을 가로채서 구조조정을 한 뒤 비싸게 팔아버린 일이 본토인 미국에서 재연되지 말라는 법이 없다는 뜻이다.

그리고 살아남은 투자은행들은 먹고 먹히는 인수합병 전쟁의 와중에서 자문을 명목으로 수수료를 챙기고자 할 수도 있다. 명성 높은 총잡이들과 보안관들이 모두 없어진 월가에 당분간 하이에나와 장의사들이 휘젓는 19세기 미국 서부의 개척시대가 펼쳐지리란 상상은 지나칠까.

새로운사회를여는연구원은, 우리 정부가 월가의 고물상들이 던지는 미끼에 현혹되어 철없이 '월가 쇼핑'을 운운하며 부실한 금융기업을 헐값에 인수해보겠다거나 미국의 고급 금융인력을 스카웃하겠다고 기웃거리는 어리석음을 보이지 않기를 간절히 바란다.

그런데 이명박 대통령은 2008년 9월 30일 러시아를 방문해 "미국 의회에서 (구제금융안이) 통과되면 시장이 안정될 것으로 본다"며 "우리 정부가 긴급한 상황에 대해 선제 대응을 해나간 것이 지금 생각하면 아주 잘한 일이라고 생각한다"는 현실감이 극히 떨어지는 주장을 하고 있는 마당이니 월가보다 우리의 상황이 더 아찔해 보인다.

2
—
7000억 달러 구제금융으로
금융회사 살리고 국민은 죽이다[3]

> 잔인한 것은 이렇게 양극화로 인해 소득이 전혀 늘지 않아 고통
> 스러운 저소득층을 대상으로 이들이 감당할 수 없는 약탈적인
> 대출행위를 자행하며 월가의 금융가가 성장해왔다는 것이다.

◆ 금융회사만을 위한 구제금융과 국민의 파산

2008년 10월, 하루에도 수십 건씩 들어오는 미국발 외신은 한마디로 상상을 초월한다. 미국 캘리포니아 주정부는 재정 부족으로 학교, 경찰, 소방서 공무원들에게 두 주째 급여를 지불하지 못하고 있다. 영화배우로 잘 알려진 주지사 아놀드 슈왈츠네거는 결국 미 재무부에 70억 달러의 자금지원을 긴급히 요청했다. 캘리포니아 주를 세계 국가들과 비교하면 그 규모는 상위 8번째에 이른다. 한마디로 세계 8위의 국가가 모라토리엄(채무불이행)을 선언한 셈이다.

도대체 자금을 조달할 방법이 없다. 채권을 발행하려고 해도 이를 소화해야 하는 자본시장이 빙하기처럼 얼어붙어 있다. 또 발행하더라도 엄청난 금리를 지불해야 한다. 기업들의 자금줄이 막혀버린다는 것은 그야말로 '공황'의 문턱을 넘어선 것과 다름없다. 금융회사 구제만으로도 정신이 없던 미국 정부가 드디어 일반기업 구제에까지 나섰다. 기업어음을 직접 매입하겠다고 약속한 것이다.

그러나 불신의 수준이 경제주체들 사이를 넘어 정부로까지 확산된 탓에 신용경색은 좀처럼 해소될 기미를 보이지 않는다. 오랜만에 선진국 중앙은행들이 공조해서 전격적으로 금리 인하를 단행했지만, 단순한 유동성 부족을 넘어 거래와 교환이 막혀버린 난국을 돌파하기는 쉽지 않아 보인다. 백약이 무효고 오직 시간만이 약이라는 소리가 나올법하다. 그렇다면 그 '시간' 동안 미국 생활인들은 어떻게 살아갈 것인가.

실상 금융위기의 최대 피해자라고 할 미국 국민들에 대한 대책은 거의 눈에 띄지 않고 있다. 금융회사들의 부실 정도와 생존 가능성을 평가하는 자료들은 엄청나게 쏟아져 나오고 있는데, 실업과 주택 차압에 내몰린 미국 국민들의 처지와 앞으로 그들이 어떻게 살아갈 수 있을지에 대한 얘기는 극히 드물다.

2008년 9월 20일, 최초로 7000억 달러 구제금융 법안이 발의되자 미국 국민들은 위기의 주범인 금융회사만 구제해주고 정작 피해를 입고 있는 국민들을 위한 구제책은 마련하지 않는다며 법안 통과를 격렬히 반대했다. 지역구 의원들에게 이메일과 전화로 반대투표를 요구할 정도였다.

정부의 대응은 말하자면 피해자의 돈을 뺏어 가해자를 구제해주는 셈이다. "월가에서 금융위기를 자초했으니 월가 돈을 모아 구제금융에 쓰라"라는 불평이 나오는 것도 당연하다.

미국 시민의 원성이 높아지자 결국 미국 정부는 겨우 예금자보호한도를 확대하고 주택 소유자들에게 1490억 달러의 세액공제를 해주는 조항을 법안에 끼워 넣었다. 한편 공적자금을 투입하는 금융회사에 대해 경영진 스톡옵션과 연봉을 제한하고 부실채권 대신 해당 주식 매입권을 확보한다는 '상당히 약한' 제재 조항도 삽입했다. 그러나 차압위기에 몰린 주택 소유자들의 주택을 정부가 사들이는 등의 직접적인 조치는 아직 없다.

◆ 금융위기에 실물경기 침체까지, 집 잃고 직장 잃고

2006년까지 전 세계 금융자본이 모기지업체를 통해 미국 국민들에게 방출한 대출금액은 약 11조 달러에 이른다. 특히 모기지업체들은 이자 상환 능력도 없는 사람들에게 주택가격의 거의 100퍼센트에 달하는 자금을 무리하게 대출해주었다. 심지어 금융 최선진국이라고 하는 미국에서 후진국에서도 일어나지 않을 약식 서류 대출이나 무서류 대출이 횡행했다. 더 나아가 위장 대출은 물론 소득도 수입도 자산도 없는 사람에게 대출해주는 이른바 닌자Ninja, no income no job no asset 대출까지 벌어졌을 정도다.

[그림 3-3] 연도별 가처분소득 대비 부채비율

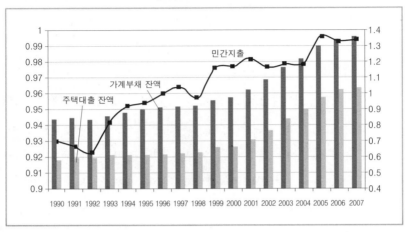

* FRB

이런 식으로 무분별한 대출이 풀려나간 결과 2007년 말 기준 미국의 가계부채 총액은 13조 8400억 달러로 늘어났다. 이는 미국 국내총생산과 맞먹는 규모이며 미국 국민 가처분소득의 136퍼센트에 달하는 규모다(그림 3-3 참조).

그 결과 집을 소유하고 있는 7500만 가구 중에서 무려 5000만 가구가 모기지 대출로 집을 샀다. 즉, 5000만 가구가 대출부실과 주택가격 폭락에 긴장하고 있다는 얘기다. 이 가운데 서브프라임 모기지 대출을 받은 가구가 750만 가구, 그리고 2008년 9월 현재 한 달이상 이자가 연체되었거나 차압된 가구가 자그마치 500만 가구를 넘어섰다.

그뿐이 아니다. 2007년부터 주택가격이 폭락하면서 이미 1200만명 정도의 주택 소유자들은 당장 주택을 팔아도 모기지 대출금을 상환할 금액이 나오지 않는다. 실상 구매자가 없어서 집이 팔리지도 않는다. 지난 2년간 이 비율은 두 배씩 늘어났다.

문제는 이게 끝이 아니라는 데 있다. 전문가들은 2009년까지 주택가격이 최소 10~20퍼센트 이상 더 떨어질 것이라고 전망한다. 1200만을 훨씬 넘는 미국의 가정이 집을 잃어버리게 되는 상황이 예고되어 있는 것이다.

게다가 2007년 말부터 경제는 침체국면에 들어가기 시작했으며 일자리도 큰 폭으로 감소하고 있다. 실물경기 침체가 발생한 지 1년 만에 실업자가 무려 216만 명이나 늘어나 2008년 10월 현재 공식적인 실업자만 1000만 명을 넘었고 한계실업자와 임시취업자를 포함하는 실질실업률은 이미 10퍼센트를 넘어섰다.

그러다보니 2007년 3월까지만 해도 4.4퍼센트였던 실업률이 줄곧 상승해 2008년 10월에는 6.5퍼센트에 이르렀다. 여기에 2008년 상반기에는 소비자물가까지 상승하기 시작했으니 미국민들은 지난 1년 동안 실질소득 정체, 실업률 증가, 물가 상승의 부담 속에서 살아가고 있는 것이다. 그리고 앞으로 더 큰 고통이 기다리고 있다.

차압당한 집에서 쫓겨날 생각을 하며 한숨짓는 미국 서민들, 언제 직장을 잃을지 모르는 월가의 금융회사 직원들이 매일 흉흉한 소문에 귀 기울이며 일손을 잡지 못하고 있는 광경들, 이미 일자리를 잃어버려 직장을 구하러 다니는 사람들, 이것이 우리가 생각했던 '기회의 땅 미국'의 현실이다.

◆ 금융화로 심각해진 양극화

1980년대부터 불붙기 시작한 경제의 금융화로 미국경제에서 금융이 차지하는 비중은 점점 커졌고 금융회사들은 전통적인 예대마진을 벗어나 고수익 투자에 집중하게 되었다. 동시에 노동생산성을 높이고 고용을 늘려 다수 국민들의 소득을 향상시키는 방식의 성장전략은 실종되었다. '소득 증대 ➡ 예금 ➡ 대출 ➡ 투자'의 선순환 구조가 '소득 정체 ➡ 부채와 투기 ➡ 버블 ➡ 소비'의 취약한 버블 경제로 전환된 것이다.

"1980년대 초만 해도 미국 전체 기업의 수익 가운데 10퍼센트에 불과하던 금융부문의 수익은 2000년 기준 40퍼센트로 증가했으며 같은 기간 금융회사의 시가총액도 6퍼센트에서 19퍼센트로 증가했다. 그러나 고용에서 금융 부문이 차지하는 비중은 5퍼센트에 불과하다."(이코노미스트)

이 결과 미국에서도 사회적 양극화가 심화되었다. [그림 3-4]에서 볼 수 있는 것처럼 지난 30년 동안 소득수준 하위 20퍼센트 계층의 실질소득은 1퍼센트 성장한 데 반해 상위 1퍼센트의 실질소득은 111퍼센트나 늘어났다.

소득과 자산의 양극화가 심화된 결과 미국 중산층은 급격히 붕괴했다. 1970년에 58퍼센트에 달하던 중산층이 2000년 들어 41퍼센트로 하락한 것이다.

더욱 놀라운 것은 사회적 양극화가 심화되는 가운데 소득이 전혀 늘지 않은 이들 저소득층을 상대로 월가의 금융자본이 무리하게 대

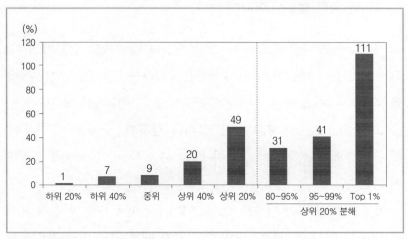

[그림 3-4] 1979~2003년 가계 실질소득 증가율

(%)

* EPI, 2008

출을 감행하며 성장해왔다는 사실이다.

월가의 금융회사들은 대다수 미국민에게 대출 부담을 씌우며 전체 기업이윤의 3분의 1을 손에 쥘 만큼 크게 성장했다. 월가의 펀드매니저들이 엄청난 연봉을 받았음은 물론이다. 하지만 정작 이번 금융위기로 가장 큰 타격을 받은 것은 이들 금융회사나 펀드매니저가 아니라 이미 가난했던 미국의 서민들이었다.

결국 이번 서브프라임 모기지발 금융위기는 소득과 고용 확대에 기초하지 않은 채 부채를 통해 이루어지는 경제성장은 결코 오래 지속될 수 없으며, 거품이 꺼지면 중하위 소득의 서민에게 가장 큰 피해가 돌아간다는 사실을 보여주고 있다.

국민을 위한 정부는 어디에 있나

카지노에도 나름대로 룰이 있고 자연의 정글에도 법칙이 있다. 그러나 인간이 만들어 놓은 금융자본주의라는 정글은 자연의 정글을 초월하는 자본 특유의 과욕과 잔혹함을 드러내면서 대다수 국민을 고통 속으로 몰아넣고 있다. 그러나 정부의 '구제'는 월가의 대형 은행들에게만 초점이 맞춰져 있을 뿐 이들 국민을 위해 존재하지 않는다.

어떻게 보면 이는 너무도 당연하다. 지금 미국 정부의 경제 요직은 대부분 월가 출신들이 장악하고 있기 때문이다. 이들에게는 월가의 친구들과 지인들이 무너져가는 것이 안타까울 뿐, 대다수 국민의 고통은 눈에 들어오지 않을 것이다.

재무장관 헨리 폴슨도 월가 1위 투자은행인 골드만삭스 출신이고, 앞으로 구제금융을 관리하기 위해 신설된 재무부 산하 금융안정국 책임자인 35살의 닐 캐쉬카리 역시 전 골드만삭스 이사가 아니던가. 게다가 이들과 구제금융 투입계획을 세우게 될 자산운용사들도 온통 월가 사람들이다.

한마디로 미국 정부는 월가의 정부지 국민의 정부가 아니다. 이들이 과연 이번 금융위기의 뇌관이라고 할 파생상품과 헤지펀드, 투자은행에 규제의 족쇄를 채울 수 있을까. 정부 관리와 월가는 부실에 빠진 대형 금융회사들을 먼저 살려야 미국경제를 살릴 수 있다며 '대마불사'의 신화를 이어나갈 것이 뻔하다.

이제 월가의 금융부실은 차고 넘쳐서 실물경제로 흘러들고 있고 그 속에서 미국 국민들은 생존을 위해 아우성치고 있다. 미국민들만 볼모로 잡았으면 그나마 나을지도 모르지만, 유럽을 포함한 전 세계가 미국발 태풍에 휩쓸려가기 시작했다. 2001년 9.11 테러 직후 국수적 애국주의로 똘똘 뭉쳤던 미국민들, 그래서 결국 2003년 이라크 침공을 단행하는 데 찬동했던 그들의 모습을 지금은 찾아볼 수 없다.

하긴 우리도 그들을 걱정하고 있을 때가 아니다. 환율 폭등과 주가 폭락, 금리 폭등으로 한국의 개미투자자들도 2008년 10월까지 이미 주식 투자로 60조 원 이상, 펀드 투자로 40조 원 이상을 날렸다. 자영업과 중소기업은 파산의 끝에서 불안해하고 있는 실정이다.

상황이 이러한데도 우리 정부도 미국과 다름없이 대기업과 강남 부유층을 위한 감세에만 관심을 두고 있다. 무너져가는 자영업과 중소기업에 정부가 직접 공적자금을 투입해서라도 살려야 하건만 시중은행들에게 자율적으로 대출을 늘리라는 말만 되풀이하는 형편이다. 불쌍한 건 미국 국민들만이 아니다.

3
—
고삐 풀린 금융이 낳은 위기,
그러나 한국은 규제 완화 중[4]

최고의 금융 시스템 전문가들로 구성된 월가도 금융 엔진 과열
과 폭발을 막을 수 없었다. 하다못해 이제 막 면허시험에 통과
한 한국에게 이런 자동차를 주고 조심해서 운전하면 사고가 일
어나지 않을 수 있다고 주장하는 것이 정당하겠는가?

◆ 금융위기 해법, 달러 무제한 공급이라는 초강수

2008년 10월, 미국을 필두로 걷잡을 수 없이 확산되어가는 금융
위기를 수습하고자 선진 각국들이 자국에 필요한 대책을 쏟아냈다.

미국에서 7000억 달러 구제금융법안을 통과시키고 정부가 직접
기업어음을 매입하겠다고 발표하는 동안 영국과 아일랜드는 부실
은행 국유화 방침을 내놓는가 하면 독일을 중심으로 정부가 예금자
의 예금 전액을 보장한다는 발표가 이어졌다. 부도 위기에 몰린 아
이슬란드는 러시아에 구제금융을 요청했고 조용하기만 했던 국제

통화기금마저 나서고 있다.

그러나 내용이나 시점이 서로 어긋나면서 이들 대책의 효과는 반감되었고 이미 금융위기는 개별 국가의 정부가 해결할 수 있는 범위를 넘어섰다. 위기는 기축통화인 달러를 찍어낼 수 있는 미국 연방정부의 통제를 넘어 개방된 금융의 연쇄 고리를 타고 전 세계로 급격히 전이되었다. 이제는 문자 그대로 지구적 범위의 해법을 요구하는 단계까지 왔다.

2008년 10월 8일 오랜만에 G7(주요 선진 7개국) 중앙은행이 일제히 금리를 인하하는 '공조'를 취했지만 그 효과는 하루를 가지 못했다. 그러자 10월 10일 G7 재무장관 및 중앙은행 총재회담, 11일 우리나라와 BRICs 등을 포함한 G20 재무장관 회담, 12일 유로존 15개국 정상회의를 잇달아 개최하고 금융위기에 대한 공동 대응책을 논의했다.

부실자산 인수를 넘어 금융회사에 직접 자금을 투입하는 방안, 은행 간 자금 거래에 정부가 지급 보증을 하는 방안 등 강력한 국가 개입 대책이 쏟아져 나와 신자유주의 금융자본주의가 사실상 국가자본주의로 바뀌는 것이 아닐까 하는 착각이 들 정도다.

그러더니 13일 미국, 일본, 유럽, 영국, 스위스 등 5개 중앙은행이 "상업은행들이 원하는 대로 얼마든지 자금을 빌릴 수 있도록 하겠다"는 달러 무제한 공급 선언을 하기에 이른다. 심장이 멎어버린 상태를 한시도 지연시킬 수 없어 일시적인 전기충격요법을 사용해야 할 국면에 이른 것이다.

◆ 교통경찰 태만과 운전과실로 금융대란이 발생했다?

그러나 전기충격요법으로 이미 실물경제에까지 전이된 세계경제 위기가 얼마나 회복될지는 여전히 누구도 장담할 수 없다. 이런 와중에 한국은 자본시장통합법과 함께 금융규제 완화 논쟁의 초점이었던 '금산분리 완화' 방안을 미루고 미룬 끝에 2008년 10월 13일 전격 발표했다. 금융위원회 전광우 위원장은 서브프라임 모기지 부실로 시작돼 전 세계 금융공황 국면으로 치달은 최근의 상황을 다음과 같이 진단한 바 있다.

"교통사고(금융위기)의 원인이 자동차의 구조적 결함(신자유주의, 금융자본주의 자체의 문제)일 수도 있지만 운전 과실(경영자의 모럴헤저드)이나 잘못된 교통신호 체계(감독 시스템), 또는 과속을 막지 못한 교통경찰(감독기관)의 책임일 수도 있다."(아시아투데이, 2008.10.10)

금융정책 당국의 수장다운 대단히 적절한 비유라고 할 수 있다. 그런데 전광우 위원장 발언의 취지는 '금융자본주의 그 자체나 규제 시스템이 문제라기보다는 감독 소홀이나 금융회사의 과욕이 문제'일 가능성이 높으니 우리나라는 향후에 '금융산업 혁신을 그대로 강행하고 규제 완화의 큰 틀을 유지'하면서 감독을 효율화하는 방향으로 가겠다는 것이다.

그런데 단순한 접촉사고도 아니고 전 세계가 무제한으로 달러 공급을 해야 하는 '전 국가적 교통마비'라고 표현해야 할 지금의 금융위기가 과연 교통경찰의 근무 태만과 운전자의 과실 때문에 발생했다고 간주할 수 있을까.

미국 금융 시스템이 어떻게 30년 동안 부실 위험성을 누적시켜 왔는지를 추적해 보면서 전광우 위원장 발언의 타당성을 가려보자.

❖ 미국 금융 고속도로에는 신호등도, 보안관도 없었다

1980년 이후 미국 경제성장의 핵심 동력이었던 금융 시스템 엔진에는 워렌 버핏의 말처럼 '대량 살상무기' 수준의 위험성이 있는 파생상품, '시한폭탄 결함'이 자라고 있었다. 또 투자자와 기업에 대한 자금중개 수수료를 넘어서 자기자본의 몇 십 배에 달하는 차입을 동원해서라도 고수익을 좇으려는 '급가속 결함'을 동시에 지니고 있었다.

그럼에도 미국의 경제정책 결정자들은 금융 시스템에 내재한 근본 결함을 고치려 하거나 위험을 예방하려는 최소한의 사전대책도 세우지 않았다. 오히려 그 반대로 "파생상품은 위험을 회피하려는 사람들이 그 위험을 기꺼이 부담하려는 사람들에게 넘길 수 있는 놀라운 수단" "파생상품에 대한 규제를 강화하려는 것은 잘못된 것"(앨런 그린스펀 전 FRB 의장, 2003)이라며 시장이 스스로 위험성을 정화시킬 것이라 굳게 믿고 있었다.

또한 미국 정부는 금융회사들이 '위험을 기꺼이 부담'하면서까지 고수익을 추구하도록 금융에 가해졌던 각종 규제를 오히려 풀어 버렸고 금융회사들은 그나마 남아 있던 규제도 피해나갔다.

1929년 대공황의 교훈을 근간으로 상업은행과 투자은행의 엄격한 분리를 규정했던 은행법Glass-Steagall Act은 1999년 은행현대화법

Gramm-Leach-Bliley Act으로 대체되면서, 금융지주회사라는 이름 아래 사실상 상업은행과 투자은행의 장벽이 사라졌다.

이들 금융지주회사와 투자은행은 연방정부의 규제를 받지 않는 투자전문 자회사와 모기지 전문회사를 세워 이제는 악명이 높아진 서브프라임 모기지 대출을 남발했다. 특히 투자은행은 상업은행이 아니라는 이유로 연방예금보험공사로부터 과다차입 등에 대한 규제를 전혀 받지 않았고, 미국 증권선물거래소로부터도 그 어떤 강제적이고 명시적인 규정도 받지 않은 채 '자발적 합의'에 기초한 느슨하기 그지없는 규제 틀에서 마음껏 대규모 차입과 자기자본 투자를 감행했다.

더욱이 1990년대에 접어들면서 파생상품을 주업으로 하는 헤지펀드와 인수합병을 전문으로 하는 사모펀드라는 초고속 경주용 차마저 허용함으로써 이들이 금융 고속도로를 폭주하도록 했다. 이들에게는 기본적인 규제나 최소한의 정보공개 의무조차 없었다. 얼마나 위험한 상품에 투자를 하든, 얼마나 과도한 차입을 동원하든 아무런 문제가 되지 않았다.

말하자면 헤지펀드와 사모펀드라고 하는 초고속 경주용 차가 과속과 신호 위반을 일삼으며 중앙선을 침범하는 극히 '위험한 주행'을 해도 그들만 다치고 만다면 보안관은 전혀 단속을 하지 않았던 것이다. 그러나 그들은 결국 가드레일만 들이받고 끝난 것이 아니라 대규모 인명을 살상했으며 전체 교통마저 마비시키고야 말았다.

여기에 더해 미국 금융시장의 최종 보안관이라고 할 재무부 관계자들이 대부분 월가 출신의 시장주의 추종자들이라는 점도 심각한 문제다. 화려한 교통법규 위반 전력을 가진 데다가 위반을 저지른 운전자와 친분이 두터운 이들에게 철저한 감독을 기대한다는 것 자체가 어쩌면 무리한 요구일지도 모른다.

❖ 신자유주의 금융 엔진의 과열과 폭발

그뿐이 아니다. 금융상품의 불량 여부를 판단해왔던 기관이 바로 무디스, S&P, 피치 등 3대 신용기관이다. 그런데 이들은 공적기관이 아니라 철저히 수익을 추구하는 사기업이었다. 이들의 수익원은 다름 아닌 신용평가의 대상이 되는 금융상품들을 제조 유통하는 투자은행들이다. 애당초 객관적 평가는 불가능했다는 것이다.

금융회사의 책임자들도 문제로부터 자유롭지 않다. 94년 역사의 메릴린치를 파산시켰다는 오명을 안게 된 전 CEO 스탠리 오네일의 경우, CDO 자산의 위험성을 경고한 임원들을 해고하면서까지 오로지 고수익을 추구해왔다는 사실이 밝혀지기도 했다.

도대체 서브프라임 대출을 받은 미국 서민 가구들이 대출금을 갚지 못해 발생한 문제가 어떻게 태평양 건너 우리나라 국민들에게 고통을 주고 세계경제를 흔들면서 첨단 금융 시스템을 마비시킬 수 있었던 것인지가 이제야 명확해졌다.

규제 풀린 월가의 전통적 금융회사들과 규제 없는 신종 금융조직들이 주택담보대출 채권을 모기지담보부증권MBS이나 부채담보부증권CDO과 같은 파생상품과 접목시켜, 고위험을 안은 채 무제한 고수익을 추구하면서 내부에 위험을 축적하고 있었기 때문이다. 그리고 누적되는 위험성은 '시장이 스스로 치유'할 것이라고 확신하고 있었던 월가의 신념 때문이다.

그러나 월가의 신념은 현실에서 여지없이 무너졌고 자유시장 금융 시스템이라는 자동차 엔진은 과열로 폭발했다. 이제 월가의 금융 시스템 자체에 구조적인 결함이 있었고, 그 결함을 미연에 방지하는 규제체계에도 결함이 있었으며 감독조차도 제대로 안 된 상황에서 월가의 금융가들과 펀드매니저들은 수익에 대한 극단적인 과욕을 멈추지 않았음이 증명된 것이다.

◆ '규제'가 없다면 '구제'도 없어야 하지 않나

지금 섣불리 신자유주의의 종언을 주장함으로써 신자유주의 금융 시스템이라는 엔진 자체의 폐기를 요구하지 않는다 하더라도 최소한 규제를 복원해야 한다는 데는 재론의 여지가 없는 것으로 보인다. "규제할 필요가 있는 곳에 규제가 있는 것은 당연한 것" "규제라는 것이 비용이 들지만 미리미리 규제했다면 이처럼 더 큰 국민의 혈세를 퍼붓는 상황까진 오지 않았을 것"(장하준 교수, 《이코노믹리뷰》, 2008.10.9)이라는 주장은 그런 점에서 매우 당연한 진실로 받아들여야 한다.

시장 자율규제의 신화를 철석같이 신봉했던 사르코지 프랑스 대통령조차도 다음과 같이 말한 바 있다.

"지금 세계의 금융 시스템은 머리부터 발끝까지 다시 정비해야 한다. 금융시장이, 금융산업이 자율규제를 한다고 믿는 것은 환상이다. 지금의 위기는 정부가 손을 놓고 아무 규제도 없이 방임한 결과이기도 하다. 지금은 자본주의가 빚은 위기가 아니라 '금융자본주의'가 빚은 위기다. '규제자본주의Regulated capitalism'만이 해법이다."

그리고 규제를 받지 않거나 규제를 피해 그동안 승승장구하면서 막대한 수익을 올리는 대신에, 저소득층에게 그만큼의 부채를 안겨주고 이들을 거리로 내몬 월가의 금융회사들은 규제를 받지 않았던 만큼 구제도 스스로 하는 것이 사실 논리적으로 맞다.

브레이크 없는 미국 금융자본주의의 앞길에 미국 정부가 알아서 고속도로를 깔아주고 신호등마저 없애주고 보안관도 철수시킨 상황에서 교통대란과 대규모 인명 살상이 일어났는데, 오히려 피해를 당해 병원에 실려 간 미국 국민들에게 돈을 걷어서 금융회사라는 자동차 수리비에 쓰겠다니 누가 찬성할 것인가.

어쩔 수 없이 거액의 세금을 쏟아 부어 상황을 수습할 수밖에 없게 되었다면 최소한의 수습 후 책임에 대한 추궁과 재발 방지를 위한 규제책이 요구되는 것은 당연하다. 신임 오바마 정부가 들어서더라도 금융 혼란을 쉽게 잠재우지는 못하겠지만, 당분간 계속될 금융회사 파산이 한계점에 이르고 실물경기 침체가 장기 국면으로 돌입하면 각종 의회 청문회를 통해 제도적인 수습 방안들이 모색될 것이다. 따라서 우리 정부가 굳이 미국 모델을 따라 하려거든 그 이후에 해도 늦지 않다.

무슨 차로 달릴지 고민하는 삼성

그러나 우리 정부는 기다릴 생각이 전혀 없는 것으로 보인다. 정부는 미국발 금융위기로 전 세계가 금융파국을 막고자 비상한 대책을 세우고 있는 와중에 몇 차례 미루어왔던 금산분리 완화(은행법, 금융지주회사법) 방안을 2008년 10월 13일 과감히 발표했다.

예고했던 대로 금산분리 완화는 ▶ 의결권 있는 은행지분을 산업자본이 종전 4퍼센트에서 10퍼센트까지 소유하도록 확대하고 ▶ 종전 10퍼센트에서 30퍼센트까지 산업자본이 출자한 사모펀드PEF도 은행 소유를 가능하게 하며 ▶ 해외에서 산업자본을 보유한 외국은행에게도 국내 은행의 인수를 허용하고 ▶ 금융투자(증권) 지주회사는 증권자회사가 제조업체를 산하에 둘 수 있게 하며 ▶ 보험지주회사도 자회사로 제조업체를 지배할 수 있게 길을 터주는 것을 골자로 하고 있다. 여기에 보너스로 재벌들의 금융지주회사 전환을 돕기 위해 각종 제한 규정마저 최장 7년을 유예하기로 했으며 ▶ (공정거래위원회는) 일반지주회사도 금융자회사를 소유할 수 있게 해주겠다고 거들고 있다.

이명박 정부가 월가의 금융인들보다 오히려 규제 완화와 시장 자율규제에 대한 더욱 확고한 신념을 가졌음을 어렵지 않게 읽을 수 있다. 삼성생명이나 삼성증권 등 금융회사를 안고 있는 삼성그룹은 이제 명동 한복판에 정부가 만들어 놓은 아우토반을 달릴 수 있도록 허락을 받은 셈이다. 그것도 어떤 차를 타고 갈지 골라야 할 행복한 고민에 빠졌다.

공정거래위원회가 제공한 제조업 금융자회사 허용을 선택하여 그룹사를 재편할지, 금융위원회가 제공한 금융투자(증권) 지주회사로 갈지, 아니면 삼성생명을 주축으로 하는 보험지주회사를 세울지 고민하면서 삼성이 가장 편한 것을 고르기만 하면 된다.

◆ 초보 운전자가 엔진 결함이 있는 자동차를 몰면?

결국 우리 정부는 여전히 끝을 모르고 확산되고 있는 미국발 금융위기를 보면서도 신자유주의 금융 시스템이 가지고 있는 구조적 결함을 전혀 인정하지 않고 있다고 판단된다. 규제체계 역시 금융산업의 고속성장을 가로막는 불필요한 신호등 정도로 여겨서 가급적 없애는 것이 좋다고 생각하는 것 같다. 세계 금융위기를 통해 우리 정부가 얻은 교훈은 운전자 교육을 잘 시키고 경찰관을 세워 감독을 잘 해야 한다는 정도인 듯하다.

심지어 미국의 상황을 면밀히 검토한 결과라는 표시를 내기 위해서 "금산분리의 모국인 미국의 경우에도 최근 금융위기에 따른 은행자본 확충을 위해 은행주식 보유 규제를 종전 10퍼센트에서 15퍼센트로 완화"했다는 설명을 덧붙이고 있다(금융위원회 보도자료, 2008.10.13).

이는 놀라운 해석이 아닐 수 없다. 지금 미국은 연방정부가 어디서라도 자금을 동원해 부실 은행들에게 엄청난 공적자금을 투입해야 하는 절박한 상황이라는 사실을 모를 리가 없는데도 말이다. 마치 사고로 망가진 차를 어쩔 수 없이 도색하고 있는 미국을 흉내 낸다면서 방금 출고한 차를 도색하며 최신 유행이라 강변하는 꼴이라고 할까.

우리 정부는 미국에서 이미 엔진 구조에 결함이 있다고 검증된 자동차를 수입하면서도 인파로 뒤덮인 명동대로에 고속도로를 내려고 하고 있다. 신호등도 모두 없애고 오직 교통경찰만 세워놓겠다는 것이다.

신호등도 없이 초고속으로 질주할 미국산 금융 시스템이 앞으로 우리 경제의 가장 큰 성장동력임을 믿어달라고 국민들을 설득하고 있다. 폭발 위험이 있기는 하지만 이런 위험성에도 불구하고 엔진이 과열되지 않도록 극히 조심해서 기술적으로 운전을 하면 위험하지 않다고 주장하고 있는 것이다.

그러나 최고의 금융 시스템 전문가들로 구성된 월가도 엔진 과열과 폭발을 막을 수 없었다. 하다못해 이제 막 면허시험에 통과한 한국에게 과연 이런 자동차를 주면서 주의해서 운전하라는 것이 정당하겠는가, 아니면 아예 엔진 결함을 근본적으로 고친 후에 주는 것이 정당하겠는가.

신현송 프린스턴대 교수는 최근 언론 인터뷰에서 한국의 은행들이 그나마 세계 금융위기의 충격을 덜 받은 이유를 이렇게 설명하고 있다.

"(한국이) 월가의 선진 금융기법을 도입하지 않은 것이 오히려 다행이었던 셈이다. 일본의 경우도 1990년대에 잃어버린 10년을 경험한 후 금융기법을 체득하지 않고 후퇴적인 경영을 하면서 금융위기의 직격탄을 피할 수 있었다. 규제 때문에 '촌놈' 행세를 한 것이 맞았다."(이데일리, 2008.10.9)

4
—

이명박 정부가 추진해야 할 두가지,
피해야 할 세 가지[5]

2001년 노벨 경제학상을 받은 조지프 스티글리츠 교수는 최근 "보이지 않는 손이 안 보이는 것은 그것이 없기 때문"이라며 보이지 않는 손(시장)을 맹신하는 경향을 통박한 바 있다. 우리 정부가 새겨야 할 대목이다.

◆ 강만수 장관의 워싱턴 현장 체험효과

미국 금융위기나 우리나라 경제위기의 심각성에 대해서 상식 이하의 낙관적인 전망을 가졌던 인물이 바로 강만수 재정부 장관이었다. 강 장관이 2008년 10월 13일 국제통화기금 연차 총회 참석차 워싱턴을 방문했을 때, 위기의 현장을 체험하면서 지금의 경제위기에 대한 인식이 바뀌기를 내심 기대했던 것이 사실이다.

하지만 그 현장체험의 결과가 10.19 '국제 금융시장 불안극복 방안'이라는 데 실망하지 않을 수 없다. 내친 김에 부동산 거품 방지를 위한 마지막 안전핀이었던 대출 규제를 사실상 풀어버리는 10.21 부동산 부양 정책까지 발표했다.

월가의 말투를 빌려 "선제적Preemptive이고, 확실한Decisive 그리고 충분한Sufficient 시장안정조치를 강구"하겠다며 우리 정부가 마련한 정책들이다. 주요 내용은 다음과 같다.

▶ 외국은행으로부터의 차입을 원활하게 하기 위해, 은행의 대외 채무를 총 1000억 달러까지 3년간 지급보증하고(현재 국내 은행 대외 채무는 약 800억 달러) ▶ 은행들이 외화 유동성을 확보할 수 있도록 이미 지원 결정을 한 150억 달러 이외에 '외환보유고를 동원하여 300억 달러'를 직접 은행에 공급하며 ▶ 원화 유동성마저 막힌 상황을 해소하기 위해, 한국은행이 금융시장에서 환매조건부채권RP과 국채 직매입, 통안증권 중도상환을 통해 원화를 공급하고 ▶ 3년 이상 가입한 장기보유 주식과 채권 펀드에 대해 소득공제나 비과세 등 '세제 지원'으로 일반 펀드가입자의 손실보전을 해주며 ▶심각한 자금난을 겪고 있는 중소기업 지원을 위해 기업은행에게 정부가 보유한 주식, 채권 등 '1조 원 상당의 금액을 현물출자'한다.

주로 시장을 통해서 달러와 자금 수급을 조절해왔던 이전의 방식과 비교해 볼 때 정부가 달러와 원화를 직접 공급하는 방식으로 전환한 점은 워싱턴 방문 효과임에 틀림없어 보인다. 아울러 2009년 경제성장률도 4퍼센트 이하가 될 수 있음을 시사해 눈높이도 상당히 낮아진 것으로 보인다.

❖ '시장 자기조정' 기대 못 버린 강만수 장관

사실 2008년 9월 들어 전 세계가 공황국면으로 치닫는 금융 파국을 막고자 온갖 수단을 동원하는 동안 한국의 쟁쟁한 보수 두뇌집단들은 첨단 금융 시스템을 운영해왔던 미국이 이를 조기에 수습하리라 믿고 낙관적인 전망으로 일관해왔다. 한마디로 미국 정부의 위기관리 능력을 지나치게 믿은 것이다.

후진국에서도 있을 법하지 않은 불투명하고 원시적인 대출을 마구잡이로 남발해 지금의 위기를 일으킨 당사자가 바로 미국이라는 사실은 애써 기억하지 않으려 했다. 그런데 우리 정부가 미국 정부의 위기관리 능력을 믿는 동안, 미국 정부는 '정부의 관리 능력'이 아니라 '시장의 조정 능력'을 믿고 있었다.

서브프라임 모기지 부실이 가시화된 뒤에도 미국 정부는 1년 가까이 문제 해결을 시장에 맡겨두었다. 그러다 2008년 9월 14일 리먼 브라더스 파산과 연이은 메릴린치, AIG의 붕괴를 목격한 뒤에야 사태의 심각성을 인식하고 서둘러 7000억 달러 구제금융법안을 내놓았다. 하지만 늦은 대응으로 사태를 악화시켰다는 비난을 피해갈 수 없었다.

그런데 미국을 방문하고 돌아온 강만수 장관이 의욕적으로 발표한 10.19 금융안정화 대책들은 시점을 놓치면서 실패를 거듭하고 있는 미국의 위기 대응책을 다시 한발 늦게 뒤따라가는 형국이다. 시장기능의 붕괴는 곧 미국 정부의 위기관리 능력 상실로 그리고 한국 정부와 보수세력의 예측 능력 상실로 전이되고 있는 상황이다.

미국과 유럽이 이미 은행의 부분 국유화까지 주저하지 않고 있는 마당에 우리 정부는 신용경색에 몰린 은행들의 어떤 자구책도 담보하지 않고 자금을 풀어주는가 하면, 아직도 감세로 문제를 해결하겠다며 호기를 부리고 있다. 여전히 시장에 대한 믿음에 기초하여 정부가 가지고 있는 외환보유고와 세금을 쏟아 부어 위기를 벗어나겠다는 발상이다. 미국도 버린 '시장에 대한 신뢰'를 우리 정부는 버리지 못한 채 미국보다 더 미국적인 신자유주의적 신념으로 일관하고 있는 것이다.

2001년 노벨 경제학상을 받은 조지프 스티글리츠 교수는 최근 "보이지 않는 손이 안 보이는 것은 그것이 없기 때문"이라며 보이지 않는 손(시장)을 맹신하는 경향을 통박한 바 있다. 우리 정부가 새겨야 할 대목이다.

◆ 외부 금융충격을 완충할 시스템 구축이 절실

우리 정부는 적어도 두 가지 문제에 대해서 당국자들의 표현대로 "선제적이고 확실하며 충분한 조치"를 시급히 실행해야만 한다. 하나는 예측이 불가능할 정도인 외부의 금융충격에 무방비로 노출돼 있는 국민경제를 살릴 완충장치를 마련하는 것이고, 다른 하나는 밑에서부터 붕괴돼가는 내수기반을 회복하는 일이다.

현재 우리 금융시장은 외국발 금융 변동에 대한 어떤 완충기제도 없이 거의 실시간으로 영향을 받고 있다. 밤사이 뉴욕 증시가 폭락하면 바로 다음날 우리 증시에서 외국인의 순매도가 폭증하고 환율이 치솟는 일이 몇 달째 끊이지 않고 있다.

이런 와중에 주식시장과 외환시장에 투기세력마저 제한 없이 들어와 혼란을 가중시키고 있다. 특히 국내외 자본 이동에 아무런 제동장치도 없어 환율이 세계에서 가장 심하게 요동치고 있으며 기업들이 도대체 수출입 대금결제 시점을 잡기도 어려운 지경이다.

정부는 150억 달러 이상을 시장에 풀어 환율 폭등을 막으려고 했지만 그 효과는 하루를 넘기지 못했다. 정부의 외환대책은 환투기 세력과 시장에 '호구 잡힌' 모양새며, 외환보유고는 그만큼 줄어들었다.

급기야 10월 외환 스왑시장 등에 150억 달러를 풀고 추가로 300억 달러를 은행에 직접 공급하겠다고 나섰지만 이미 달러 거래는 막혀버렸다. 환율은 1300선 밑으로 내려올 조짐을 보이지 않고 있다. 그사이 키코에 가입한 수출 중소기업들의 도산 위험은 더 높아지고 있고 수입물가는 고공행진을 계속하며 외국인의 주식 매도와 달러 송금은 멈추지 않고 있다.

2008년 내내 나타난 외환시장의 극심한 불안정성이 시사하는 것이 있다. 그것은 국내외의 경제 여건으로 볼 때 외환시장의 완전한 개방과 자유변동환율제를 능동적으로 운영할 만한 상황이 아니라는 점이다. 현재의 상황은 시장에 의한 안정적인 조절기능을 상실한 것이 명백하기 때문이다.

1999년에 시행된 외국환거래법에 따라 외환시장이 자유화되고 자유변동환율제가 도입된 것은 국제통화기금의 요구 때문이었을 뿐 국내 금융시장의 성숙에 따른 결과로 보기 어렵다. 그리고 현재 금융의 규모가 크고 관리 능력이 우수한 나라들을 제외하고 우리처럼 외환시장을 자유화하고 완전 자유변동환율제를 채택한 나라는 절반도 채 안 된다.

당장 외국환거래법을 고치지는 않는다 해도 외환시장이 자기조절 능력을 상실한 지금, 심각한 외부 금융 충격에 '선제적으로' 대응하기 위해서라도 시장에 자금을 푸는 방식을 뛰어넘어 충격을 완충시킬 '시스템 기제'는 필수적이다.

정부는 예를 들어 ▶ 칠레 등에서 이미 실시한 바 있는 외화가변예치제도와 같이 일정 규모 이상의 단기 외화자금의 유출입에 대해 일정한 지연 또는 예치를 통해 급격한 외화유출입을 완화하는 방안 ▶ 주식시장의 사이드카 발동과 유사하게 1일 환율 변동폭을 일정한 범위로 묶어두는 조치를 일정 기간 시행하는 방식 ▶ 그리고 현행 외국환거래법에서 허용하는 재정부 장관의 권한을 최대화하여 시스템 차원에서 외환 거래와 유출입이 안정화될 수 있는 조치 등을 다면적으로 검토해야 한다.

외환시장 자유화가 대세고 글로벌 스탠더드인데 여기에 역행한다고 망설일 상황이 아니다. 전 세계 금융 시스템이 대전환을 일으키고 있는 시점에서 어떤 것이 대세고 어떤 것이 스탠더드라고 누가 감히 말할 수 있겠는가. 더구나 지금은 어떤 심각한 일이 발생할지 모르는 비상사태다. 아이슬란드, 헝가리, 우크라이나, 파키스탄 등 세계 곳곳에서 외환위기가 터지는 국면이 아닌가.

내수기반 붕괴 막는 '선제 대응'만이 살 길

세계 경제위기의 소용돌이로부터 우리 경제를 살리는 가장 시급한 일이 외부의 금융충격을 완화할 시스템 기제를 확보하는 것이라면, 이와 동시에 내수기반의 붕괴를 막고 장기적인 불황에 대비해 내수 경제를 중심으로 내성을 키우는 일이 급하다. 향후 세계 실물경기 침체 여파로 수출마저 한 자리 수로 곤두박질 칠 것이 확실한 상황이기에 더욱 그렇다.

강만수 장관은 우리 금융기관들이 미국과 달리 파생상품 부실도 미미하고 재무건전성도 좋아서 아직 위기국면이 아니라고 주장한다. 그러나 미국과 우리가 다른 것은 이뿐이 아니다.

한국경제는 자영업과 중소기업을 중심으로 하는 내수기반 경제와 수출대기업과 단기수익 추구에 몰두하는 거대 금융기업들로 양분된 경제다. 이 두 경제는 사실상 별개의 세계를 형성해 상호 가치사슬 체계가 끊어진 지 오래다.

우리의 경우 2008년 10월 현재 미국의 GM과 같은 대기업이나 메릴린치와 같은 금융회사가 부도에 몰리고 있지는 않다. 그러나 600만 자영업의 몰락과 중소기업의 도산 위기는 11년 전 외환위기를 능가하는 심각한 국면이다. 겉으로 보이는 외상이 미국에 비해 크지 않더라도 내상은 이미 곪아가고 있음을 알아야 한다.

우리 연구원은 그동안 미국발 금융위기의 위험성을 지적하며, 동시에 신자유주의로 발생한 한국 자영업과 중소기업의 기반 붕괴를 집요하게 이슈화해왔다. 수입 원자재가격 상승과 극심한 소비 부진으로 매출 실적에 타격을 입은 이들은 최근 금융위기로 자금조달 길마저 완전히 막혀버린 데다가 이미 대출받은 자금의 이자 부담도 치솟고 있어 하루하루를 연명하기 어렵다.

말하자면 자영업과 중소기업들은 현재 사채 이외에 자금조달 길이 없는 셈이나 마찬가지니 적어도 이들에게 우리나라 은행이나 금융기관은 이미 부도난 거나 다름없다고 해야 할 것이다.

자영업과 중소기업의 경영난을 끝까지 외면할 수 없던 정부가 2008년 10월 초 시중은행들이 중소기업 대출을 연장하거나 추가 대출을 해주도록 후선에서 자금지원을 하겠다고 발표했다. 이어 기업은행에 1조 원 현물출자를 통해 자금을 확충해 중소기업 대출을 확대하겠다고 말했다.

하지만 안택수 신용보증기금 이사장이 10일 15일 국회 정무위 국정감사에서 "국민·우리·신한 3개 금융기관은 중소기업이 신보의 보증서를 갖고 가도 대출을 해주지 않고 있다"고 지적할 만큼 은행들이 철저히 사익을 추구하는 상황에서 중소기업 대출을 독려하는 것은 사실상 '지원 대책'이라고 볼 수도 없다. 자금지원으로 시중은행들만 좋은 일 해주는 꼴이 될 것이 분명하다.

유일하게 국책은행으로 남아 있는 기업은행이 그나마 대출을 해주고 있는 형편이지만 1조 원의 자본 확충으로는 턱 없이 부족한 데다 대출 조건이나 이자 부담에 대한 추가조치가 없는 한 고금리 상황에서 대출이 어렵기는 마찬가지다.

구제금융과 공적자금 투입은 거대 금융기관이나 재벌 대기업에만 해줄 수 있는 것이 아니다. 지금은 정부자금을 직접 지원해주는 은행들에게 해외자산 매각, 대주주 배당금 지급 일시중지 등 강력한 상응조치를 요구해야 한다.

나아가 정부는 자영업과 중소기업을 위해 특별기금관리기구를 만들어 훨씬 광범위하고 포괄적인 구제금융과 공적자금을 직접적으로 자영업과 중소기업에게 지원해주는 강도 높은 조치를 취해야 한다.

시중금리보다 훨씬 낮은 정책금리를 적용함으로써 이자 부담을 줄이는 한편, 기존 대출을 갈아탈 수 있는 장치도 확보해야 한다. 정부가 지출해야 할 비용이 만만치 않을 것이다. 그러나 이렇게 선제적으로 대응하는 것이 비용을 줄이는 확실한 방법임을 알아야 한다.

◆ 정부가 해야 할 두 가지, 피해야 할 세 가지

외부 금융충격이 이미 내부로 전달된 뒤에 자금지원을 할 것이 아니라 ▶ 외부 금융충격을 완화할 시스템을 신속히 마련하고 ▶ 동시에 자영업과 중소기업 기반 붕괴를 막기 위해 강력한 공적자금 투입을 시행하는 것이 현재 위기국면에서 정부가 해야 할 가장 중요한 두 가지 과제다.

반대로 지금과 같은 국면에서 정부가 절대로 피해야 할 세 가지가 있다. 감세 조치, 부동산 거품 확대, 금융 규제 완화가 그것이다.

감세

정부는 이미 2008년 9월 1일 법인세율을 5퍼센트 인하하여 약

9조 원의 세금을 감면하고 소득세 3조 6000억, 재산세 5000억 등을 포함하는 대규모 감세안을 발표한 바 있다. 정부는 감세를 통해 침체된 경기를 활성화시킬 수 있다고 주장하고 있다.

그러나 "세금을 낮춘다고 개인소비나 설비투자가 당장 살아나기 어려운 시점… 섣부른 감세정책은 재정 부담만 가중시킬 수 있다. 특히 소득세나 법인세는 한 번 낮춰주면 재인상이 어려운 만큼 신중을 기해야 한다"(매일경제, 2008.10.22)고 지적한 초교텐 국제통화 연구원 이사장의 주장을 정부가 더 이상 외면해서는 안 된다.

황당한 것은 정부가 감세정책을 고집하면서도 동시에 최근 위기에 대처하기 위해 상당히 많은 재정지출 정책을 남발하고 있다는 사실이다. 강만수 장관은 "재정은 OECD 국가 중 건전하니까 감세정책과 재정지출 확대를 통해 수출 위축에 따른 것을 내수가 커버"

[그림 3-5] 주요 국가 GDP 대비 국가채무 비교

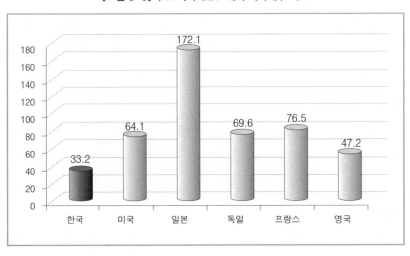

해야 한다고 2008년 10월 17일 기자회견에서 밝히기도 했다.

그러나 정부는 2009년부터 성장률이 1~3퍼센트 수준으로 추락하고, 이 국면이 장기화될 경우 소득세와 재산세, 법인세 등이 줄어들 수도 있다는 사실을 전혀 감안하지 않고 있다.

지금의 위기 상황에서 정부가 적극적인 재정정책을 펴는 것은 백번 옳다. 그러나 그 전제로 감세정책을 전면 재검토해야 한다. 향후 침체국면이 장기화될 수 있음을 감안할 때, 감세를 안 해도 2008년 현재 국가채무 300조 원이 넘는 추가적인 적자 재정을 편성해야 할 상황에도 대비할 필요가 있다.

부동산 거품 확대

지금의 세계 금융위기를 촉발시킨 장본인이 미국의 부동산 거품임을 모르는 이는 없다. 우리나라 역시 지난 2006년을 정점으로 시작된 부동산 거품이 상당하며, 현재 한창 거품이 빠지고 있다. 2008년 9월 전국 아파트 미분양가구가 16만 채에 이르며 건설사들의 부동산 프로젝트 파이낸싱 대출 연체율이 저축은행 기준으로 2008년 10월 현재 17퍼센트를 넘어섰고, 시중은행들의 연체율도 급증하고 있다.

고정금리 기준으로 주택담보대출 이자가 10퍼센트를 넘어서서 대출자들의 가계 부담도 위험해지고 있다. 거품이 급격히 빠지지 않고 연착륙하도록 유도하면서 이미 엎질러진 과잉 공급과 대출 부담을 해소하는 일은 매우 힘들다.

그러나 이명박 정부는 이미 상당한 수준에 이른 부동산 거품을 더 키우고 투기를 부활시키려는 우려스런 정책을 확대하고 있다.

재건축 규제 완화를 요지로 하는 부동산 부양대책을 2008년 8월 21일 내놓은 데 이어 종부세를 완화하더니 10월 21일에는 사실상 대출 규제를 풀어버리는 투기지역 해제를 시행하겠다고 발표했다.

우리나라가 미국과 같은 부동산 위기를 그나마 피하고 있는 것은 LTV(담보인정비율)과 DTI(총부채상환비율) 등을 정해 대출에 대한 규제를 하고 있기 때문이다. 부동산 거품 억제를 위한 최후의 안전핀이라고 할 이러한 대출 규제를 수도권을 중심으로 풀어버린 탓에 이제 우리 경제는 한치 앞도 내다볼 수 없는 불확실한 상황을 맞게 되었다.

현재의 고금리 상태가 대출규제 완화에 어떤 작용을 할지는 두고 봐야겠지만, 일정 시점에서 은행들이 적극적인 대출 영업을 강행할 경우 매우 위험한 상황이 연출될 가능성도 배제하기 어렵다.

금융규제 완화

전 세계적으로 자유시장 금융자본주의에 대한 비판의 목소리가 높아지고 있고, 특히 금융 규제에 대한 논의가 활발하다. 하지만 유독 이명박 정부만 2008년 10월 13일 '금산분리 완화' 방침을 전격 발표하는 등 규제 완화 행진을 멈추지 않고 있다. 또 정부는 이미 파산한 메릴린치와 같은 투자은행을 모델로 추진해온 '자본시장통합법'을 모델이 사라져버린 지금도 고수하고 있다.

세계적인 추세에 따라 금융규제 완화를 보류하라는 비판적인 의견에 대해 정부는 '위기는 기회'라는 표현을 써가며 우리 금융이 세계적으로 도약할 기회로 삼아 금융규제 완화와 금융혁신의 가속페

달을 밟아야 한다고 주장한다.

그러나 기회는 준비된 사람들에게만 온다. 금융 선진화를 위해 우리 정부가 준비한 것은 무엇인가. 이미 파산한 투자은행 모델이었다. 잘못된 준비였다. 위기가 기회라는 말은 백번 맞는 말이지만 다른 나라들에게는 기회가 아니고 우리나라에게만 기회인가. 다른 나라들은 기회가 아니라서 금융 규제를 검토하는 것인가.

그래도 굳이 금융규제 완화와 금융 선진화를 하고 싶다면 현재의 혼란이 진정되고 여타 국가들에서 금융 시스템이 재편되는 결과를 보면서 해도 늦지 않다.

고려대 박영철 교수는 "미국과 유럽의 금융 개편이 어느 정도 추진되어 한국의 경쟁 상대 투자은행의 형태와 기능의 윤곽이 잡히는 단계에서 제도 개편을 시도해도 늦지 않다"고 주장한다(박영철, 〈미국 금융위기와 한국의 대응〉, 2008.9.30). 이는 최소한 보수도 공감할 수 있는 내용 아닌가.

❖ 보수여 가치체계를 뜯어 고쳐라

조순 전 부총리는 2008년 10월 16일 "정부가 은행 주식을 반半국 유화하는 경천동지할 일들이 전 세계적으로 벌어지는 등 지금 시기는 역사적인 시간"이라며 "더 많은 파장을 가져올 것이고 그 결과는 경제구조뿐 아니라 사회 정치에도 상당히 영향을 미치는 변화를 가져오는 계기가 될 것"이라고 내다봤다.

하루에도 몇 번씩 요동치는 주가와 환율 탓에 어지러움을 느끼지만 지금은 거시적인 안목으로 봐도 경제사적으로 대변동의 시기임에 틀림없다.

그런데 최근 10여 년 동안의 우리 경제구조 변화를 보건데 경제가 이 지경이 된 원인은 보수의 주장처럼 좌파정책을 펴왔기 때문이 아니라 반대로 신자유주의 보수 경제노선 때문임이 분명해지고 있다. 지난 정부 역시 실제로는 보수적인 신자유주의 정책을 펴 상황을 악화시켰다.

신자유주의와 결별해야 할 시점에 극단적 신자유주의 정부가 들어선 우리 역사 자체가 아이러니하다. 하지만 지금 한가하게 좌우파 이데올로기 논쟁을 하고 있을 때가 아니다. 정권의 지지 기반을 챙기고 있을 상황은 더더욱 아니다. 앞으로 수년간 나라와 국민 전체의 생존이 걸린 문제를 해결하는 것이 무엇보다도 우선이다.

다시는 11년 전의 외환위기와 그로 인한 국민의 고통이 일어나도록 내버려둘 수 없기 때문이다. 우리 국민의 고통을 줄이고 생존을 지켜낼 수 있다면 어떤 이데올로기, 어떤 정책도 받아들일 자세가 되어 있어야 한다. 한국의 보수가 상식선에서 움직이고 있다면 낡은 가치체계를 미련 없이 버리는 것이 상식에 닿는 일이다.

"보수여! 시장을 너무 믿지 마라. 시장을 믿으면 선제적 대응은 불가능하다."

| 주 석

1 〈미국경제, 7000억 응급치료로 살아날까?〉(새사연 연구센터, 2008.10.6)를 수정 보완한 글이다.
2 10월 말 금리는 다시 1퍼센트가 떨어져 1퍼센트가 되었다.
3 〈금융자본에 볼모로 잡힌 미국 시민들〉(새사연 연구센터, 2008.1010)을 수정 보완한 글이다.
4 〈망가진 미국 금융과 '금산분리 완화' 발표한 정부〉(새사연 연구센터, 2008.10.14)를 수정 보완한 글이다.
5 〈금융위기 대응, 미국 따라해 될 일이 아니다〉(새사연 연구센터, 2008.10.23)를 수정 보완한 글이다.

CHAPTER 04

2008 중소기업과 자영업의 붕괴, 위기의 시작

1
—
위기는 중소기업에서 시작되고 있었다[1]

중소기업을 궁지에 몰아넣고 있는 환율과 원자재가격 폭등, 환
헤지 파생상품 손실, 이자부담 가중이라는 3대 악재에 대한 해
법은 이미 나와 있다. 중소기업인들이 요구하는 납품가 원자재
가격 연동제의 법제화와 환헤지 상품 관련 불공정 계약의 무효
화 또는 그에 준하는 조치가 그것이다.

◆ 붉은 머리띠를 맨 사장님의 파업

2008년 2월 29일 머리에 붉은 띠를 두른 중소기업 사장들이 대기
업을 상대로 집회를 열고 결의문까지 낭독하는 좀처럼 보기 어려운
상황이 벌어졌다. 원래 그 자리는 한국주물공업협동조합의 2008년
정기총회 자리였다.

이들이 결의대회를 통해 대기업에게 요구한 것은 '납품단가 현
실화'였다. 전체 중소기업의 절반 이상이 대기업 납품을 통해 매출
을 올리는 상황에서 납품단가는 중소기업의 생존과 직결되는 핵심

사안이다. 그러나 실제 납품단가의 결정권을 쥐고 있는 대기업들은 자신들의 수익 실현을 위해 이를 현실화해주지 않고 있다.

주물협동조합이 주물제품의 제조원가를 조사한 바에 따르면 지난 10년간 고철(철스크랩)과 선철(쇳덩어리)가격은 각각 190퍼센트와 121퍼센트 올랐지만 대기업에 납품하는 주물제품 가격은 고작 20~30퍼센트 인상되는 데 그쳤다.

더욱이 2008년 들어 선철가격은 15퍼센트, 고철가격은 68퍼센트나 올랐지만 납품단가는 꿈쩍도 하지 않고 있다. 결국 주물업체들은 총회를 농성장으로 만들어야 할 만큼 절박한 국면으로 몰리고 있는 것이다.

"납품단가가 오르지 않으면 더 이상 공장 가동이 불가능하다." (허만형 주물조합 전무)

"이렇게 닫나 저렇게 닫나 문 닫는 것은 같다. 납품 중단도 각오하고 있다."(HM금속 대표)

"납품단가 현실화가 관철되지 않으면 공장 가동 중지, 납품 중단 등 강경하게 대응할 것이다."(서병문 주물조합 이사장)

이들은 대기업들이 납품가격을 현실화해주지 않을 경우 사업자 등록증 반납과 납품 중단도 불사하겠다는 강한 의지를 밝혔다. 이들의 납품처는 자동차와 선박업체를 비롯해 다양하다. 자동차만 하더라도 전체 주물업체들이 납품을 중단하면 완성차 생산이 불가능할 만큼 우리 산업에서 이들이 차지하는 위치는 크다.

2008년 초 수입 원자재가격이 치솟았을 때 경영 악화의 위기로 내몰린 것은 비단 주물산업만이 아니었다. 2008년 2월의 원자재가격을 살펴보면, 국제적으로 유가와 곡물가가 폭등했을 뿐 아니라 철광석, 구리, 니켈 등 원자재가격도 가파르게 상승했다. 약 1년 동안의 가격상승률은 고철 46.6퍼센트, 선철 46.9퍼센트, 형강류 48.6퍼센트, 골재 40.2퍼센트, 니켈 42.5퍼센트, 목재 44.0퍼센트, 구리 44.3퍼센트, 금 60.0퍼센트, 곡물 76.1퍼센트 등으로 나타났다.

중소기업들의 납품가 현실화 요구에는 모르쇠로 대응하던 대기업들이 정작 자신들의 판매가격은 큰 폭으로 올렸다. 2008년 2월 포스코가 열연강판, 선재 등 주요 중간제품의 가격을 10∼11퍼센트 인상한 데 이어, 며칠 뒤 현대제철과 동국제강도 동참했다.

재밌는 것은 국내 중소기업의 납품단가 인상 요구는 외면하던 대기업들이 해외기업의 납품단가는 인상해주었다는 점이다. 2008년 2월 18일 포스코는 세계 최대 철광석 회사인 브라질의 발레와 올해 철광석 도입가격을 1톤당 78.88달러로 합의했다고 밝혔다. 이는 전년 대비 65퍼센트 인상된 가격이다.

대기업들이 중소기업을 상대로 불합리하다 못해 수탈에 가까운 거래 관행을 유지해온 것은 물론 어제 오늘의 일이 아니다. 심지어 원자재가격이 폭등하는 추세와는 반대로 오히려 납품단가를 낮추는 일도 있다.

중소기업중앙회가 실시한 '2008년 중소기업의 대기업 납품애로 실태조사'에 따르면, 중소기업의 2006년도 대비 2007년도 생산원가는 평균 13.2퍼센트가 증가했지만 납품단가는 오히려 평균 2.0퍼센트 감소했다. 이는 대기업이 원가 상승분을 납품단가에 반영하기는커녕 중소기업에게 떠넘기고 있음을 보여준다.

더욱이 최근 경기침체가 심해지자 단가인하 비율이 오히려 더 커진 사례도 발견되고 있다. "(단가인하 비율이) 예년에는 평균 3퍼센트 수준이었는데 올해는 가장 낮은 업체의 인하 비율이 7퍼센트로 내려왔습니다. 우리 보고 죽으라는 얘기나 마찬가지죠." 이는 최근 대구지역에서 엔진 관련 부품을 생산해 현대자동차에 납품하고 있는 업체 관계자가 "단가인하가 다시 기승을 부리고 있다"고 하소연하면서 한 말이다.

이런 상황에서도 그동안 중소기업들이 대기업을 상대로 변변한

중소기업 중앙회가 조사한 납품단가 인하 사례

- 주물업계의 경우 주사용 원자재인 고철가격이 2006년 대비 75.9퍼센트나 상승했음에도 납품 대기업은 납품가격 인상은 고사하고, 원가 절감이라는 미명 아래 납품단가 인하를 계속 요구하고 있음.
- PC암거 BOX를 생산하는 ○○○○의 경우 철근가격이 톤당 42만 원에서 77만 원으로 상승하였으나 지난해 계약한 납품처가 제품가격 인상을 허용하지 않아 계약을 포기하는 상황임.
- ○○○○의 경우 원자재인 철근가격이 2006년 말 대비 70퍼센트 상승하였음에도 조달청 제3자 단가 계약에 의한 납품시 제품가격 인상 미반영.
- 합성수지 생산 대기업의 일방적인 원자재가격 인상 통보로 제품 판매가격을 제때 반영하지 못함.

항변조차 못해온 것은 중소기업들의 지나친 대기업 의존이라는 구조적 문제로부터 비롯된다. 대부분의 수탁기업들이 소수의 대기업에 오랫동안 전속되어 거래해오고 있기 때문이다.

중소기업중앙회 조사에 따르면 우리나라의 수탁 중소기업들 가운데 절반이 한두 개 대기업에 전속되어 하도급을 하고 있으며 대부분이 5개 이하의 대기업과만 거래하고 있다. 즉 우리나라 모기업-수탁기업 관계에서는 모기업 중심의 폐쇄적인 수직관계 거래가 많다는 것이다. 같은 조사에서 수탁기업들의 약 80퍼센트가 6년 이상 장기 거래 관계에 있고, 약 70퍼센트가 매출의 50퍼센트 이상을 주거래 대기업 납품으로 올린다는 것은 이런 구조가 얼마나 뿌리 깊은지를 잘 보여준다.

이처럼 판로가 되는 모기업이 한두 개로 한정된 상황에서는 다수의 중소기업이 서로 가격 경쟁을 할 수밖에 없다. 결국 이런 상황이 대기업과 중소기업 사이의 교섭력 격차를 지속시키는 구조적인 문제를 만들고 있는 것이다.

이처럼 불평등한 협상관계를 이용해 대기업이 비용을 줄이려는 압박을 중소기업들에게 전가하고 있다. 이것이 납품단가가 오르지 않는 본질적 이유다. 실제로 중소기업인들도 이런 점을 정확히 인식하고 있는 것으로 보인다.

대기업이 납품단가 인하를 요구하는 이유가 무엇이라고 생각하느냐는 질문에 약 51.3퍼센트의 중소기업들이 '대기업의 원자재가격, 환차손, 임금 인상' 등이라고 답했다. 대기업의 비용 상승분을 중소기업에 전가하기 위해서라는 답변이다. '중소기업의 매출액 상

[그림 4-1] 대기업 단가인하 요구의 주된 원인(복수응답)

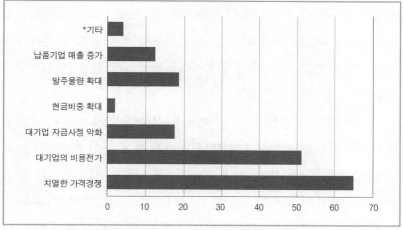

* 기타 : 일방적인 임률 적용(중국과 비교견적, 10년 전 임률 적용 등)
* 중소기업중앙회, '중소기업 납품애로조사', 2007

승' 등 생산성 향상을 이유로 든 응답은 12.8퍼센트에 불과했다. 중
소기업의 수익성 확보를 위해서는 불공정한 하도급 거래구조의 혁
신이 반드시 필요하다는 것을 확인할 수 있다.

◆ 중소기업 고통 하나, 원자재가격 폭등과 고환율

그렇다면 중소기업 사장들의 납품 중단과 파업이라는 유례없는
사건이 2008년이라는 시점에서 일어난 이유는 무엇이고, 그것이 미
국발 금융위기와는 어떤 연관이 있을까. 또 예년에 비해 중소기업
의 고통이 가중된 주요 이유들은 무엇일까.

그 첫 번째 요인은 바로 원자재가격 폭등과 지속되는 고환율이다.
2007년 불거지기 시작한 서브프라임 모기지 사태는 2007년 10월부

터 급격한 달러 약세를 초래하기 시작했는가 하면, 그와 동시에 월가에 집중되었던 과잉 금융자본을 원자재, 식량과 같은 실물자산으로 이동시켰다. 그 결과 2007년 4/4분기부터 국제 유가와 원자재가격이 급등하였고 이는 국내 중소기업들에게 직접적인 타격을 주게 되었다.

여기에 추가 부담을 준 것이 이명박 정부 초기에 시행된 강만수 경제팀의 고환율 정책이다. 이명박 정부가 출범 초인 2008년 3월 고환율 정책을 표방하면서 최대 950원대에 머물던 환율은 3월 18일 1021원대까지 치솟는 등 고공행진을 이어가기 시작했다. 이후 환율은 5월에 1000원 선을 넘더니 7월에는 1100원 선까지 돌파했다. 리먼브라더스 파산을 기점으로 9월 이후에는 미국 금융시장이 심각한 위기에 휩싸였으나 어찌된 일인지 원화가치는 계속 떨어지면서 결국 10월에는 1400원 선을 돌파하기도 했다.

정부 당국이 사태의 심각성을 깨닫고 적극적으로 외환시장에 개입하기도 했으나 치솟는 환율을 잡기에는 역부족이었다. 이미 전 세계의 실물경제 침체가 완연해진 탓에 원화를 달러로 바꾸어 유동성을 확보하려는 시장의 요구는 제어하기 힘든 상황이 되었기 때문이다.

2007년 11월까지만 해도 통상 달러로 표시되는 계약통화기준 수입가격보다 원화표시 가격의 증가율이 더 낮았다. 환율이 낮았기 때문이다. 다시 말해 당시까지는 수입 원자재가격 급등을 낮은 환율이 완충시켜주었던 것이다.

그러나 2008년 3월부터 고환율이 시작되면서 달러표시 수입가격보다 원화표시 수입가격의 상승률이 7퍼센트 이상 더 오르더니 5월

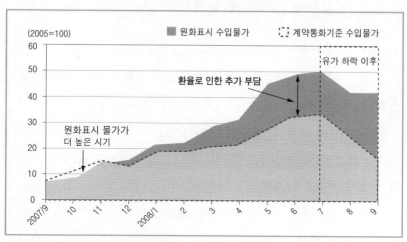

[그림 4-2] 수입물가 상승률

(2005=100)   ■ 원화표시 수입물가   ⁝ 계약통화기준 수입물가

환율로 인한 추가 부담

유가 하락 이후

원화표시 물가가
더 높은 시기

* 한국은행

에는 고환율에 의한 수입가격 추가 상승분이 무려 17.5퍼센트가 되는 상황이 벌어졌다. 급기야 2008년 10월 들어 달러표시 수입물가는 1.0퍼센트까지 추락했지만 원화로 표시한 수입물가는 거꾸로 47.1퍼센트로 치솟았다. 이번에는 환율이 오히려 수입가격 상승을 부추기는 꼴이 된 것이다.

고환율 기조로 증폭된 수입물가는 2008년 6월에 49퍼센트까지 치솟았고 수입 원자재가격은 무려 92퍼센트까지 상승했다. 중소기업의 경영에 원자재가격 상승이 가장 심각한 장애요인이 된 것은 말할 필요가 없다.

이것이 2008년 중소기업의 고통이 가중된 첫 번째 이유고 수출 대기업들이 고환율로 뜻밖의 수익을 올리는 사이 중소기업들이 겪고 있는 어려움의 실체다.

❖ 중소기업의 고통 둘, 환헤지 파생상품 손실

세계 금융위기가 대기업보다는 중소기업에게 심각한 타격을 준 두 번째 요인은 은행들이 수출 중소기업들에게 판매한 환헤지 파생상품, 주로는 KIKO 가입으로 인한 대규모 손실이다.

환율 변동에 따른 위험분산 능력이 비교적 취약한 중소기업을 대상으로 2007년부터 은행들은 상당한 규모의 통화옵션 상품, 즉 환헤지 파생상품을 판매했다.

환헤지 파생상품이란 주로 외화 결제를 하는 수출기업들이 급격한 환율 변동에 대처할 수 있도록 달러와 같은 외화 통화를 기초자산으로 설계된 통화옵션(KIKO, Snowball), 통화선도거래, 통화선물 거래 상품 등을 말한다.

그런데 중소기업들이 은행과 계약한 통화옵션 상품, 특히 그 가운데 하나인 KIKO로 인해 심각한 손실을 보는 상황이 발생한 것이다. 통화 관련 파생상품 계약은 수출 중소기업들이 은행들과 개별적으로 맺는 금융상품 거래이기 때문에 정확한 규모를 알기는 어렵다. KIKO를 포함한 통화옵션 상품 거래는 외국계 은행을 중심으로 이루어졌는데, 한국시티은행이 65조 1000억 원, 신한은행이 43조 5000억 원, 산업은행이 30조 7000억 원, 우리은행이 18조 원, 그리고 SC제일은행이 16조 원 규모의 거래를 한 것으로 알려졌다.

KIKO의 경우, 환율이 일정 범위 안(예를 들어 900~950원)에서 오르내리면 미리 정한 계약 환율로 달러 환전을 할 수 있지만, 정한 범위의 상단 한계를 넘어갈 경우(예로 950원 이상)에는 시장 환율보

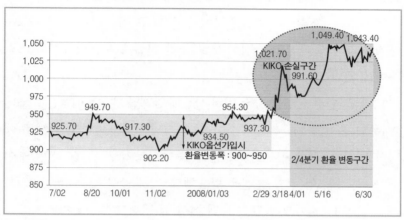

[그림 4-3] 원-달러 환율변화 추이와 KIKO 손실관계

* 한국은행

다 훨씬 낮은 계약 환율에, 그것도 계약금액의 2~3배 이상의 달러를 계약 은행에 팔아야 한다. 특히 "계약금액 정도의 손실은 환손실로 취급할 수 있지만 물량이 2배로 늘어난다는 규정 때문에 나머지 외화는 직접 시장에서 매수해서 은행에 매도해야 하기 때문에 손실폭이 훨씬 커지는" 문제가 있는 것이다.[2]

2008년 2월까지 판매된 KIKO의 계약 환율상한선은 950원 정도라고 한다. 그러나 3월 이후 새 정부의 고환율정책으로 환율이 일시적으로 1020선까지 폭등하는가 하면, 2/4분기에도 좀처럼 980선 밑으로 내려가지 않더니 하반기 들어서는 아예 외환위기 이후 최고 수준으로 치솟았다. 결국 계약을 맺은 기업들은 1000원 이상으로 뛴 환율에서 계약 환율상한선인 950원을 뺀 차익만큼의 손실을, 그것도 계약금액의 2~3배를 고스란히 잃게 된 것이다.

금융감독원에 따르면 2008년도 1/4분기 KIKO 손실액은 총 2조

5000억 원으로 추산되고 있다. 이 가운데 중소기업 손실액이 1조 6000억 원, 대기업이 9000억 원이 될 것으로 예상된다. 그러나 2/4분기 이후에도 환율이 안정되지 않는 한 손실액은 눈덩이처럼 커질 수밖에 없다.

KIKO로 인한 손실을 가장 먼저 시장에 공개한 제이브이엠은 2008년 1/4분기 손실액 100억 원에 이어 2/4분기 손실을 130억 원 정도로 예상하고 있다. 그밖에도 디에스엘시디는 1/4분기 손실 160억 원에 이어 2/4분기 95억 원의 손실을 발표했고, 우주일렉트로닉스는 2/4분기 손실이 1/4분기보다 무려 10배 이상 될 것으로 추정된다.[3]

KIKO 이외에도 수출보험공사에서 발행하는 '환변동 보험' 상품을 구입한 중소기업들에서도 손실이 발생하고 있다. 환변동 보험은 계약 환율보다 환율이 떨어지면 보험공사로부터 환차손을 보상받지만, 환율 상승으로 발생하는 환차익은 수출보험공사에 돌려주는 방식이다. 2008년 들어 6월 말까지 수출보험공사가 기업에 지급한 보험금은 357억 원이었으나 반대로 기업으로부터 환수한 금액은 2222억 원이었다. 환수금에서 보험금을 뺀 금액인 1865억 원은 결국 기업의 손실인 셈이다.

업계에 따르면 전국적으로 약 1100여 개 중소기업이 환변동 보험에 가입했고, "환율 인상으로 수입 단가는 올라간 반면 수출에서 거둔 환차익은 모두 환수당해 일부 영세업체는 파산하기도 했다"는 것이 중소기업 중앙회 관계자의 주장이다.

이런 과정에서 발생한 중소기업 손실은 1/4분기 코스닥 기업들의 순익 감소에서도 간접적으로 드러난다. 1/4분기 유가증권 시장의 기업들은 영업이익과 순이익이 모두 증가한 데 반해, 코스닥 등록기업들은 영업이익이 증가했음에도 환손실로 인해 순이익이 33.98퍼센트나 감소한 것이다.

이처럼 수출 중소기업들의 피해가 확산일로에 있지만 상품을 판매한 은행들은 기업들에게 책임을 전가하고 있고, 금융 당국도 당사자 분쟁이라며 불개입 방침을 고수하고 있다.

2008년 6월 중소기업 '환헤지 피해기업 공동대책위원회'가 KIKO 거래 약관이 가입자에게 일방적으로 불리하게 되어 있다며 공정거래위원회에 불공정 약관 심사를 청구했다. 그러나 공정거래위원회는 7월 KIKO 거래에 문제가 없다는 결론을 내렸다.

물론 일부 기업의 경우 투기 목적으로 수출 대금을 훨씬 웃도는 금액으로 여러 은행들과 KIKO 통화옵션 거래를 하는 이른바 '오버헤지Overhedge'에 나서 손실을 키웠다는 지적도 있다. 그러나 기본적으로 은행이 상품의 위험성을 정확히 알리지 않은 채 장점만 강조하며 판매한 것은 사실이다.

그렇다면 중소기업인들이 KIKO 등 환헤지 파생상품의 문제점으로 지적하는 것은 무엇일까.

▶ 은행과 중소기업 사이에 정보의 비대칭성이 존재하기 때문에 중소기업들이 통화옵션 상품의 성격이나 위험을 잘 모른 채 은행의 일방적인 권유에 의해 가입한 경우가 대부분이고 ▶ 상품설계에 있어 자동해지 권한이 없는 등 은행보다는 기업에 일방적으로 불리하게 되어 있으며 ▶ 특히 수출 중소기업들의 피해가 막대하여 방치할 경우 심각한 경제적 충격이 예상된다는 것이다.

KIKO가 2007년 하반기에 붐을 이룬 만큼 1년 만기가 도래하는 2008년 하반기부터 상당수 기업들이 KIKO 관련 환차손으로 부도 위기를 겪을 것이 예상된다. 2008년 여름부터 이미 KIKO 환차손 대금을 납입하지 못하는 중소기업이 발생하고 있고 일부에서는 이를 은행이 대신 납입해주고 있는 사례도 발견되고 있다. 중소기업이 납입을 하지 못하면 일부 대출 전환을 하거나 압류 등의 조치를 취하며 회수 절차를 밟을 것으로 예상되므로 기업 도산까지 갈 수도 있는 상황이다.

미국 월가를 파산으로 몰아넣은 장본인인 파생상품이 엉뚱하게 한국의 유망한 수출 중소기업을 덮친 것이고, 그 탓에 한국의 중소기업은 고환율 덕을 본 것은 고사하고 수출로 벌어들인 달러를 고스란히 내놓고 파산을 기다려야 하는 신세에 직면하게 된 것이다. 이것이 2008년 중소기업이 감내해야 했던 두 번째 고통이다.

❖ 중소기업의 고통 셋, 대출금리 상승과 이자 부담

고환율로 가중된 원자재가격 상승의 부담과 환헤지 파생상품의 손실로 이미 2008년 상반기 중소기업의 실적은 심각하게 악화되었다. 게다가 대출금리마저 오르는 상황에서 유동성 위기에 직면한 은행들이 추가 대출은 고사하고 이미 빌려준 대출마저 회수하려 하고 있어 중소기업들은 말 그대로 도산의 사각지대로 내몰리고 있다.

외환위기 이후 중소기업 대출을 기피하던 은행들은 2002~2003년 신용카드 대란의 여파로 중소기업 대출을 일시적으로 확대하더니,

[그림 4-4] 대기업·중소기업의 대출금리 추이

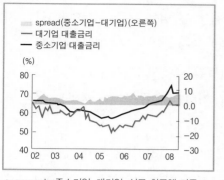

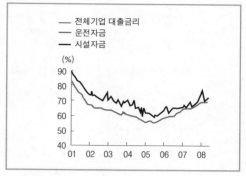

[그림 4-5] 기업의 운전자금·시설자금 대출금리 변동

* spread=중소기업-대기업, 신규 취급액 기준
* 중소기업연구원, 'KOSBI 경제동향 7월'

* 한국은행

2006년 하반기 참여정부의 주택담보대출 억제정책으로 대출길이 막히자 다시 2007년에 일시적으로 중소기업 대출을 크게 확대했다. 이어 2007년 말부터는 원자재가격 상승과 재고 증가로 운전자금이 필요해진 중소기업들이 대출 확대를 꾀하게 된다.

그 결과 2007년 상반기까지 대출은 꾸준히 늘어 7.7퍼센트(1월) → 3.2퍼센트(2월) → 4.2퍼센트(3월) → 7.4퍼센트(4월) → 5.8퍼센트(5월) → 6.1퍼센트(6월)로 상당히 높은 수준의 대출 증가율을 기록한다. 2008년 6월 말 잔액 기준 중소기업 대출은 398조 8000억 원으로 전체 가계 대출 376조 7000억 원을 넘어섰으며 전체 기업대출의 89퍼센트를 차지하게 되었다.

그러나 세계 금융위기가 확산일로를 걷고 국내 금융회사들마저 달러와 원화 유동성 부족을 동시에 겪게 된 2008년 하반기부터 대출은 급격히 줄어들기 시작한다. 이런 가운데 2008년 하반기부터 CD(양도성예금증서) 금리를 포함해 시중금리가 급격히 인상되고 있는 상황이다.

CD 금리는 2008년 초에 5퍼센트를 약간 넘는 수준이었으나 5월부터 상승하기 시작해, 7월 5.52퍼센트 ➡ 8월 5.77퍼센트 ➡ 9월 5.79퍼센트에 이어 10월에는 6퍼센트를 넘어서 2008년 11월 현재 7퍼센트 수준까지 도달한 상태다. 대기업 대출금리와의 격차도 점차 늘어나고 있다.

이에 따라 중소기업의 연체도 늘고 있는 실정이다. 특히 지난 수년간 대기업들은 단기 차입금 상환능력과 이자 상환능력이 꾸준히 개선되었지만 중소기업은 빠르게 악화되었다. 그 결과 2007년 말 기준 중소기업의 단기 차입금 상환능력은 1997년 외환위기 이후 최저치를 기록하고 있고, 이자 상환능력 역시 2001년 이후 최저치로 내려앉았다.

더욱이 현금 수입으로 이자 비용도 충당하지 못하는 기업(현금흐름 이자보상 비율이 100퍼센트 미만)이 31.3퍼센트로 늘어났다. 세 개 기업 가운데 한 개 기업은 돈을 벌어 이자도 갚지 못한다는 얘기다.[4]

중소기업의 이자 상환능력 저하는 당연히 금융 연체의 확대로 이어질 가능성이 높으며 심하면 금융부실로 이어질 수도 있다. 대기업의 경우 연체율은 2007년 말 이후 0.3퍼센트 수준으로 하향 안정화되는 추세지만 중소기업은 다시 1퍼센트를 넘어 상승하고 있다.

이처럼 환율과 원자재가격 상승, 환헤지 상품 손실에 늘어나는 이자 부담까지 지고 있는 가운데, 갈수록 침체되는 실물경기로 도산위기를 맞고 있는 것이 2008년 금융위기의 한복판에 서 있는 수십만 중소기업의 냉엄한 현실이다.

중소기업의 단체협상을 허하라

2008년 3월 주물협동조합을 중심으로 납품중단 파업을 벌였던 중소기업들은 갈수록 악화되어가는 경영 현실에 맞서 대기업과 은행들을 상대로 꾸준히 문제를 제기하며 해결을 요구하고 있다.

특히 2008년 9월 중소기업중앙회가 강력한 어조로 이른바 '납품단가 조정협의 의무제'의 실효성에 문제를 제기하고 나섰다. 공정거래위원회가 8월에 입법예고한 하도급법 개정안의 핵심 내용에 대해 반대 의사를 제출한 것이다.

'조정협의 의무제'란 수급업자인 중소기업들이 요구할 경우 원사업자인 대기업들이 의무적으로 납품단가 조정협상에 응해야 한다는 것을 말한다. 그동안 중소기업들이 줄기차게 요구해왔던 불평등한 거래구조 개선에 대해 정부가 일단 반응을 보인 것이다.

하지만 대기업의 일방적인 단가 인하와 보복 조치가 횡행하는 현실에서 사실상 아무런 제재조치도 포함하지 않은 형식적인 제도화에 중소기업들이 환영할 리 없다.

중앙회는 원자재가격 인상 비용을 원-수급업자가 상호분담하는 것을 목표로 하는 '납품단가 연동제 법제화'를 요구하면서 중소기업인 100만인 서명운동에 나선 상황이다.

중소기업들이 납품단가 조정협의 의무제를 거부하며 제기한 요구사항은 명확하다. 세계경제의 위기 상황에서도 2008년 상반기에 사상 최대의 영업이익을 낸 주요 대기업들의 거래 횡포를 막자는 것이다.

[표 4-1] 대기업의 불공정 거래에 대한 중소기업의 대처방안

구분	거래단절이 우려되어 그냥 참음	대기업에 시정 요구	행정기관에 신고	사법대응 (민사소송)
비중(%)	51.9	20.5	0.6	9.0

중앙회는 최근 대기업들의 시장 지배 및 경제력 남용을 방지하기 위한 방안으로 중소기업협동조합에 협상권을 위임해줄 것을 요구하고 나섰다. 마치 약자인 노동자들을 대신해서 노동조합이 교섭하는 것에 비유할 수 있다. 노동자들이나 하는 줄 알았던 단체협상을 기업들이 하겠다고 나선 현실은 이들의 절박함을 방증하는 것이다.

정부는 이러한 요구에 대해 가격 담합을 일삼는 카르텔이 형성될 수 있다는 이유를 들어 반대하고 있으나, 이는 대기업과의 협상에서 가격결정권이 열위에 있는 중소기업의 현실과는 거리가 먼, 그야말로 기우에 지나지 않는다. 정작 가격 담합을 일삼고 있는 것은 대기업들이기 때문이다. 실제로 경실련의 2007년 발표에 따르면 2003년 이후 대기업 집단 가운데 무려 63.6퍼센트가 담합 행위로 적발됐으며 소비자 피해액도 4조 7500억 원에 이르고 있다.

정부는 한국경제의 양극화 심화와 저성장이 중소기업들의 열악한 거래구조와 무관하지 않다는 사실을 알아야 한다. 일방적인 납품단가 인하로 중소기업의 채산성이 떨어지고 노동자의 소득이 감소하는 연쇄구조가 형성돼 있는 것이다. 그리고 이는 또 다시 경제 전체의 고용창출력 악화로 이어질 수밖에 없다.

◆ 정부, 대기업, 금융기관의 책임

세계 경기침체의 영향으로 수출마저 추락을 거듭하고 있는 상황에서 경기회복을 위한 유일한 방법은 내수기반을 회복하는 것이다. 그런데 내수기반을 회복할 열쇠는 국내 고용의 88퍼센트를 담당하고 있는 중소기업 경기의 활성화에 있다.

따라서 단순히 취약한 중소기업에 대한 보호나 지원의 차원을 넘어 경기침체를 극복하고 경제를 살리기 위한 핵심 과제로서 중소기업 문제를 바라봐야 한다.

정부도 '대기업이 살아야 중소기업이 산다'는 접근이 아니라 '중소기업이 살아야 고용도 살고 국민경제도 살고 대기업도 산다'는 관점으로 전환해야 한다.

중소기업을 궁지에 몰아넣고 있는 환율과 원자재가격 폭등, 환헤지 파생상품 손실, 이자 부담이라는 3대 악재에 대한 해법은 이미 나와 있다. 중소기업인들이 요구하는 납품가-원자재가격 연동제의 법제화와 환헤지 상품 관련 불공정 계약의 무효화 또는 그에 준하는 조치가 그것이다. 해결의 실마리는 중소기업들이 제시한 해법을 진지하게 논의하는 데서 찾을 수 있다.

고환율을 조장해 원자재가격 폭등과 환헤지 상품 손실을 가중시킨 정부와 원자재가격이 폭등하고 있는 상황에서도 이를 납품가에 반영해주지 않고 있는 대기업 그리고 환헤지 상품 판매에만 집착한 채 중소기업에 대한 사후 관리나 관계 형성에 무관심한 은행들 모두 국민경제를 위해 중소기업 문제를 풀어야 할 책임과 역할이 분명하게 있다. 정부와 대기업, 은행이 나서면 사실상 대부분의 문제를 풀 수 있다.

특히 정부가 환율정책의 실패에 대해 적극적으로 책임을 지는 한편, 대기업과 은행으로 하여금 중소기업 지원에 나서도록 해야 한다. 정부는 대기업을 위해 출자총액제한제나 법인세 부담을 풀어줄 생각보다는 이 순간 중소기업의 숨통을 조이고 있는 세 가지 덫을 시급히 풀어주어야 한다. 대기업은 지금도 충분히 자유롭다. 지금은 대기업을 풀어줄 때가 아니라 대기업과 은행으로부터 중소기업을 풀어주어야 할 때다.

대기업 노동조합들과 민주노총 등 전국적 노동조합 조직들도 중소기업 회생이 노동자의 최대 현안인 고용문제 해결의 핵심임을 인지하고 적극적으로 중소기업들의 납품가 연동제를 푸는 데 동참할 필요가 있다.

2
—
비정규직에서
자영업으로 고통의 확산[5]

한국의 자영업 계층은 빠른 산업화에 이은 농업포기 정책으로 급팽창했고, 외환위기의 충격으로 초과잉 초영세 상태로 전락했다. 이 과정에서 경제구조의 전근대적 흔적은 지워졌지만 그렇다고 선진국형의 구조가 자리를 잡은 것도 아니다.

◆ 한계 상황에 몰린 자영업

2000년대 이후 우리 사회의 양극화를 상징하는 집단은 단연 비정규직이었다. 물론 지금도 이들의 상황은 전혀 나아지지 않았다. 하지만 2008년에 접어들면서 부쩍 자영업 계층, 특히 영세자영업인의 어려운 경제형편에 관심이 모아지고 있다.

"골목경제가 흔들린다"(쿠키뉴스 2008.8.6) "하루 12시간 일해 고작 3만 원, 폐업생각 굴뚝"(경향신문 2008.8.4) "점포 절반이 자릿세도 못내요"(서울신문 2008.8.6) 등 자영업인의 채산성 악화를 표현하는 극단적인 용어들이 언론매체에 오르내리고 있다.

한 중국집 운영주는 "중국집을 시작한 이래 요즘이 제일 힘들다"고 토로하기도 했다. "예전엔 중국집을 차리면 90퍼센트는 잘 됐다. 그런데 요새는 주변에 폐업하는 집들이 많이 생겨난다"며 그 원인으로 지난해보다 35~40퍼센트 오른 식자재값과 2배나 오른 LPG값을 지목했다. 지난 2월부터 자장면 등 주요 메뉴의 가격을 500~1000원씩 올려보기도 했지만 손에 떨어지는 돈은 1년 전보다 100만원 이상 줄었다고 한다.[6] 실제로 현재 드러나고 있는 자영업의 실태는 상상 이상으로 심각하다.

서울 동대문 밀리오레는 경기침체 탓에 상가를 떠나는 점포가 늘어나면서 1년 전만 해도 10퍼센트대를 밑돌던 공실률이 30퍼센트대로 치솟았다. 상인들은 "외환위기 때보다 더 심하다. 앉아서 빨간줄(적자)만 긋고 있다"며 한숨을 쉬었다. 이화여대 앞에 즐비하게 늘어섰던 옷가게도 빈 곳이 늘었다. 패션잡화점을 운영하는 자영업주도 "지난해에 비해 매출이 60퍼센트나 줄었다. 하루 평균 50명의 손님은 왔었는데 요즘은 20명도 안 된다"고 말하고 있다.[7]

서울 남대문시장의 한 상인은 2008년 들어 밀가루값이 킬로그램당 1100원이나 올랐고 LPG 가격도 8000원이나 뛰었지만 파전값은 변함 없이 한 장에 1000원이라고 말한다. 1990년대까지만 해도 하루에 반죽통을 7~8개 썼지만 요즈음은 2통만으로도 남을 지경이라며 "호주머니 사정도 그렇지만 손님들이 1000원짜리 파전조차 마음 놓고 먹지 못할 만큼 마음의 여유도 없는 것 같다"고 했다.[8]

그 밖에도 자영업인의 점포운영 실태를 보여주는 르포 형식의 기사는 언론매체에서 수없이 다뤄지고 있으며 정부의 각종 통계도 이를 뒷받침하고 있다.

그렇다면 지금의 경기침체가 어째서 유독 자영업에 집중적으로 피해를 주고 있는지, 문제의 장단기적인 근원은 어디에서 유래하는 지를 좀더 자세히 알아보기로 하자. 크게 두 가지 차원에서 살펴보 겠다. 하나는 긴 호흡으로 역사적 궤적을 추적해보는 것이고, 다른 하나는 최근 불거진 미국발 금융위기의 영향을 구체적으로 분석해 보는 것이다.

❖ 역사성–자영업 초과잉 형성 과정

우리나라는 1980년대까지 농업 종사자가 자영업인보다 훨씬 많 은 구조를 유지했다. 1980년까지만 하더라도 우리 국민의 4분의 1 가량은 농촌에 살면서 농업을 주 생계수단으로 삼았다. 선진국의 농업인구가 통상 4퍼센트 수준임을 감안하면 그 차이를 실감할 수 있을 것이다. 사실 당시의 규모도 1960~70년대 중화학공업화 산업 정책으로 대규모 이농이 진행된 뒤의 상황이다.

그 당시 쌀값은 중요한 경제 이슈였고, 따라서 농민들이 사회적 으로 어떤 움직임을 보이는가는 정치적으로 매우 민감한 문제였다. 민주화 세력이 노동자와 함께 농민을 사회 변혁의 중요 주체로 인 정했던 이유도 여기에 있다.

그러나 1990년대를 지나면서 상황은 바뀌기 시작한다. 정부의 농산물 수입 개방과 농정포기 정책으로 농민이 급격히 줄어들며 다

221

시 한 번 도시로 유입되기 시작한 것이다. 도시는 이들을 받아들일 만큼의 고용 여력을 갖지 못했고 결국 이들은 기업으로 흡수되지 못한 채 광범위한 도시자영업 계층을 형성하게 된다. 그 결과 1990년대 중반까지 자영업 인구는 크게 증가했다.

이런 상황에서 자영업 인구가 임계점을 넘어서게 된 사건이 일어났다. 바로 1997년 외환위기다. 기업들의 대규모 구조조정으로 실직자로 내몰린 많은 수의 도시 직장인들이 영세한 규모의 서비스업에 뛰어들게 된 것이다. 그 결과 자영업 인구는 초과잉 상태에 이르게 된다.

자영업 인구의 증가는 시장 수요를 뛰어넘는 공급의 과잉과 심각한 내부 경쟁을 낳았고 당연히 소득의 감소로 이어졌다. 그리고 어

[그림 4-6] 농민과 도시자영업인의 수적 변화 추이

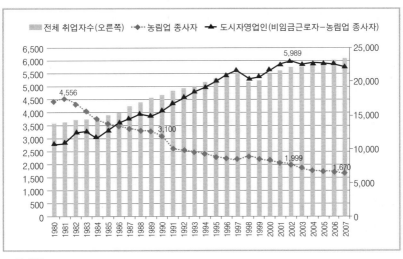

* 통계청

느 시점에서부터 직장인과 자영업인의 소득 수준은 역전되었다. 한
계 상황을 넘어서면서 양적인 변화가 질적 차이를 만들어내게 된
것이다.

1980년대 자영업 인구를 크게 앞서던 농업 인구가 2000년대 들
어 200만 명으로 줄어드는 사이 자영업 인구는 그 3배인 600만 명
으로 불어났다. 도시 직장인에 비해 오히려 평균소득이 낮은 한국
자영업의 현실과 구조는 이렇게 만들어진 것이다.

이로써 1980년대까지 농촌(업)에서 발견되던 전근대적 흔적은
적어도 국민경제의 범주에서는 사라졌으며, 도시의 근대적 직업구
조(임금근로자든, 비임금근로자든)와 경제생활 구조가 압도적인 비중
을 차지하게 되었다. 이제 한국경제의 전근대성을 주장할 수 있는
근거와 조건은 사라졌다고 할 수 있다.

[그림 4-7] 전체 도시가구 대비 평균소득 비율

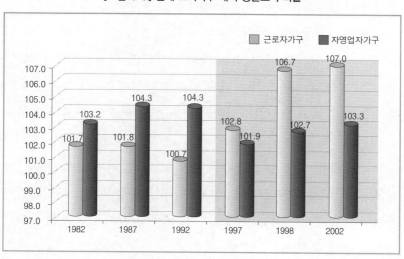

하지만 도시로 유입된 인구가 곧바로 현대적 기업구조로 흡수될 수 있는 경제가 만들어진 것도 아니었다. 게다가 농업 인구의 급격한 감소 시기와 거의 맞물려 일어난 외환위기는 곧바로 신자유주의 보수적 경영, 노동배제적 경영방식을 도입하는 계기가 되었고, 이로 인해 기업의 직장인들마저 자영업으로 배출하는 상황이 만들어졌다.

선진국 자영업 인구의 2배가 넘으면서도 자발적으로 선택한 전문직 자영업도 아닌 영세한 도소매 서비스 중심의 자영업 인구가 전체 취업자의 26퍼센트에 달하는 한국의 기형적인 산업구조와 노동구조는 이렇게 만들어졌다.

정리하면 한국의 자영업 계층은 빠른 산업화에 이은 농업포기 정책으로 급팽창했고, 외환위기의 충격으로 초과잉 초영세 상태로 전락하게 된 것이다. 이 과정에서 경제구조의 전근대적 흔적은 지워졌지만 그렇다고 선진국형의 구조가 자리를 잡은 것도 아니다.

이러한 경제구조와 생활구조의 중대한 변화는 어떤 사회적 의미를 암시하고 있을까. 한 마디로 1980년대까지 사회운동 이론에 등장하던 '노동자, 농민, 기층 민중'이라는 개념이 이제 '노동자와 농촌의 농민 그리고 도시자영인이라는 기층 민중'으로 바뀌어야 한다는 것이다.

1970년대와 1980년대 1000만 농민계층이 짊어져야 했던 전근대적 모순의 대부분은 오늘날 현대적인 외피만을 두른 채 고스란히 자영업 계층에게 넘겨졌기 때문이다. 물론 농민이 담당했던 사회적 책임도 함께 말이다.

그렇다면 이러한 변화가 세계 사회운동사에 기록될 만큼의 치열한 투쟁을 전개해온 한국 농민운동의 역할 축소를 의미하는 것일까. 그렇지는 않다. 1990년대 이후 한국의 농민은 사회경제적 비중에 비해 지나치게 큰 부담을 감당했던 것이 사실이다. 그 결과 농민운동은 그들이 흘린 피만큼의 성과를 얻지 못했다.

반면 자영업 계층은 확대된 사회경제적 비중에 걸맞은 사회적 결사나 주체화를 이루지 못한 채 개인의 노력에 의지할 수밖에 없는 대단히 고통스런 세월을 보내왔다. 이제는 자영업 계층을 하나의 정체성을 가진 사회적 힘으로 묶어 자신들의 문제를 해결하도록 해야 한다. 이것이 자영업 계층이 형성된 역사적 과정을 추적함으로써 얻을 수 있는 사회적 함의다.

◆ 상황성-금융위기가 가져온 충격

1990년대를 거치며 초과잉 초영세 상태로 전락한 자영업을 다시금 심각한 생계위기로 몰아넣은 것은 2000년대 들어 지속된 내수 부진과 그 연장선에서 발생한 최근의 금융위기다.

1960년대 이후 한국경제는 수출주도형 경제구조를 유지해왔다. 외환위기 이후에는 그 비중이 커졌지만 수출로 얻은 이익이 내수로 전파되지 않는 이른바 '나홀로 수출' 경제가 구조화되었다. 신자유주의가 한국경제에 안겨준 또 하나의 후과다. 경제 성장이 내수의 뒷받침 없이 수출에 의해 이루어짐으로써 1980년대 GDP 대비 20퍼센트에 지나지 않던 수출 규모는 2008년 들어 65.7퍼센트로

[그림 4-8] 분기별 실질국내총생산 대비 수출비중 추이(실질 기준)

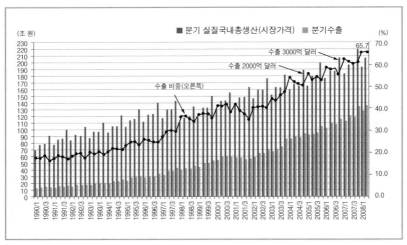

* 한국은행

크게 늘었다.

　외환위기 이후에도 수출은 10퍼센트 이상의 성장률을 보이면서 수출 규모 2000억 달러와 3000억 달러를 돌파해나갔다. 하지만 내수를 대표하는 민간소비는 2003년 신용카드 대란으로 크게 추락한 뒤에도 회복되지 못하고 4퍼센트 안팎에서 정체돼왔다. 여기에 최근 실물경기의 침체가 더해지면서 다시금 하락하는 모습을 보이고 있다.

　신자유주의 아래에서 수출을 중심으로 한 경제성장률이 4~5퍼센트를 유지하고 물가인상률도 2~3퍼센트를 넘지 않았을 때만 해도 한국경제는 늘어난 비정규직에 기대 움직일 수 있었다. 물론 이 시기에 신자유주의 양극화를 대표한 것은 비정규직의 확대와 차별이었다.

그러나 2008년 들어 물가가 치솟고 내수 경기가 무너지면서 비정규직에 더해 자영업의 존립과 생존이 한계에 내몰리는 구조가 만들어지고 있다. 이제 사회적 양극화의 상징은 자영업 계층이 된 것이다.

2003년 신용카드 대란으로 1차 구조조정 압박을 받아야 했던 자영업은 불과 2년 뒤부터 다시 2차 구조조정 상황에 놓이게 되었다. 그리고 2007년 말 시작된 미국발 금융위기는 이러한 구조조정에 기름을 부었다고 할 수 있다.

2008년 한 해 동안 자영업 인구는 약 7만여 명이 감소했다. 원자재가격 상승과 소비자물가 인상, 국내소비 위축의 가장 직접적 피해자인 셈이다. 이들의 소득 역시 꾸준히 추락하고 있다. 도시근로자와의 소득격차가 갈수록 벌어지고 있는 데서도 이러한 사실을 확인할 수 있다.

한국경제가 변화를 겪는 과정에서 농민이 짊어졌던 부담을 떠안으면서 과잉 팽창한 자영업 계층은 이제 금융위기의 충격으로 생존의 한계를 맞고 있다. 이들은 지금 신자유주의 양극화의 희생양으로 최후를 맞을지, 아니면 사회경제 구조의 변화를 이끌 새로운 주체로 거듭날지의 중대한 기로에 서 있다. 우리 모두가 이들을 주목해야 하는 이유다.

❖ 자영업인의 자주적 결사를 통해 문제를 해결해야

전통적으로 자영업 계층은 중산층을 대표해왔다. 그런 이유로 이들은 노동자나 농민보다 진보적이지 않다고 여겨졌다. 그뿐 아니라 이들은 하나의 집단으로 결사하여 자기 목소리를 내기도 어려웠던 탓에 일반적으로 보수적 성향을 띠는 것으로 치부되기도 했다.

그러나 외환위기 이후 우리 사회에서 벌어진 사회경제적 변화만을 놓고 보면 자영업 계층이 중산층을 대표할 수 없음은 물론 오히려 정규직 노동자보다 열악한 처지에 놓여 있다는 사실을 확인할 수 있다. 또한 보수적 성향을 띨 수밖에 없는 어떠한 근거도 발견할 수 없다.

그럼에도 지난 2007년 대선과 연이은 총선에서 자영업 계층이 대체로 보수적 성향을 보였다면 그 이유는 이들이 하나의 집단으로서 자신의 문제를 해결하기 위한 어떠한 시도도 할 수 없었기 때문으로 보인다.

[그림 4-9] 직장인과 자영업인의 소득추이 비교(도시 2인가구 이상)

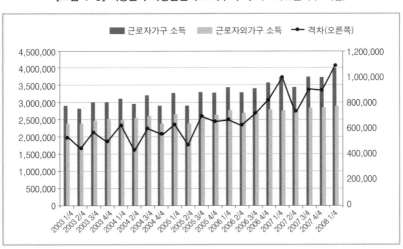

* 통계청 가계수지

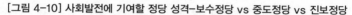

[그림 4-10] 사회발전에 기여할 정당 성격-보수정당 vs 중도정당 vs 진보정당

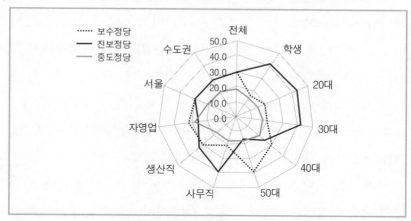

＊ 2007년 12월 26일 리서치 플러스에 의뢰하여 전국 성인 1000명을 대상으로 한 국민의식에 대한 여론조사(한겨레신문)

자영업 계층이 집단화를 통해 자기 목소리를 낸 역사가 전혀 없는 것은 아니다. 지난 1970~80년대 대규모 이농과 산업화로 도시 지역에 거대한 빈민촌이 형성될 무렵 재개발을 둘러싼 철거반대 운동도 치열하게 전개되었다.

또 1980년대 후반으로 넘어가면서 도시 전역에 자리 잡은 노점상들이 연대해 노점 철거를 반대하며 권익을 옹호하는 운동을 벌이기도 했다. 최근에 벌어진 카드수수료 인하 운동이나 이른바 '솥단지 시위' 그리고 대형할인점 건립반대 운동 등도 있다.

600만 명이라는 규모에 걸맞게 집단화·주체화되지 못한 이들 자영업 계층의 현실은 우리 사회의 건강한 발전을 위해서도 옳지 않다. 자영업 문제를 풀기 위한 선차적 과제가 '결사'인 이유는 다음과 같다.

첫째, 자영업인의 자주적 결사가 없다면 정부 당국이 적극적인 자영업 정책을 펴야 할 외부 압력도 생기지 않는다. 특정 계층을 위한 모든 정책은 정부 당국의 시혜에 의해 입안되거나 실행되지 않는다. 노동자나 농민을 위한 정책을 포함한 모든 정책은 사회적 역학 관계의 산물이기 때문이다. 정책 수혜자 자신의 요구와 압력이 존재하는 만큼 정책은 개발되고 시행된다는 뜻이다. 결국 자영업 계층의 결사가 자영업 정책을 만들어낸다고 할 수 있다.

둘째, 노동자나 농민에 비해 내부의 차이와 다양성이 훨씬 큰 자영업 계층의 집합적 요구를 수렴하기 위해서라도 이들의 자주적 결사는 반드시 필요하다. 이 과정을 통해 내부에 존재하는 다양한 요구를 조정하고 정제함으로써 자신들의 요구를 공론화해야 한다. 이는 누가 대신해줄 수 없는 문제다.

셋째, 설사 정부가 자영업을 위한 훌륭한 정책대안을 가지고 있다 해도 이를 시행할 통로와 매개를 발견하긴 어렵다. 재정 지원이나 금융 지원을 포함한 모든 정책들이 어떤 통로를 거쳐 집행되는 것이 효과적일지 판단하는 것도 쉽지 않다. 특히 주요 대상인 면세점 이하 영세자영업의 경우, 과세 자료만으로는 실태 파악조차 불가능하다. 이 역시 자신들의 이익을 대표할 수 있는 조직화를 통해 해결할 수밖에 없는 문제다.

한국사회의 건강한 발전을 지향하는 수많은 시민·사회운동이나 지역운동은 자영업 계층의 자주적 결사를 지원하기 위한 다양한 활동을 모색해야 한다.

3

2008년 자영업인의 실태와 특징[9]

외환위기 이후 구조화된 자영업 내의 양극화에 현재의 경제위기가 더해지면서 영세자영업인이 가장 큰 타격을 받고 있음을 확인할 수 있었다. 금융위기가 실물경제로 본격적으로 전이되고 부동산 거품이 붕괴되기 시작하는 2009년에는 건설업과 제조업 분야의 자영업인에게 감당하기 힘든 충격이 가해질 수도 있다.

❖ 난국 대책에서도 찬밥

최첨단 자본주의를 자임하던 미국이 금융자본의 무한자유를 방임하다 좌초했다. '이익은 사유화하고 손실은 사회화'하는 금융자본의 뻔뻔함에 실망한 미국 국민은 침몰하는 배를 구할 새 선장으로 버락 오바마를 선택하는 파격을 연출했다.

신임 오바마 대통령은 상위 5퍼센트가 아닌 95퍼센트의 국민을 위한 경제 시스템을 구축하겠다는 포부를 밝혔다. 고소득자의 세금은 늘리고 연수입 25만 달러 이하 소득자의 세금은 줄이겠다는 뜻을 밝히기도 했다. 대규모 재정 지출을 통한 경기 부양도 약속했다.

늘 '부시'식의 감세만을 주장하던 이명박 대통령과 강만수 기획재정부 장관도 뒤늦게 '오바마'식 재정 지출을 흉내 내기 시작했다. 2008년 11월 3일 정부가 발표한 이른바 '경제난국 극복 종합대책'이 바로 그것이다. 여기에는 11조 원에 이르는 재정지출 계획이 담겨 있다. 그러나 자영업에 대한 실효성 있는 지원책은 찾아보기 어렵다. 이번 종합대책을 요약하면 다음과 같다.

첫째, 영세자영업의 일시적 자금난 해소를 위해 '긴급경영 안정 자금'을 대폭 확대하고 지원대상을 1만 4000개에서 2만 9000개로 늘린다.

둘째, 영세자영업의 경쟁력 제고를 위해 창업 지원, 교육 및 컨설팅, 폐업 자영업자 전업자금 지원 등 창업에서 재기에 이르는 전 영

[그림 4-11] '경제난국 극복 종합대책' 분야별 재정지출 규모

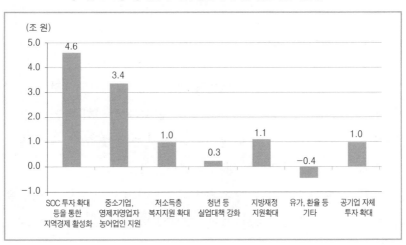

* 기획재정부, 2008

역에 대해 지원한다.

셋째, 영세자영업 등 소규모 가맹점의 신용카드 수수료 인하를 유도하는 한편, 신용카드 수수료 결정체계를 합리화한다.

중소기업과 영세자영업자, 농어업인에게 3조 4000억 원을 지원한다지만 과연 그 가운데 얼마만큼이 자영업에 돌아갈까. 비농업 자영업인 규모만 583만 4000명에 이르는 현실에서 그들이 체감할 수 있는 정책은 무엇일까.

가장 체감도가 큰 항목은 소상공인 경영안정자금의 지원이다. 2008년 2400억 원이던 자금 규모를 2009년에 약 2배로 늘리겠다는 것이 정부의 방침이다. 그러나 이 자금은 5000만 원으로 한도가 제한돼 있을 뿐 아니라 이자율도 6퍼센트에 달한다. 전체적인 자금 규모도 턱없이 작다. 실제로 2008년 4/4분기에는 신청자 접수를 시작한

[그림 4-12] 중소기업인, 영세자영업, 농림어업인 지원을 위한 2009년 재정지출 내역 비교

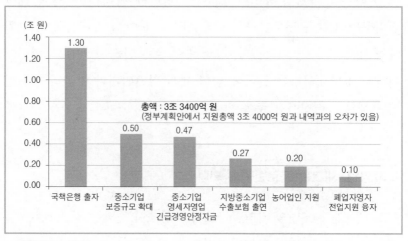

* 기획재정부, 2008

하루 만에 우선지원금 150억 원을 포함해 710억 원이 동나버렸다.

2009년에 자금 규모와 지원 대상을 2배로 늘린다 해도 상황은 크게 나아지지 않을 것이다. 비농업 자영업 종사자 가운데 사업주만 491만 명에 달하기 때문이다. 늘어난 지원 대상 2만 9000명은 전체의 0.59퍼센트에 해당하니 결국 200명 중 1명에게만 혜택이 돌아가는 셈이다.

자영업에 대한 종합지원책이나 신용카드 수수료 인하 방안은 그동안 언론에 수없이 소개되었지만 실효성은 거의 없었다. 신용카드 수수료 인하도 사실은 정부가 '유도'하겠다는 접대성 발언에 그쳐 왔을 뿐이다. 이렇게 안이한 대책으로 정부도 인정하는 '경제난국'에서 자영업의 파탄을 막기는 어렵다.

2008년 10월 통계청의 '비임금근로자 부가조사'[10] 결과가 발표되자 각 언론은 자영업의 실태에 대해 집중 보도하기 시작했다. 대체로 우리나라 자영업 종사자[11]가 다른 나라에 비해 너무 많은 데다 진입장벽이 낮은 저부가가치 단순 서비스 분야에 지나치게 몰려 있다는 내용이 주를 이루었다. 그러나 지금은 단순히 국내 자영업이 지나치게 비대하다는 분석을 넘어 세계 경제위기와 맞물리면서 일어난 새로운 현상들에 주목해야 한다.

◆ 자영업, 새로운 근로빈곤층 되나

2007년과 2008년의 비임금근로자 부가조사 결과는 지난 1년간 자영업인에게 어떤 변화가 있었는지를 잘 보여준다.

자영업인은 2008년 8월 현재, 2361만 7000명의 취업인구 중 751만 4000명[12]을 차지하고 있다. 전체 취업인구의 31.81퍼센트에 해당하는 규모다. OECD 국가들 중 터키와 함께 최고 수준이다. 이 가운데 비농업자영업인은 583만 4000명으로 비중은 24.7퍼센트다.

국내 자영업 계층의 특징을 몇 가지로 정리해보자.

첫째, 자영업 종사자의 규모가 감소했다. 2007년 8월 이후 1년 사이 자영업인은 총 6만 2000명, 전년 대비 0.48퍼센트가 감소했다. 이 가운데 고용주는 4만 2000명이 감소하고 자영자는 4만 7000명이 감소했다. 무급가족종사자는 2만 8000명이 증가했지만 이는 자영업체가 증가한 것으로 볼 수 없다.

사실상 8만 9000개의 자영업체가 순감소한 것을 확인할 수 있다.

[그림 4-13] 2007~2008년 자영업 종사자 증감

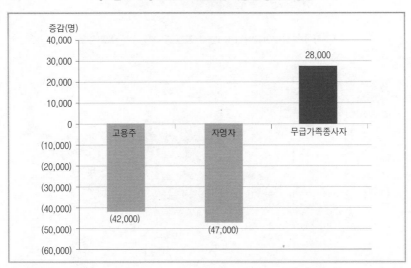

* 통계청

사업체의 비중으로는 1.45퍼센트가 감소한 것이다. 무급가족종사자의 증가가 자영업 종사자 감소를 30퍼센트 정도 완화한 셈이기도 하다. 적어도 현재 상황에서는 더 이상 자영업으로 먹고살기 힘들다는 사실을 분명하게 보여주고 있는 것이다.

둘째, 감소세는 30~40대, 고졸 이하의 저학력, 여성 등에서 두드러졌다. 30대에서 12만 명, 40대에서 1만 명이 감소한 반면, 50대 이상에서는 오히려 5만여 명이 늘었다. 대졸 이상의 고용주는 증감이 없는 반면 고졸 고용주는 5만 명이 감소했다. 자영자의 경우 대졸자는 5만 7000명이나 증가했지만 고졸과 중졸자 이하는 10만 4000명(2만 3000명+8만 1000명)이나 감소했다. 또 여성 자영자는 5만 5000명이 줄었고 무급가족종사자는 2만 1000명이 늘었다. 서비스 · 판매직 자영자가 5만 5000명 감소한 것도 여성 자영자들의 퇴출과 연관이 있다.

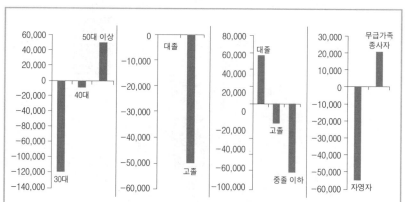

[그림 4-14] 2007~2008년 자영업 종사자 증가 주요 부문　　(단위 : 명)

* 통계청

고용주와 자영자가 8만 9000명 줄어든 것까지 포함해 종합적으로 판단하면 다음과 같은 결론이 나온다. 30대 자영업인, 중고졸 자영업인, 여성 자영업인은 대체로 소규모 자본과 낮은 기술력 등 진입장벽이 낮은 분야의 자영업인일 가능성이 높다. 경기가 어려워지자 취약한 층부터 무너져내리기 시작한 것이다. 50대 이상 자영업인의 급격한 증가[13]와 여성 무급가족종사자의 증가는 나이로 인해 임금 부문에서 밀려난 퇴직자들의 자영업 진출이 많아지고, 여성 퇴출자영자, 전업주부 등이 무급가족노동에 참여하기 시작했음을 보여준다.

결국 이 모든 통계는 자영업이 전반적으로 하향 구조조정되고 있을 뿐 아니라 불황으로 인한 타격이 영세 취약계층에 집중되고 있다는 증거다. 물론 자영업에서 임금 부문으로 전환한 경우도 있겠지만, 임금 부문의 일자리 창출력이 예년의 2분의 1에서 심하게는 3분의 1까지 떨어진 상황에서 이를 기대하는 것은 무리다.

셋째, 제조업 건설업 농림어업[14] 부문에서 자영업의 감소가 두드러졌다. 고용주의 감소는 본인과 유급고용원이 함께 일자리를 잃는 것이기 때문에 자영자의 감소보다 파급효과가 몇 배나 크다. 제조업은 고용주 3만 명, 자영자 8000명, 무급가족종사자 2000명 등 총 4만 명이 감소했고, 최소한 고용주 3만 명보다 몇 배 많은 유급고용원의 실직을 동반하기 때문에 7만 명을 훌쩍 상회하는 실직이 있었다고 할 수 있다. 이런 식으로 추산하면 건설업은 6만 7000명 이상[15]이, 농림어업은 4만 2000명 이상[16]이 감소하였다.

자영업 중 제조업과 건설업 그리고 농림어업은 내수와 직접적인

[그림 4-15] 자영업 감소가 큰 산업의 현황

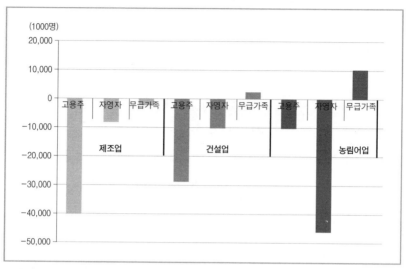

* 통계청

관련이 높은 산업들이다. 따라서 경제위기로 인한 내수의 침체는 다시 이들 산업에서의 자영업 감소로 이어질 수밖에 없다. 도소매 서비스업의 감소가 최하층 영세자영업 몰락의 신호탄이라면 제조 업과 건설업의 자영업 감소는 본격적인 '자영업 구조조정'의 시작 이라고 할 수 있다. 제조업과 건설업 분야의 자영업 감소는 전체 산 업에서 제조업과 건설업의 감소와 같은 흐름을 보인다.

넷째, 전반적인 자영업 감소세에도 도소매·음식숙박업과 사 업·개인·공공서비스업의 두 부분은 각각 3만 1000명, 2만 7000명 의 증가를 보여 내부 경쟁이 더 심해지고 있는 것으로 보인다. 도소 매·음식숙박업이나 사업·개인·공공서비스업은 진입장벽이 낮고 경쟁이 심하며 부가가치가 낮다. 진출입이 용이하기 때문에 실제

[그림 4-16] 전 산업 중 제조업, 건설업, 도소매에서의 고용 추이

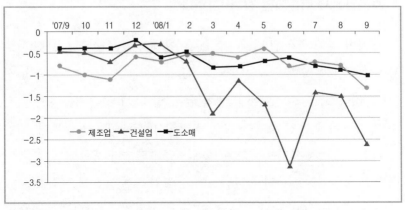

* 통계청

진출입의 건수는 상당한 수에 이를 것이다. 이들 산업은 자영업 내에서 이미 과다한 비중을 차지하는 것으로 평가되기 때문에 향후 극심한 출혈 경쟁과 근로빈곤층 양산으로 이어질 수밖에 없다.

특히 전체 산업에서 도소매·음식숙박업이 감소하고 있음에도 유독 자영업에서만 이들 부문이 증가하고 있는 것은 우려스러운 현상이다. 진입이 용이하다는 이유로 가장 취약한 영역에 신규 유입이 늘어난다면 결국 공멸로 이어질 수 있기 때문이다.

이상으로 외환위기 이후 구조화된 자영업 내의 양극화에 현재의 경제위기가 더해지면서 영세자영업인이 가장 큰 타격을 받고 있음을 확인할 수 있었다. 금융위기가 실물경제로 본격적으로 전이되고 부동산 거품이 붕괴되기 시작하는 2009년에는 건설업과 제조업 분야의 자영업인에게 감당하기 힘든 충격이 가해질 수도 있다.

❖ 자영업에서 퇴출되면 갈 곳도 없다

자영업 종사자가 감소한다는 것은 일반적으로 신규 진입보다 노동시장에서의 퇴출이나 임금노동자로의 전환이 많다는 것을 뜻한다. 그러나 최근 전년도에 비해 신규 진입 자체가 줄어든다는 것은 자영업 경기가 좋지 않다는 것을 직접적으로 보여주는 징후다.

비임금근로자 부가조사의 항목에는 근속연수가 포함돼 있다. '1년 미만의 근속자'는 곧 최근 1년 안에 자영업 노동시장에 진입한 사람을 의미한다. 2007년에는 1년 미만 근속자가 11.6퍼센트였으나 2008년에는 10.6퍼센트로 줄었다. 새로 진입한 자영업자가 1퍼센트 감소한 것이다.

[그림 4-17] 자영업 1년 미만 근속자 변화

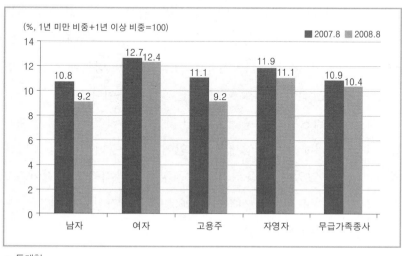

* 통계청

특히 2008년 고용주로 진입한 사람은 9.2퍼센트로 전년에 비해 1.9퍼센트나 감소하였고 이 가운데 남성의 진입 감소가 1.6퍼센트다. 여성보다 남성의 진입이 크게 줄었음을 의미한다. 일반적으로 고용주는 남성이 많고 자영자는 여성이 많다. 고용주, 남성의 진입이 줄어든 것은 현재의 자영업 진입 양상이 위험을 줄인 소규모 생계형 창업 위주라는 것을 보여준다. 창업 자체의 위험이 증가했다는 뜻이기도 하다.

자영업 통계에서 아쉬운 점이 있다면 점포(사업장)의 소유 및 임대 현황을 파악할 수 없다는 점이다. 노무현 정부 때부터 부풀어 오른 부동산 가격은 당연히 임대료 상승으로 이어졌다. 그러나 최근 부동산 가격이 하락하고 있음에도 한 번 오른 임대료는 내려가지 않고 있는 실정이다.

자영업주[17]의 대출 현황을 살펴보면 23.3퍼센트가 금융기관으로부터 대출을 받았고, 10.4퍼센트가 타인에게, 8.1퍼센트는 친지 및 동업자로부터 돈을 빌린 것으로 조사되었다. 심지어 사채에 손을 댄 비중도 2.1퍼센트다.

이런 상황이다보니 시중금리의 상승으로 인한 부담도 무시할 수 없다. 특히 고용주의 경우는 금융기관 대출이 39퍼센트로 그 비중도 크지만, 대체로 사업체의 규모가 클수록 부채 규모도 크기 때문에 고용주들의 어려움이 그만큼 증가될 수밖에 없다. 이처럼 부동산 거품, 금리 인상은 물가와 더불어 자영업의 채산성을 악화시키는 종합적 악조건을 형성하고 있다.

자영업 계층은 이러한 총체적인 난국에 빠져 있지만 정작 국민연금과 고용보험 등 사회보험의 사각지대에 놓여 있는 경우가 대부분이다. 주당 근로시간은 51.4시간에 달하는 등 다른 여건도 형편없이 열악하다. 아직 사업자등록조차 안 된 사업체도 38.6퍼센트에 이르며 노점 형태도 26만 2000명에 이르는 것으로 나타났다.

이런 상황이 지속되기 어렵다는 사실은 분명하다. 실제로 현재의 일을 그만두려는 사람이 4.2퍼센트고 이 가운데 1년 이내에 그만둘 계획인 사람이 64.8퍼센트에 이르고 있다. 그 이유에 대해서는 '전망이 없거나 사업부진'(38.2퍼센트)이라고 답한 사람이 가장 많았다.

영세자영업에서도 퇴출된다면 비정규직이나 실업자 대열에 참여하는 것 외에 다른 길은 없다. 그나마 저학력, 여성, 고령자 등이 많아 비정규직으로의 진출도 쉽지 않다. 이것이 오늘 대한민국을 살아가는 우리 이웃들의 절망스런 현실이다.

1 이 글은 2008년 새사연www.saesayon.org에 실렸던 다수의 중소기업 관련 브리핑을 요약 재정리한 것이다.

2 《매일경제》, 2008.7.11.

3 《헤럴드경제》, 2008. 7. 11.

4 한국은행, 〈2007년 제조업 현금흐름 분석〉.

5 〈자영업인의 단결을 위해 온 사회가 힘을 모아야 할 때〉(김병권_새사연 연구센터장, 2008.8.25)를 수정 보완한 글이다.

6 《경향신문》, 2008.8.4.

7 《서울신문》, 2008.8.6.

8 《한국일보》, 2008.8.8.

9 새사연 김일영 연구원이 2008년 11월 작성한 글이다.

10 자영업 종사자가 취업자의 30퍼센트대에 육박하고 있음에도 2007년 이전까지만 해도 이들의 실태에 보다 구체적으로 접근할 수 있는 통계가 없었다. 2001년 노사정위원회에서 비정규직 노동자들에 대한 부가조사를 합의함에 따라 경제활동인구의 부가조사가 진행되기 시작했다. 자영업에 대해서는 이 부가조사에 묻어서 2007년 8월부터 1년에 한 번씩 '비임금근로자 부가조사'란 이름으로 새로운 통계가 발표되고 있다. 그러니까 2008년의 조사가 두 번째인 셈이다.

11 자영업인(자영업 종사자)는 고용주(유급고용원을 두고 사업을 하는 사람), 자영자(혼자 또는 무급가족종사자와 사업을 하는 사람), 무급가족종사자(18시간 이상 가족이 경영하는 사업체에서 무보수로 일하는 사람)로 구분한다.

12 이 중 농림어업 종사자 168만 명을 제외한 비농업자영업 종사자는 583만 4000명이다.

13 50대 이상에서는 고용주가 5만 명, 무급가족종사자가 4만 1000명으로 상당한 증가가 있었다.

14 이 글은 비농업자영업을 중심으로 기술하였다.

15 건설업에서는 2000명의 무급가족종사자가 증가하였고 이를 포함한 수치다.

16 농림어업에서는 자영자가 3만 8000명이나 감소하였고 대신 무급가족종사자가 1만 명 증가하여 고용주의 감소로 인한 파급효과는 7000명 이상이라고 할 수 있다.

17 고용주와 자영자를 통칭하는 용어다.

CHAPTER 05

다가오는 고용대란의 위협

1

—

한국경제를 엄습하는 '실업'의 그림자[1]

몸통이 허약해져 있는 상황에서 근육 한두 개를 강화한다고 건강이 회복될 수는 없는 노릇이다. 고용과 생산성 그리고 부가가치 측면에서 큰 비중을 차지하고 있는 부문들에 대한 대책이 선행되지 않는다면 이런 주장들은 단지 '먼 미래의 다른 나라 이야기'일 뿐이다.

❖ 실물경제의 침체, 고용창출력 한 자리 수로 하락

고용창출력이 끝없이 추락하고 있다. 2008년 10월의 신규 취업자 수가 기어이 10만 명 밑으로 하락한 것이다. 미국발 금융위기가 경기침체로 이어지면서 대량 실업사태가 예고되는 상황이라고 할 수 있다.

신규 취업자의 감소는 이미 2007년 하반기부터 시작되었으나 최근의 감소폭은 지나치게 가파르다. 2008년 9월에는 전달인 8월에 비해 무려 5만 명 가까이 감소하더니 10월에는 또 다시 약 13.2퍼센

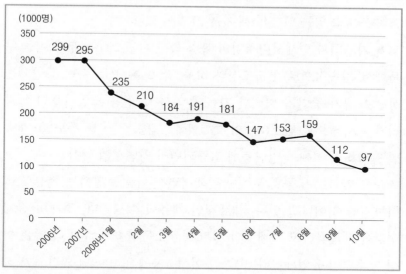

[그림 5-1] 취업자 증가 추이

(1000명)

299 295 235 210 184 191 181 147 153 159 112 97

2006년 2007년 2008년1월 2월 3월 4월 5월 6월 7월 8월 9월 10월

* 통계청, KOSIS Database

트에 해당하는 1만 5000명이 감소했다.

고용 악화가 실물경기 침체를 반영하고 있다는 것은 특히 제조업에서 두드러지게 나타난다. 제조업의 경우 취업자가 6만 3000명이나 감소해 전 산업 부문(중분류)에서 취업자가 가장 큰 폭으로 줄었다. 또 그동안 줄곧 취업자가 증가해왔던 금융 및 보험업의 취업자가 감소한 것도 현재의 경제위기 상황을 반영하고 있다.

◆ 어느 부문에 실업의 고통이 집중되는가

1997년 외환위기 이후 한국경제는 금융시장의 주도성이 강해지고 수출과 내수 간의 괴리가 일어나면서 고용구조의 일대 변화를 겪었다. 이런 구조적 조건 아래에서 최근 10년 동안 고용악화 추세를 주도하고 있는 다음의 세 가지 요인이 있다.

▶ 자영업과 영세서비스업의 과잉 확장 이후 2005년부터 이들 부문에서 지속적으로 구조조정과 고용 감소 ▶ 최근 수년 동안에는 상용 노동자 증가가 미미한 가운데 임시 및 일용 노동자들의 일자리가 지속적으로 감소(제조업, 건설업에서 집중 발생) ▶ 부문별·계층별 양극화의 피해가 청년층에 집중되면서 청년실업 악화

고용 악화로 노동력 부족이 심해지면서 이를 보완하는 현상도 미미하지만 일어나고 있다. 대표적인 계층이 여성이다. 경제의 잠재성장률은 하락하고 가계주의 실질 임금소득이 하락하자 더 많은 여성 노동력이 유입돼왔다. 비농가 여성고용률은 1998년 외환위기 직후 41.8퍼센트에서 2007년 47.6퍼센트까지 증가했다.

한편 이 기간 동안 비농가 남성고용률은 불과 1.3퍼센트 증가했을 뿐이다. 이외에도 노동력 부족을 만회하는 몇 가지 요인들이 있는데 주요한 것들을 꼽으면 ▶ 여성과 노년층 등 '취약 노동계층'의 고용률 상승 ▶ 단시간 취업자의 증가 ▶ 사업서비스, 보건, 교육서비스 및 오락 등 일부 서비스 부문의 취업자 증가 등이다.

오해하지 말아야 할 것은 이 세 가지 완충현상으로는 '고용 없는 성장'을 결코 해소할 수 없다는 사실이다. 이른바 선진경제로 진입하기 위해서는 여성과 노년층의 고용률을 제고해야 한다든지, 탄력적 시간제 일자리를 늘려야한다든지, 서비스업의 고도화를 이루어야 한다든지 하는 주장이 널리 퍼져 있는 것이 사실이다.

그러나 몸통이 허약해져 있는 상황에서 근육 한두 개를 강화한다

고 건강이 회복될 수는 없는 노릇이다. 고용과 생산성 그리고 부가가치 측면에서 큰 비중을 차지하고 있는 부문들에 대한 대책이 선행되지 않는다면 이런 주장들은 단지 '먼 미래의 다른 나라 이야기'일 뿐이다.

다시 본론으로 돌아가서, 최근 고용동향의 특징을 확인하면서 고용 상황이 얼마나 심각해지고 있는지를 체감해보자.

앞서의 고용 악화 3요소가 호전될 기미를 보이지 않는 가운데 상용직 노동자들의 일자리 증가가 둔화되고 30~40대의 일자리가 불

[그림 5-2] 9월 신규 취업자 증감 현황

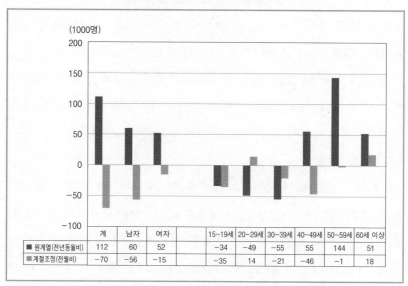

(1000명)	계	남자	여자	15~19세	20~29세	30~39세	40~49세	50~59세	60세 이상
■ 원계열(전년동월비)	112	60	52	-34	-49	-55	55	144	51
■ 계절조정(전월비)	-70	-56	-15	-35	14	-21	-46	-1	18

* 주 1) 원계열 : 실제 수집된 통계 데이터를 의미함. 전년동월비 등 장기적인 추이를 파악할 때
   주로 사용
   2) 계절조정계열 : 통계청의 수학적 모형을 이용하여 계절적 요인을 제거한 데이터를 의미함.
   단기적인 추이를 파악할 때 주로 사용
* 통계청, '9월 고용동향'

안해지는 경향을 보이고 있다.

먼저, 상용직은 2007년 약 5퍼센트 이상의 일자리 증가가 있었으나 2008년 들어 서서히 감소하기 시작하더니 10월에는 3.5퍼센트 증가에 그쳤다. 또 다른 핵심 노동계층인 30~40대의 경우는 2007년까지 '현상 유지' 수준이었으나 2008년 겨울부터 이들 일자리마저 위협받을 것으로 보인다.

2008년 9월의 고용동향을 보자. 9월에는 추석 연휴가 있어 원계열 취업자와 계절조정계열 취업자 사이에 차이가 존재한다(원계열과 계절조정계열의 차이점에 대해서는 [그림 5-2]의 주석 참조). 명절효과로 제조업 등의 취업자는 일시적으로 줄고 유통업 등은 일시적으로 늘어났을 가능성이 있다. 다시 말해서 실제의 고용 추세보다 취업자가 과다 혹은 과소 표집되었을 가능성이 모두 있다는 것이다.

통계청은 이런 효과 등을 제외해서 '계절조정계열 취업자'를 동시에 발표한다. 그 결과는 어떻게 나왔을까? 결론부터 말하면 더 심각하다. 고용사정이 질적으로도 나빠지고 있을 가능성을 암시하고 있기 때문이다.

[그림 5-2]를 보면, 신규 취업자 수(원계열 수치)는 2007년에 비해 소폭 증가했으나 전월(계절조정계열 수치)에 비해서는 실질적으로 감소했음을 알 수 있다. 계절조정계열 취업자를 보면 여자보다는 남자의 취업자 감소가 더 크게 나타났고, 40대의 경우는 4만 6000명이 감소해 가장 큰 폭의 하락을 보였다.

자영업자의 실업급여 대책 논의 시급

계절조정계열의 수치는 전체 취업·실업자를 대상으로 할 때는 통계적으로 어느 정도 유의미하지만 개별 부문에서는 그 의미가 떨어지는 것이 사실이다. 따라서 앞서의 성별, 연령별 계절조정계열 취업자 수를 확대 해석하는 것에는 주의를 요한다.

하지만 2007년 한 해 동안 자영업자들이 5만 6000명이나 감소하고, 자영업자들이 집중되어 있는 도소매업과 음식·숙박업의 취업자가 실제로 감소하고 있다는 것을 감안했을 때, 이른바 자영업의 대목인 추석 기간에 40대 취업자의 계절조정계열 취업자가 급격히 감소했다는 것은 무시하고 지나칠 수 없는 수치로 보인다. 이는 자영업의 고용 변동이 취약해졌다는 의미로 해석하는 것이 타당하다.

"IMF 때보다 더하다"는 자영업인들의 목소리가 터져나오는 마당에 현재의 경기침체가 계속된다면 이들의 상황은 더 깊은 나락으로 떨어질 수밖에 없다.

더 심각한 문제는 임시·일용직 노동자들과는 달리 자영업 종사자들은 고용보험이라는 마지막 안전판조차 마련되어 있지 않은 경우가 대부분이라는 사실이다. 대부분의 자영업인들이 40대로서 한 가정의 소득을 책임지고 있어 이들이 몰락할 경우 그 사회적 후과는 엄청날 것임을 짐작하게 한다.

1인 이상의 노동자를 고용하는 자영업 사업장 역시 고용보험 적용대상이기는 하나, 우리나라의 실정에서는 혜택이 충분히 적용되고 있다고 보기 어렵다. 실제로 5인 미만 사업장의 종사자 가운데 고용보험 피보험자 자격을 갖춘 비율은 50퍼센트 안팎으로 추정되고 있다.

현재의 상황에 맞게 우리나라의 고용보험체계를 재점검해야 할 필요성도 제기된다. 실직자가 자영업을 할 경우 실업급여를 받을 수 없는 점, 자영업인의 이직 교육훈련 프로그램이 마련되어 있지 않은 점, 사실상 노동자인 유통물류업 영세사업자가 피수급 자격을 얻기 어려운 점 등이 시급히 개선돼야 할 부분들이다.

2

—

일용직, 임시직에서 정규직으로
올라오는 고용불안의 공포[2]

수요 확대와 양극화 해소의 가장 유용한 수단은 고용의 확대에
있다. 감세의 효과가 일시적이며 규제 철폐의 효과는 양극화를
가속화시키고 R&D 투자의 효과는 불확실하다는 것과 분명하게
구별된다. 고용 확대에 따른 소득증대 효과는 양극화 해소에 도
움이 될 뿐 아니라 지속적이며 확실하기 때문이다.

기본적으로 고용변화는 투자와 정부·가계 지출의 변동이나 대
외경제 여건의 변동으로부터 시작된다. 다시 말해서 경기 요인에
의해 촉발된다는 것이다. 하지만 여기서는 구조적 요인을 중심으로
살펴보기로 한다. 경기 요인은 세계경제의 여건상 어느 정도는 피
할 수 없는 문제이고 일시적인 효과를 끼치는 데 비해 구조적 요인
은 장기적인 효과를 끼칠 가능성이 크며 국민경제의 주체적 의지에
따라 해소될 여지가 있기 때문이다.

❖ 극도로 유연화된 노동시장

현재 고용사정의 악화 속도는 대단히 빠르다. 이는 호황기의 호전 속도에 비해 상대적으로 그러하다는 것을 의미한다. 풀어서 얘기하면, 한국의 고용사정은 호황기에는 호전 속도가 느리고 불황기에는 악화 속도가 빠르다.

외환위기 이후 한국경제는 대규모의 고용 방출과 비정규직의 대규모 채용을 반복적으로 겪으면서 고용 상황이 경기 변동에 따라 요동쳐왔다. 이런 요동은 신용카드 대란으로 인한 불경기가 어느 정도 해소된 2004년 이후 그 정도가 약해졌다. 그러나 이때부터는 앞서 언급한 '호황기의 약한 상승—불황기의 강한 하강'이 고착화되는 경향을 보인다(연구자들은 이런 현상을 '불황기와 호황기에 노동시장의 반응이 각각 비대칭적으로 작동한다'고 표현한다)[3].

우리나라에서 불황기의 고용 변화를 가장 극적으로 보여주는 집단은 임시직 노동자들이다. 올해 상용직 노동자를 제외한 전 부문에서 신규 취업자가 감소하고 있는데, 비임금노동자(자영업주와 무급가족종사자)와 비정규직 노동자(임시, 일용) 가운데 임시직의 신규 취업자가 가장 크게 감소하고 있다.

2008년 3월 임시직은 전년 동월 대비 16만 5000명의 순감소를 기록해 그 다음으로 크게 감소한 자영업주의 6만 6000명을 월등히 능가했다. 임시직의 3월 신규 취업자 순감소폭은 외환위기 당시인 1998년 12월 이래 9년 3개월 만의 최대치다.

[표 5-1] 종사상 지위별 신규 취업자 수

[표 5-1] 종사상 지위별 신규 취업자 수　　　　(단위 : 1000명)

		2008.01	2008.02	2008.03
전체취업자		235	210	184
비임금노동자	자영업주	−136	−34	−66
	무급가족종사자	−5	−53	−12
임금노동자	상용노동자	433	405	466
	임시노동자	−61	−70	−165
	일용노동자	3	−38	−39

* 주 : 전년동월대비
* 통계청 자료에서 필자 계산

　　임시직은 2007년 들어 일자리 증가폭이 계속 감소해오다가 2007년
6월 급기야 마이너스 증가세에 들어서게 된다. 6월과 7월에 임시직
신규 취업자가 급감한 데에는 당시 7월의 비정규직법 시행을 앞둔

[그림 5-3] 임시직 신규 취업자의 급격한 감소

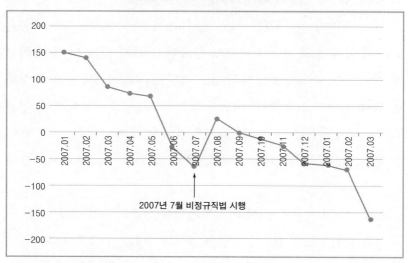

* 통계청 자료에서 필자 계산

기업들의 선제적 구조조정이 의심된다.

2008년 들어 임시직 신규 취업자의 감소 속도는 인위적인 대규모의 임시직 방출이 일어났던 2007년 6월의 감소 속도와 맞먹는다. 당시 6월의 신규 취업자는 전월보다 9만 6000명이나 적었는데, 2008년 3월의 신규 취업자도 2월보다 9만 5000명이나 적었기 때문이다.

정부와 민간연구소들은 임시직의 감소를 바람직한 현상으로 바라보는 경향이 있다. 흔히 저개발국가에 광범위하게 퍼져 있는 비공식 부문 노동자들이 자본주의의 발전과 함께 공식 부문 노동자로 흡수되는 것처럼, 임시직이 상용직으로 흡수되는 것으로 해석하고자 하기 때문이다. 선진 자본주의 국가들도 상용직의 증가를 대단히 바람직한 현상으로 여긴다. 상용직은 안정적인 소득을 얻을 수 있기 때문에 (임시직이 감소하고) 상용직이 늘어나면 가계소득이 늘어나 소비와 내수가 활성화되기 때문이다.

이런 경향이 전혀 없는 것은 아니다. 또한 상용직으로의 전환은 고용의 안정성 측면에서 대단히 중요하고 가치 있는 일이다. 하지만 한국에서 벌어지는 임시직 감소 경향을 상용직의 흡수로 해석하는 데에는 주의를 요한다. 예컨대 임시직의 감소는 '형식적인' 정규직으로의 전환, 곧 착시현상일 가능성이 높기 때문이다. 여기에 대한 간접적인 증거를 한국고용정보원의 구인·구직 및 취업동향에서 찾을 수 있다.

2008년 2월 노동부 또는 지방자치단체 산하의 각종 고용 관련 공공기관에 접수된 구인·구직 인원 그리고 취업건수를 확인해보자.

증감률 기준으로 가장 두드러지는 곳은 시간제[4]임을 알 수 있다.

[표 5-2] 2008년 2월 워크넷 구인, 구직 및 취업

구분 세부항목			신규 구인 인원(명)		신규 구직자 수(명)		취업건수(건)	
			2008년 2월	증감률 (%)	2008년 2월	증감률 (%)	2008년 2월	증감률 (%)
전체			98,741	45.2	174,861	0.9	46,448	6.7
종사상 지위별	상시근로	사용직	74,929	43.7	153,954	2.5	37,843	8.5
		시간제	10,336	98.8	1,150	15.7	794	53.3
		계약직	12,008	67.2	3,566	-3.8	3,249	-0.1
		관계없음	283	-78.8	14,587	-4.5	3,430	17.0
	일용직		1,185	-44.3	1,604	-48.3	1,132	-41.5

* 주 : 전년동월대비
* 한국고용정보원, '워크넷 구인, 구직 및 취업 동향', p.1, 2008.2

시간제는 구인자와 구직자가 각각 98.8퍼센트, 15.7퍼센트나 증가하고 특히 취업건수도 53.3퍼센트나 증가했다. 여기에 비해 상용직의 취업건수 증가폭은 6.7퍼센트에 그쳤다.

[표 5-2]는 구인자(기업)와 구직자 모두 시간제에 대한 요구가 크게 증가했음을 보여주며, 공식 통계상의 임시직이 감소한 2008년 2월에도 상당한 정도의 시간제 신규 취업이 있었음을 암시한다. 시간제 고용은 가장 유연한 고용형태 중 하나다. 갈수록 시간제 고용에 대한 기업의 요구가 늘어나고 있는 것이다.

외환위기가 발생해 '비정규직'이라는 말이 널리 사용되기 전까지 시간제는 통상 임시직을 의미하였음을 상기하자. 계약직이 보다 다양한 형태의 기간을 의미하는 것과는 달리 시간제는 보통 1년 미만의 임시직으로 채용되는 것이 관행이었다. 이런 관행적 개념이 현재에도 유효하다면 2008년 초에도 임시직 신규 취업이 증가했을 것이다.

이 추론에 사용한 자료는 전체 노동시장을 대상으로 한 것이고 엄밀한 의미에서 '시간제=임시직'의 관계는 성립하지 않기 때문에 '상용직의 증가는 비정규직의 이동에 따른 착시현상'이라는 주장의 확실한 증거가 되지는 않는다. 그러나 최근 시간제를 선호하는 기업이 늘고 있고 주위에 비정규직이 늘어났다는 경험적 사실과는 일치한다. 최근 임시직의 급격한 감소는 ▶ 경기 하강으로 인한 비경제활동인구로의 편입 ▶ '형식적인' 상용직으로의 전환(즉, 시간제 노동자)의 두 경로를 따른다는 것이다.

어떤 경로를 따르던 임시직이 극도의 노동유연화를 추구하는 신자유주의 정책의 최대 피해자라는 점에서는 동일하다. 한국경제의 침체 가능성이 우려되자 임시직 노동자들이 가장 먼저 유탄을 맞기 시작한 것이다.

◆ 비정상적인 산업구조

2008년 3월의 고용동향을 산업별로 분석해 보면, 1차산업과 경기 변동형 산업의 신규 취업자가 마이너스로 나타났다. 1차산업을 대표하는 농림어업(-5만 8000명, -3.6퍼센트)과 경기 변동에 민감한 도소매·음식숙박업(-4만 4000명, -0.8퍼센트) 및 건설업(-3만 5000명, -1.9퍼센트)이 크게 감소하고 이른바 '고용 없는 성장'을 이끄는 제조업(-2만 명, -0.5퍼센트)도 감소하였다.

이에 반해 사업·개인·공공서비스업(32만 1000명, 4.3퍼센트), 전기·운수·통신·금융업(1만 9000명, 0.8퍼센트)에서는 신규 취업자가 증가하였다. 그러나 이들 분야도 세부적으로 들여다보면 명암이 엇갈린다. 부동산·임대업과 운수·통신업종이 감소하고 사업서비스업과 보건·사회복지서비스업이 확대된 것이다. 결국 서비스업 내에서도 경기에 민감한 업종의 신규 취업자 감소가 뚜렷해진 것이다.

신규 취업자가 마이너스로 돌아선, 즉 취업자가 감소한 산업 중에 농림어업과 도소매업 그리고 음식숙박업은 대표적으로 서민형 사업체가 밀집한 곳이다. 이들 산업의 취업자는 2005년부터 꾸준히 감소해오고 있다. 특히 농림어업의 고용감소 속도가 지나치게 빠르다. 농업과 농촌의 붕괴 속도가 반영된 것이 아닌지 우려되는 지점이다.

[그림 5-4] 2008년 3월 산업별 신규 취업자

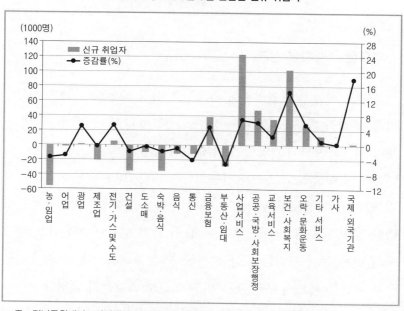

* 주 : 전년동월대비, 1차산업과 경기민감형 산업의 신규 취업자가 급감했음.

다음으로 도소매업과 음식숙박업을 보자. 이들 산업의 고용이 2005년 이후 3년이 넘게 심각한 침체를 지속하고 있는 이유는 첫째, 외환위기 이후 도시 임금노동자의 대규모 방출과 둘째, 2002년경의 경기 과열, 이른바 '카드 대란' 시기에 의해 지나치게 영세취업자가 증가한 데 있다. 다시 말해서 이전 시기에 영세취업자가 과도하게 집중되었다가 2005년부터 문제가 드러나고 있다는 것이다.

취업자가 증가한 산업 중에서도 2008년 들어 심각한 고용문제를 보이는 산업들이 있다. 여기에는 전기, 가스, 수도사업, 사업서비스업, 기타 서비스업 등이 해당된다. 사실 2008년 들어 신규 취업자가 급감한 이유는 이들 사업의 신규 취업자가 큰 폭으로 감소하거나 심지어 마이너스로 돌아섰기 때문이다.

◈ 과도한 수출지향 경제

한국은 지나친 대외의존형 경제구조 아래 재벌에 집중된 가공무역형, 중화학집중육성형 수출경제로 성장해온 탓에 세계경제의 침체와 인플레이션에 취약할 수밖에 없다.

2007년 수출입 규모는 국민총소득GNI의 94퍼센트에 이르고, 4분기에는 100퍼센트를 넘어서기까지 했다. 수출입이 국민총소득에 대한 상대 규모가 크다는 것은 수출입 물가 변동에 따른 국민총소득의 변동 폭이 크다는 것을 의미한다. 실제로 2007년에만 수출입 물가의 변동 때문에 무려 78조 원의 실질소득 감소가 있었다.

한국의 대외의존도가 얼마나 심각한 수준인지는 비슷한 소득 수

[표 5-3] 주요국의 지출구조(산업활동별 GDP)

	한국	미국	영국	프랑스	일본
	2007	1988	1996	1990	1988
최종 소비지출	69.2	83.5	83.6	78.8	66.7
민간	54.1	66.2	64.1	57.1	52.9
정부	15.1	17.2	19.4	21.7	13.7
총고정자본 형성	28.8	18.5	16.5	21.5	30.5
건설	18.1	10.1	7.2	10.7	16.7
설비	10.7	8.4	9.3	10.8	13.8
수출	45.6	8.8	29.4	21.2	9.9
(공제)수입	44.8	11.0	29.8	22.6	7.8

* 주 : 각 국가의 연도는 1인당 GNI 2만 달러 달성 연도.
* 박진욱, 〈2007년 GDP로 본 우리나라의 경제 현황과 과제〉

준을 가진 다른 국가들과의 비교에서 확인할 수 있다. 한국은 같은
자원 빈국인 일본과 비교했을 때 수출 비중이 5배에 달한다.

수출의 고용창출력은 내수에 비해 월등히 떨어질 뿐 아니라 그나
마 외환위기 이후 가장 크게 감소하고 있다. '고용 없는 성장'의 또
하나의 원인인 셈이다. 한국은행의 발표에 따르면, 수출의 2003년
취업유발계수는 1995년의 절반에도 미치지 못하고 있다.

[표 5-4] 최종 수요별 취업유발계수 변화 추이   (단위 : 명/10억 원)

	1995년	2000년	2003년
수출 취업유발계수	26.2	16.6	12.7
(소비)	(30.4)	(21.9)	(20.2)
(투자)	(19.4)	(15.8)	(15.1)

* 주 : 취업유발계수는 최종 수요가 10억 원 증가하는 경우 해당 부문과 기타 부문에서
   직간접적으로 유발되는 취업자수를 말함.
* 한국은행, '산업연관표', 2003

[표 5-5] 공급과 수요의 변화 추이 (단위 : %)

	국내산출액 (A)	수입 (B)	총공급(A+B) =총수요(C+D)	국내수요(C)		계	수출 (D)	대외의존도 (B+D)
				중간수요	최종수요			
1995년	86.8	13.2	100.0	48.1	40.2	88.3	11.7	24.9
2000년	85.3	14.7	100.0	48.6	36.9	85.5	14.5	29.2
2003년	85.6	13.4	100.0	48.5	38.0	86.5	13.5	26.9
일본(2002년)	94.7	5.3	100.0	45.3	49.1	94.3	5.7	11.0

* 주 : 대외의존도 = [(수출액+수입액)/총수요]×100
* 한국은행, '산업연관표', 2003

취업유발계수가 하락하는 동안 수출입금액의 비중도 상승하였다. 2003년의 수입액과 수출액은 외환위기 이전인 1995년에 비해 각각 0.2퍼센트와 1.8퍼센트가 상승해서 대외의존도가 26.9퍼센트에 이른다. 일본의 대외의존도 11.0퍼센트의 2.5배에 가까운 수치다. 최근 수입물가가 크게 상승한 점을 감안한다면, 대외의존도는 더욱 상승했을 것으로 추정된다.

❖ 재정 지출로 사회서비스 부문 확대해야

[그림 5-5]는 각 산업별 고용 증가와 생산성GDP 증가의 정도를 나타낸 것이다. 제조업과 통신업이 '고용 없는 성장'을 주도하고 있음을 분명히 보여준다.

먼저 제조업은 금융업, 보험업에 이어 두 번째로 높은 GDP 성장률(9.5퍼센트)을 보이고 있으나 2007년 한 해 동안 오히려 고용을 방출했다. 통신업 역시 고용을 적극적으로 방출하고 있다. 통신업은

[그림 5-5] 고용 없는 성장의 실체 - 산업별 GDP와 고용 증가

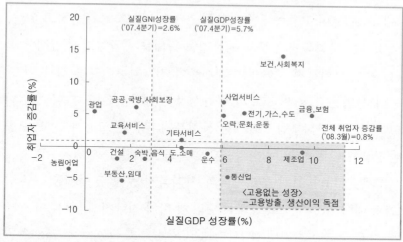

* 주 : 1) 전년동기비
    2) 통계청의 산업별 GDP 자료 중 '기타 공공·개인서비스 산업' 분류는 통계청의
       '고용동향' 취업자 분류와 불일치하여 제외함.
    3) 증감률은 2008년 3월 신규 취업자 증가의 전년동월비
    4) 실질 GDP, 실질 GNI 성장률은 2007년 4분기 증가의 전년동분기비
* 통계청, '고용동향', '경제활동별 GDP, GNI' 자료에서 필자 계산

2007년 4분기에 전체 평균인 5.7퍼센트를 넘는 6.25퍼센트의 실질
GDP 성장률을 기록하였으나 취업자는 1만 2000명이 줄어 14개월
연속 마이너스 고용 창출을 기록하고 있는 중이다.

수요 확대와 양극화 해소의 가장 유용한 수단은 고용의 확대에
있다. 감세의 효과가 일시적이며 규제 철폐의 효과는 양극화를 가
속화시키고 R&D 투자의 효과는 불확실하다는 것과 분명하게 구별
된다. 고용 확대에 따른 소득증대 효과는 양극화 해소에 도움이 될
뿐 아니라 지속적이며 확실하기 때문이다.

그러나 이명박 정부가 고용 확대를 위한 적극적 정책을 고려하고

있다는 증거는 어디에도 없다. 정부는 노동정책을 경제정책의 종속 부문으로 보며 고용문제를 시장에 완전히 맡기자고 주장하고 있다.

정부는 사회복지 부문의 정부지출 확대를 시급하게 추진해야 한다. 이는 사회복지 분야의 수혜계층이 저소득층이라는 점과 이 부문의 산업은 고용과 GDP의 동반성장 추세를 보이고 있다는 점이 고려된 것이다. [그림 5-5]에서 사회복지 부문은 고용과 GDP가 동반성장하는 우상右上에 위치하고 있음을 확인할 수 있다.

그뿐 아니라 현재 우리나라의 사회복지 부문 정부지출은 경상 GDP 대비 7.87퍼센트[5]로 다른 나라에 비해 지나치게 낮다. 이는 세계 최고 수준인 스웨덴(31.2퍼센트)은 물론 주요 OECD 국가들 중 최저 수준인 미국(16.6퍼센트)과 일본(18.4퍼센트)에 비해서도 턱없이 낮다.

사회복지 부문의 지출은 늘리되, 안정된 고용이 확대될 수 있도록 '사회적 기업' 등을 통한 산업 성장을 함께 도모해야 한다. 전체 GDP의 2.1퍼센트에 불과한 보건사회복지 산업의 규모를 확대하는 것을 적극 고려해야 할 때가 되었다.

장기적인 관점에서 내수 중소기업의 육성책을 마련하는 것도 대단히 중요하다. 결국 대외의존형 경제, 고용 없는 수출의존 경제에서 벗어나지 못하는 한 대외여건의 변화에 항상 취약할 수밖에 없기 때문이다. 무엇보다 중소기업의 육성은 고용 안정을 위한 확실한 대책이 될 것이다. 중소기업의 수익성 하락을 막아 고용 여력을 확대해야만 한다.

중소기업의 고용여력 확대는 수출 대기업들의 이익독점 완화를 동반하지 않을 수 없다. 따라서 최근 중소기업들이 요구하는 '납품단가 원가연동제'와 노동 및 사회단체들의 지지를 얻을 수 있는 '원하청 이윤공유제'를 적극 모색해야 한다. 이런 장치를 통해 상대적으로 열등한 위치에 있는 중소기업의 대기업 협상력을 제도적으로 보완해야 할 것이다.

마지막으로 이른바 '고용유연화'가 초래하고 있는 문제를 지적하지 않을 수 없다. 기업은 비용을 줄인다는 측면에서 고용의 유연화를 주장하고 있으며, 이명박 정부도 여기에 힘을 실어주고 있는 실정이다. 외환위기 이후 고용계수가 지속적으로 감소해온 것은 해고와 비정규직 채용에 있어서 기업의 자유가 무분별하게 확대된 데 일부 원인이 있다.

해고와 비정규직 채용의 확대는 실업자와 비경제활동인구를 증가시켜 국민경제 전체의 소비능력을 악화시켜왔다. 이미 비정규직이 50퍼센트가 넘은 상황에서 노동자들의 고용안정화 요구를 받아들이는 것은 국민경제 전체의 안정적인 발전에 반드시 필요한 과제가 되고 있다.

3
—
한국경제의 미래를 위해
청년에게 일자리를[6]

청년실업은 국가의 발전과 진보를 가로막는 구조적 원인으로도
작용하고 있다. 경제적 측면에서는 가장 왕성하게 노동할 나이
에 의욕을 상실함으로써 전체 사회의 활력을 떨어뜨리고 있는
것이다. 청년 노동의 위축은 곧바로 국민경제의 발전동력을 상
실하게 한다는 데 문제의 심각성이 있다.

불확실 고용 시대의 청년

한국 경제구조의 변화와 고용

정보통신기술의 발전과 함께 1990년대 이후 한국의 산업구조는
급속히 변하고 있다. 1980년대 자동차와 조선, 철강으로 대표되는
전통 제조업의 비중이 상대적으로 감소하고 지식 노동을 필요로 하
는 신산업이 확대되고 있는 것이다.

그러나 신산업이 확대되는 시기였던 1990년대 말에 맞이한 외환
위기는 신산업과 서비스업의 동반성장을 가로 막고 고용구조의 왜

곡을 가져왔다. 서비스업이 제조업과 연관구조를 확립하지 못하고 서비스업 노동생산성이 발전하지 못한 상태에서 발생한 대량 실업은 영세한 서비스업 종사자를 양산했다. 실제 제조업 취업자 비중은 1995년 23.6퍼센트에서 2007년 17.6퍼센트로 크게 감소한 반면, 서비스업 취업자 비중은 같은 기간 55.1퍼센트에서 67.0퍼센트로 늘어났다.

2000년대 들어 외환위기의 충격이 완화되면서 반도체, 석유화학, 자동차, 조선, 철강, 정보통신기기, 디스플레이 등에서 기록적인 수출 증가세를 보였으나 여기서 확보된 자본이 투자와 고용 창출로 이어지지는 않았다. 한국의 수출기업들은 원자재와 부품, 심지어 노동력의 해외 의존도를 높임에 따라 국내에서의 고용 유발효과를 높이지 못하고 있는 것이다.

한국에서 소위 글로벌 기업을 지향하고 있는 대기업 집단들은 부가가치 창출 면에서는 비중이 높아졌으나 고용 면에서는 오히려 비중이 떨어지고 있다. 대기업 집단들은 자본의 유기적 구성을 고도화함으로써 생산에 필요한 자본 대비 노동의 비율을 낮추고 있다. 전체 수출에서 30대 대기업 집단이 차지하는 비중은 1999년 68.9퍼센트에 달했다. 그러나 1000명 이상 사업체 종사자 수는 1996년 약 145만 명에서 2005년 약 82만 명으로 급감했다.

금융 개방과 외환위기는 자본시장 개방을 가속화했고 2000년대 들어 자본시장은 국민경제 운용의 중심축으로 자리잡아가고 있는 상황이다. 그런데 기업 운용에 있어 주주자본주의의 영향력이 확대됨에 따라 주식 가치를 높이기 위해 고용비용을 줄이려는 행태가 빈번히 발생했다. 주주들을 위한 단기 실적주의는 장기 투자와 장기 고용을 기피하게 만드는 원인이 되고 있기도 하다.

농업 부문의 고용은 근속년수가 길고 생산 활동의 진입에 필요한 기초 숙련도가 낮다는 특징이 있다. 전자의 이유 때문에 농업 노동자의 일자리는 안정적으로 유지되며 후자의 이유 때문에 농업은 2, 3차산업에 자발적·비자발적으로 불참한 노동력을 흡수하는 기능을 하고 있다.

도시 거주 노동자들에게 있어서도 농업 생산력은 중요한 의미를 갖는다. 농업 생산력의 확대는 기초생계비를 떨어뜨려 실업에 견딜 수 있는 능력을 키워주기 때문이다.

그러나 수십 년에 걸쳐 진행된 농업 부문의 붕괴와 농촌의 황폐화는 저소득층 고용과 생계의 안전망을 파괴하고 있다. 농림어업 종사자의 비율은 1950년 63퍼센트이던 것이 1992년에는 15.8퍼센트, 다시 2007년에는 7.4퍼센트로 줄어 결국 10분의 1로 추락했다.

고용 불안정성의 심화

1990년대 이후 본격화된 경제구조의 변화와 신자유주의 정책의 도입은 고용의 불안정성을 심화시키고 있다. 실업률은 3퍼센트대의 낮은 수치를 유지하고 있으나 신규 일자리 창출이 더딘 가운데 비정규직이 확대되고 노동 여건은 열악해지고 있다.

2007년 현재 취업자 비율(고용률)은 59.8퍼센트다. 하지만 이 가운데 비정규직이 861만 명으로 54.2퍼센트(김유선, 2007)를 차지하고 있다. 또한 1년 중 6개월 미만 취업자 비율은 취업 경험자 중 11.0퍼센트(통계청, 2008)에 달한다.

이러한 고용 불안은 노동시장의 유연화 경향으로부터 비롯된 것이다. 노동 유연화를 세부적으로 구분하면 '수량적 유연화'와 '기능적 유연화'를 들 수 있다. '수량적 유연화'는 한 기업체가 해고와 채용의 권한을 높이는 것을 말하고 '기능적 유연화'는 한 노동자가 다종의 업무를 수행하는 능력을 높이는 것을 말한다.

노동유연화를 추구하는 이들은 시장경쟁력을 높이기 위해서는 노동시장이 더욱 유연화되어야 한다는 논리를 펼치면서 의도적으로 '수량적 유연화'만을 강조하고 '기능적 유연화'에 대해서는 언급하지 않고 있다.

고용형태가 대단히 다양해지고 복잡해지는 가운데 노동의 유연화 경향은 특히 서비스 노동에서 두드러지게 발생하고 있다. 전통 제조업에서는 찾아보기 힘들었던 호출, 특수고용, 파견, 용역, 가내 근로 등의 변형된 고용형태가 확대되고 있다는 것이다.

제조업 노동에서는 동일 작업장 내에서의 차별대우에 따른 계층화 현상이 두드러지게 나타나고 있다. 작업장 내부에서 비정규직이 늘어나고 정규직과의 차별이 커지고 있는 것이다. 원래 비정규직의

[표 5-6] 동일 작업장 내에서의 차별적 대우

	기준		정규직	비정규직
1	계약기간(신분 보장)		장기계약	임시 · 일용 · 기간제 계약
2	노동시간		정규 근로	부분 시간 근로
3	임금 조건	기본임금	최저임금제 준수	최저임금 무시
		부가임금	퇴직, 상여, 시간외수당 적용	일부 혹은 비적용
4	사회안전망		4대보험 적용	일부 혹은 비적용

구분은 일반적으로 고용형태에 따른 분류 기준이지만, 일부 연구자는 비정규직의 정의 자체를 고용 형태가 아니라 '차별'의 개념에 따라야 한다고 주장하기도 한다.

지식 노동의 경우는 현재 분화가 진행 중에 있기 때문에 아직 정형화시켜 논하는 것에 한계가 있다. 지식은 기본적으로 노동(자)에 체화되며 창의성으로 발현되는 과정에서 큰 불확실성이 존재한다. 자본은 불확실성에 대한 위험을 줄이기 위한 방편으로 경력, 학력과 인적 네트워크를 차별적으로 선호하고 예비 지식노동자인 대학(원)생의 노동을 싼 값으로 활용하기 위한 각종 인턴제도 등을 발전시키는 경향을 보인다.

결국 외환위기 이후 지난 10년 동안 한국사회의 계층별 분화는 수량적 유연화를 높이는 방향으로 급속하게 진행되었다. 각종의 계층별로 인사규정을 달리 하고 비정규직을 정당화함으로써 해고와 신규 채용이 용이해진 것이다.

청년실업 대책의 중요성

경제구조의 변화, 고용 불안정성의 심화 그리고 계층별 분화는 특히 청년층의 고용사정을 악화시키고 있다. 최근 청년층 노동시장은 일자리 감소와 이에 따른 취업 보류자 혹은 구직 단념자들의 증가로 학력이 과잉되고 취업 경쟁은 심화되었다.

청년층의 일자리가 감소함에 따라 나타나는 '신규 취업'의 특징으로 다음 몇 가지를 들 수 있다. ▶ '좋은 일자리Decent Job'에 대한 기대 수준이 높아지면서 취업 경쟁 격화 ▶ 대졸 취업자의 전문직,

기술직 진출 비중이 감소하고 서비스 판매직 진출 비중 증가.

청년실업의 문제는 이미 단순한 경제문제를 넘어 사회적 문제로 발전하고 있다. 초혼 연령이 높아지고 부모로부터 독립하지 않은 채 경제적으로 의존하는 소위 '캥거루 족'들이 늘어나는 것이 그 예라 할 수 있다.

또한 청년실업은 국가의 발전과 진보를 가로 막는 구조적 원인으로도 작용하고 있다. 경제적 측면에서는 가장 왕성하게 노동할 나이에 의욕을 상실함으로써 전체 사회의 활력을 떨어뜨리고 있는 것이다. 청년 노동의 위축은 곧바로 국민경제의 발전동력을 상실하게 한다는 데 문제의 심각성이 있다.

지식 공공성 측면에서 청년실업을 보게 되면 교육이 취업과 진학에 필요한 기술 주입에 치중하게 되며, 이에 따라 학교의 공공성과 공익성은 약화된다.

사회적 연대의 측면도 중요하다. 청년실업이 사회의 진보와 민주적 발전을 위한 다수의 연대를 위협함으로써 사회의 구조적 문제와 억압구조에 적극 대응하기보다는 과도한 경쟁에 대비하기 위한 개별 학습에만 내몰리게 되는 것이다.

◆ 심각한 청년 고용 실태

고용률과 실업률

사실 청년실업의 심각성은 이미 진부한 얘기가 돼버린 지 오래다. 외환위기 직후 10퍼센트 대를 훌쩍 넘었던 청년실업률은 2000년대 들어 다소 안정화되면서 조금씩 하락해왔으나, 2008년 5월 현재 여전히 전체 실업률 3.0퍼센트의 2배가 넘는 6.9퍼센트를 기록하고 있기 때문이다.

통계청에 따르면 청년실업자 수는 2006년 36만 4000명으로 전체 실업자 82만 7000명의 약 44퍼센트 수준을 기록했다. 청년실업이 전체 실업에 비해 심각한 것은 전 세계적으로 흔히 발생하는 현상이긴 하지만 우리나라 청년 인구 비중이 22퍼센트 정도인 것을 감안한다면 청년실업자 비중 44퍼센트는 대단히 높은 수치라고 볼 수 있다. 특히 청년실업률 수치가 다소나마 떨어지는 데 반해 청년고

[그림 5-6] 청년층 고용률과 실업률 추이(전체와 비교)

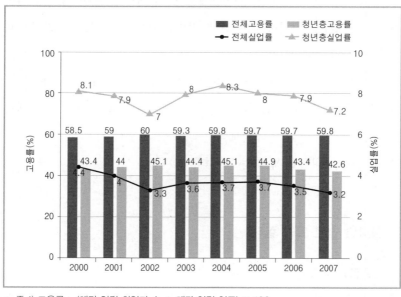

* 주 1) 고용률 = (해당 연령 취업자 수 ÷ 해당 연령 인구) × 100
   2) 실업률 = (해당 연령 실업자 수 ÷ 해당 연령 경제활동 인구) × 100
* 통계청, http://kosis.nso.go.kr

용률은 악화되고 있는 현상이 발견되고 있다. 전체 고용률은 약 60퍼센트 대에서 변동을 보이지 않고 있지만 청년고용률은 하락하는 추세를 보이고 있는 것이다.

청년 구직단념자와 취업준비자

더욱 심각한 것은 통계에 잘 잡히지 않는 구직단념자[7]들이다. 2007년 고용률은 전년에 비해 0.8퍼센트 감소했으나 같은 기간의 실업률은 증가하지 않고 오히려 0.7퍼센트나 감소했다. 고용률과 실업률이 동시에 감소한 것이다. 상당수의 실직 청년들은 아예 구직을 단념하고 비경제활동인구로 편입되었음을 알 수 있다.

청년층 비경제활동인구가 증가함에 따라 전체 비경제활동인구에서 차지하는 비중도 상승하고 있다. OECD 기준에 따라 경제활동가능인구로 정의되는 15~64세 인구의 비경제활동인구는 2008년 5월 현재 약 1150만 명에 이른다(15세 이상 전 연령 기준으로 약 1500만 명). 이 중에서 청년층(15~29세) 비경제활동인구는 전체의 46.7퍼센트에 해당하는 약 540만 명이다(20대는 234만 명).

취업준비자와 그냥 '쉬었음' 인구를 '사실상 실업자'로 분류해서 구한 '체감 청년실업률'은 2007년 5월 현재 20.4퍼센트로 2007년 평균 공식 실업률 7.2퍼센트와 엄청난 격차를 보임을 알 수 있다.

노동시장 진입연령

청년실업의 악화를 보여주는 또 다른 지표로 최근 주목받고 있는 것이 노동시장 진입연령[8]이다. 2006년 현재 우리나라의 노동시장

[그림 5-7] 청년층(15~29세) 비경제활동인구와 비중의 추이

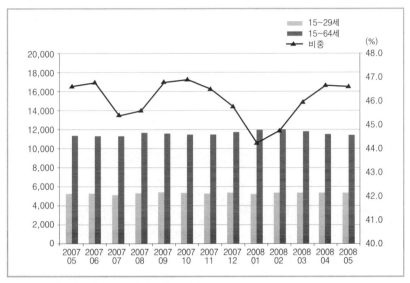

* 주 : 비중은 전 연령(15~64세)에 대한 수치임
* 통계청 자료에서 필자 계산

[표 5-7] 청년층(15~29세) 체감실업률 계산(2007년 5월)

경제활동인구	비경제활동인구			합계 (A+B+C)	체감실업률
	실업자(A)	쉬었음(B)	취업준비(C)		
454만 명	31만 8000명	532만 3000명	23만 5000명	53만 명	108만 3000명	20.4퍼센트

* 주 : 체감실업률(%)= $\dfrac{실업자+쉬었음+취업준비자}{경활인구+쉬었음+취업준비자}$ ×100
* 참고 : 전체 실업률 3.2퍼센트 〈 청년실업률 7.2퍼센트 〈 청년 체감실업률 20.4퍼센트
* 통계청, 2007년 5월 경제활동인구 부가조사, http://www.kosis.kr에서 필자 계산

진입연령은 25세이며, OECD 평균에 비해 약 2세 정도 많은 것으로 밝혀졌다. 대학졸업생만을 대상으로 한 노동시장 진입연령은 27세다(노동리뷰, 한국노동연구원, 2007년 2월호, 72쪽).

첫 입사 나이를 의미하는 '입직연령'의 상승은 이직 또는 퇴직연

령의 하락과 함께 근속년수를 줄이는 결과를 낳는다. 근속년수의 하락은 결국 숙련 습득의 기회를 박탈함으로써 노동의 질을 떨어뜨리는 결과를 낳을 수밖에 없다. 또한 근속년수가 짧아질수록 청년들은 더욱 취업준비에 매달리게 되는 악순환의 고리가 만들어지게 된다.

❖ 한국 고용구조 악화의 역사적 흐름

역사적 배경 – '저고용의 구조화'

청년실업이 이처럼 심각해진 원인으로 경제 전체의 고용창출력[9]이 하락한 점을 첫 번째로 꼽을 수 있다. 고용창출력이란 국민 경제의 성장이 창출해낼 수 있는 고용능력을 말한다.

1980년대에 우리 경제는 GDP 1퍼센트당 최고 약 8만 명의 신규 취업자를 창출하는 능력을 가지고 있었다. 1980년대 후반 3저 호황을 배경으로 유례없는 성장을 거듭하면서 취업자도 동시에 폭발적으로 증가했던 것이다.

외환위기 이전의 1990년대에도 고용창출력이 다소 하락하긴 했으나(GDP 1퍼센트당 약 6만 명) 고속성장 추세가 이어져 신규 취업자는 계속 증가했다. 외환위기 이전까지 한국경제의 고용창출력이 높은 수준에서 유지된 것은 고용률 증가에서 확인된다. 1994년 사상 최초로 고용률이 60퍼센트를 넘어섰고 1997년에는 60.9퍼센트에 달해 최고 수치를 기록한 바 있다.

그러나 외환위기를 거치면서 이런 추세는 꺾이게 된다. IMF는 금

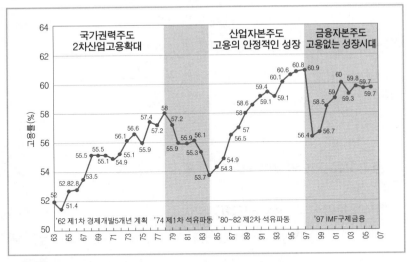

[그림 5-8] 한국경제의 고용률 장기 추세

국가권력주도
2차산업고용확대

산업자본주도
고용의 안정적인 성장

금융자본주도
고용없는 성장시대

'62 제1차 경제개발5개년 계획 '74 제1차 석유파동 '80~82 제2차 석유파동   '97 IMF구제금융

* 통계청

융시장의 완전 개방을 요구했고 이후 한국경제 운용의 주도권이 산업자본에서 금융자본으로 넘어갔다. 금융자본은 단기 실적주의에 입각한 기업 가치 극대화와 고용 방출을 선호하면서 주주자본주의의 전면화를 추구했고, 결국 경제 전체의 고용창출력을 떨어뜨리는 결과를 낳게 된 것이다.

2000년대 '저성장-저고용' 의 구조화

악화된 고용 상황은 2000년대 들어 구조화되고 지속된다. 2000년대 초반에는 외환위기의 후유증과 신용카드 버블 붕괴로 마이너스 고용이 발생했기 때문에 고용창출력을 추정하기에 무리가 있다. 하지만 GDP와 취업자 규모가 비교적 안정적으로 성장한 2004~2007년의 고용창출력은 1퍼센트 성장당 6만 명에 조금 못 미치는 것으로 나타났다.

즉 최근 3~4년의 고용창출력은 거의 1990년대에 근접하고 있는 것이다. 그러나 그 안을 들여다보면 심각한 문제가 있다. 두 가지 측면을 지적할 수 있는데, 하나는 GDP 성장률 자체가 4퍼센트대로 하락했다는 것이고 또 다른 하나는 '비정규직'이 크게 확대되었다는 것이다.

결국 한국경제의 고용창출력은 외형적으로는 외환위기 이전 수준을 회복했으나 질적으로는 악화된 것으로 평가할 수 있다. 한마디로 요약하자면 '저성장–저고용'의 구조화가 진행된 것이다.

2008년 급격한 고용 악화

더구나 2008년 들어서는 외형마저 크게 위축되고 있다. GDP 1퍼센트당 창출되는 고용은 4만 명에도 미치지 못하고 있고 신규 취업자 규모는 2008년 5월 현재 18만 1000명에 불과하다.

경기의 하강과 고용 악화 조짐은 2007년 6월부터 두드러졌다. 이때 신규 취업자가 감소세로 돌아섰는데 2008년 들어 그 하락세가 크게 두드러지고 있는 것이다. 급기야 1월에는 취업자 증가율이 인구증가율 아래로 떨어졌고 3월까지 9개월 연속 하락하기도 했다. 4월과 5월에는 취업 시즌을 맞아 신규 취업자가 다소 반전되긴 했으나 이미 경기침체가 본격화되었기 때문에 하반기 고용사정은 다시 급격히 악화되고 있다.

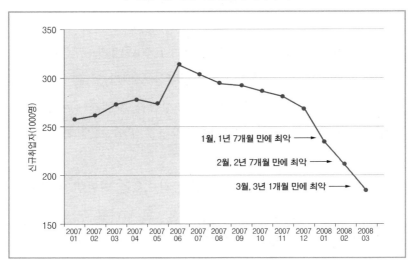

[그림 5-9] 최근 고용창출력 하락 추이

신규취업자(1000명)

1월, 1년 7개월 만에 최악 ──→

2월, 2년 7개월 만에 최악 ──→

3월, 3년 1개월 만에 최악 ──→

* 주 : 전년동월대비, 원계열
* 통계청, http://www.kosis.kr에서 필자 계산

◆ 고용 악화를 선도한 대기업과 정부

대기업이 고용 악화의 주범

외환위기 이후 고용이 급격히 악화된 데에는 대기업들의 대대적인 고용 방출이 큰 역할을 했다. 그리고 위기국면을 앞세운 대기업의 일방적인 고용 회피는 중소기업과 국민들의 피해로 고스란히 남겨지게 된다.

재벌 대기업들은 ▶ 고용 회피를 통한 직접적인 방식과 ▶ 중소기업의 이익 수탈을 통한 간접적인 방식으로 국민경제의 고용사정을 악화시킬 뿐 아니라 ▶ 비핵심 부문에서 외주업체의 비정규 노동을 확대시켜왔다.

IMF 구조조정이 마무리된 후 재벌 대기업들의 수출은 사상 최대의 호황을 누리고 있지만 국민경제 전체로는 오히려 고용이 악화되고 있다. '고용 없는 성장'이 지속되고 있는 것이다. 특히 '고용 없는 성장'은 한국경제의 주력 산업이자 수출 대기업들이 주도권을 행사하고 있는 제조업과 통신업에서 두드러지고 있다.

2007년 4분기의 GDP(GNI) 성장률과 취업자 증가율을 산업별로 확인해 보면, 제조업과 통신업은 평균 이상의 GDP 성장률에도 오히려 고용이 줄어든 것에서 이를 확인할 수 있다.

또 제조업의 '고용 없는 성장'은 청년층에게 편향적으로 나타나고 있는데, [그림 5-10]이 보여주듯이 1985년에서 1990년대를 거치는 동안 제조업의 청년층 고용 비중이 지속적으로 감소하고 있다. 1980년대에는 50퍼센트(15~29세 기준)에 달했던 청년층의 비중이

[그림 5-10] 제조업 부문의 연령별 취업 비중

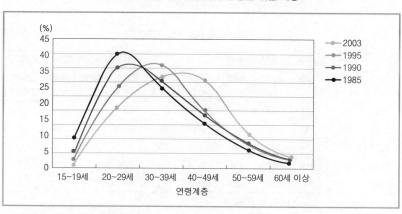

* 전병유 외(2004)에서 재인용

2003년 현재 20퍼센트를 조금 상회하는 수준까지 하락한 것이다.

최근 고용보험 통계(중앙고용정보원, 2008)를 분석한 결과 역시 대기업들이 청년층 일자리를 줄여왔다는 사실을 보여주고 있다. 이른바 '안정적인 일자리' 를 내세워 자신이 마치 청년 고용의 보루인양 언론 플레이를 해온 대기업들의 실체가 드러난 것이다.

매출액 상위 기업일수록 청년 고용의 감소세가 뚜렷하게 드러난다([표 5-8] 왼쪽 부분, '청년층 고용보험 피보험자' 참조). 2004년 이후 매출액 1~30위 기업들은 청년층 고용을 점차 줄여왔다. 2006~2007년에는 무려 7.9퍼센트에 달하는 1만 1000명을 줄였다.

매출액 상위 기업의 청년 고용 감소는 고용보험 취득자([표 5-8] 오른쪽 부분, '청년층 고용보험 취득자' 참조)에서 보다 분명하게 드러난다. 전체 청년고용보험 취득자는 2004년 이후 지속적으로 증가해서 2007년 현재 187만 2000명 수준이다.

그러나 매출액 1~30위 대기업의 경우 2004년에는 4만 8000명의 청년을 신규로 채용했으나 2007년에는 3만 3000명을 채용하는 데

[표 5-8] 매출액 순위별 청년 피보험자 수　　　　　(단위 : 1000명)

	청년층 고용보험 피보험자					청년층 고용보험 취득자				
	매출액 1~30위	매출액 1~100위	매출액 1~200위	매출액 1~1000위	전체청년 피보험자	매출액 1~30위	매출액 1~100위	매출액 1~200위	매출액 1~1000위	전체청년 취득자
2003	115	181	328	408	2,302	38	64	131	180	1,793
2004	129	202	343	424	2,294	48	80	143	189	1,677
2005	135	209	349	430	2,339	43	75	137	185	1,807
2006	137	215	352	434	2,348	38	72	138	188	1,813
2007	126	208	340	423	2,380	33	73	139	191	1,872

＊ 주 : 피보험자 수는 각 연도의 12월 말 기준
＊ 중앙고용정보원, 고용보험 DB(2008)에서 재인용

[표 5-9] 매출액 순위별 청년고용 비중과 전년 대비 증가율　(단위 : %)

	청년층 고용보험 피보험자					청년층 고용보험 취득자				
	매출액 1~30위	매출액 1~100위	매출액 1~200위	매출액 1~1000위	전체청년 피보험자	매출액 1~30위	매출액 1~100위	매출액 1~200위	매출액 1~1000위	전체청년 취득자
2003	2.3	0.9	−0.1	−0.6	−2.2	−3.6	−0.5	−5.8	−4.1	−6.9
2004	12.4	44.6	4.7	3.9	−0.3	27.2	25.7	9.1	4.8	−6.5
2005	4.6	3.1	1.7	1.5	1.39	−11.0	−6.2	−3.8	−2.1	7.8
2006	1.1	3.1	0.9	0.9	0.4	−11.3	−4.0	0.3	1.9	0.4
2007	−7.8	−3.5	−3.3	−2.6	1.4	−12.4	2.0	1.0	1.7	3.2

* 주 : 피보험자 수는 각 연도의 12월 말 기준.
* 중앙고용정보원, 고용보험 DB(2008)에서 재인용

그쳤다. 감소폭은 2005년 들어 두 자리를 기록하기 시작했고 2007년 현재 −12.4퍼센트에 이르고 있다.

결국 대기업들은 2004년 이후 매출과 수익성이 지속적으로 신장 되어왔으나 청년 고용에 있어서는 대단히 보수적 행태를 보여왔음 을 알 수 있다. 대기업은 지금까지의 '나 홀로 성장'에서 벗어나 청 년 고용 확대를 위한 사회적 협약에 나서야 한다.

턱없이 부족한 정부의 고용 서비스 지출

청년실업 문제에 있어 정부도 대기업 못지않게 비판 받아야 마땅 하다. 현재 한국의 공공고용지원서비스PES, Public Employment Service 지출은 OECD 국가들 중에서 탁월한 최하위를 기록하고 있다. 한국 은 GDP 대비 PES 지출이 OECD 24개국 평균인 0.167에 훨씬 못 미 칠 뿐 아니라 미국보다도 낮은 0.027로 비교 대상 국가 가운데 최하 위다. 이런 사실은 정부가 고용문제에 얼마나 소극적이었는지를 명 확히 보여주고 있다.

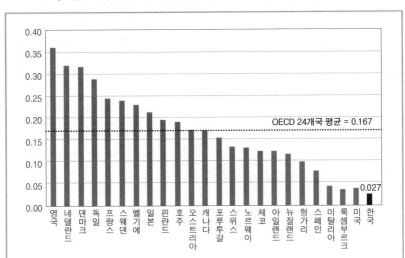

[그림 5-11] GDP 대비 공공고용지원서비스(PES) 지출 비율(2004)

OECD 24개국 평균 = 0.167

0.027

영국 네덜란드 덴마크 독일 프랑스 스웨덴 벨기에 일본 핀란드 호주 오스트리아 캐나다 포르투갈 스위스 노르웨이 체코 아일랜드 뉴질랜드 헝가리 스페인 이탈리아 룩셈부르크 미국 한국

* OECD, 2007, 'Employment Outlook 2007'에서 필자가 재구성

◆ 전방위적인 청년고용 대책이 절실하다

청년실업을 둘러싸고 있는 복잡한 조건들

이상의 사실에서 청년실업이 전방위적인 조건에서 발생하고 있음을 알 수 있다. 경제구조의 변화와 노동 유연성 확대가 노동시장의 흐름을 주도하고 있는 가운데 장기적으로는 청년 인구의 감소와 부양비 부담 증가가 커다란 근심거리가 될 것은 확실하다.

취업 경쟁이 격화되면서 구직 단념자가 증가하고 고학력화하는 경향은 있으나, 상급학교 졸업자의 취업률은 정체상태에 있다. 이러한 모든 조건들이 청년실업의 악재로 작용하고 있는 것이다.

따라서 청년실업 대책은 이상의 악조건들을 모두 고려하면서 근본적이고 종합적으로 접근하지 않으면 상황이 호전될 가능성이 대단히 낮다. 실효성이 의심되는 공공일자리 창출 정책, 실업급여와 재취업 훈련제, 전직 지원 서비스 등의 소극적 정부정책만으로는 문제의 해결이 어려울 수밖에 없다.

전방위적이고 적극적인 대책을 서둘러야

정부는 보다 적극적으로 직간접적인 대책을 동시에 모색해야 하며 다음의 사항들을 고려해야 한다.

✳ 경제구조 변화에 대한 대응

제조업과 서비스업의 연계를 강화함으로써 영세서비스업의 양산을 막고 서비스업 전체의 부가가치를 높여야 한다. 서비스업의 건강한 성장을 위해서는 과도한 충격을 줄 수 있는 서비스업 개방의 속도를 조절할 필요가 있다.

또 최근 대외 경제여건의 악화가 곧바로 국내 물가 상승과 경기 침체로 연결되고 있는 현실에서 교훈을 찾아야 한다. 한국의 경제구조는 대외여건에는 취약한 반면, 고용창출력은 떨어지는 대기업과 수출 중심의 구조다. 이러한 구조에서 벗어나 고용친화적이고 경제의 기초 체력을 튼튼히 할 수 있는 중소기업과 내수 중심의 구조로 변화를 시도해야 한다.

✳ 고용유발 효과 감소에 대한 대응

일자리 창출효과가 큰 중소기업의 육성과 고용 보장을 위해 국가 차원에서 더욱 직접적으로 지원해야 한다. 중소기업의 장기 고용을 법적으로 보장하고 필요한 재원을 정부가 지원함으로써 성공을 거둔 이탈리아 사례와 중소기업 중심의 구조를 가지고 있는 대만, 스위스 등의 사례를 검토할 필요가 있다.

✻ 인구 구성 변화에 대한 대응

이 문제의 대응 방향은 너무나 분명하지만 효과적인 정책을 찾기 어려운 것도 사실이다. 먼저 출생률을 높이기 위한 특단의 대책이 필요하며, 중기적으로는 청년들에 대한 장기고용 보장, 비경제활동 인구(여성, 노령자 등)의 참여율 제고 이외에는 대책이 있을 수 없다. 이러한 방향을 추진하는 데에는 단순히 경제와 노동대책만으로는 한계가 있다. 긴 호흡과 끈기를 갖고 사회문화적 여건을 개선하려는 자세가 필요하다.

✻ 고학력화에 대한 대응

시급하게 대처해야 할 것은 고교 졸업 후 취업자에 대한 대책이다. 실업계 고교에서 발생하는 비합리적인 진학률 상승과 일반계 고교에서 나타나는 대단히 낮은 취업률의 근본 원인을 분석해야 한다. 고교 졸업 후에 곧바로 취업하는 자의 대부분은 저소득층일 것이므로 사회안전망과 함께 대책을 설계할 필요가 있다.

✻ 대기업과 정부의 책임성

대기업과 이명박 정부 사이에 나타나고 있는 '노골적인 동맹구조'를 경계해야 한다. 지배 구조의 정점에 서 있는 집단들의 '신자유주의 동맹'은 청년 고용을 더욱 악화시킬 것이 분명하다.

대기업은 고용 양극화와 청년실업 문제에 큰 책임이 있음을 인정하는 가운데 ▶ 일정한 비율의 청년 고용을 유지할 것 ▶ 전체 고용의 88퍼센트를 담당하는 중소기업에 대해 납품단가의 강압적 인하를 중단할 것 ▶ 외주화와 외주업체 노동자들의 비정규직화를 막을 것 ▶ 수익의 상당한 비율을 사회적 기금화할 것 등에 나서야 한다.

정부는 사회적 형평성과 공공성을 높이는 방향으로 고용서비스 지출을 확대해야 한다. 지금까지 보여왔던 ▶ 소극적 고용지출 방식에서 벗어나야 하고 ▶ 전시행정에 머물고 있는 공공일자리 정책은 전면 개선해야 하며 ▶ 고용창출 효과와 성장성이 모두 높은 사회복지 부문의 안정적 일자리 창출에 힘쓰고 ▶ 자영업자와 특수노동자들의 노동 조건을 개선해야 한다.

또한 정부는 당장 눈앞에 닥친 실물경제의 침체에 대비해 노동 취약계층이 연착륙할 수 있는 단기적인 고용대책도 마련해야 한다.

| 주 석

1   〈실물경제 침체로 '제로고용' 공포, 현실화되나?〉(이상동 새사연 연구팀장, 2008.
    10.17)를 수정 보완한 글이다.
2   〈내수 진작의 핵심은 고용 확대와 안정화〉(이상동 새사연 연구팀장, 2008.4.18)를 수
    정 보완한 글이다.
3   김우영, 〈경기변동에 따른 노동시장의 비대칭적 반응 분석〉,《경제분석》제14권 제1호,
    p.92-114, 2008.
4   '시간제' 고용은 경제활동인구조사에서 조사되긴 하지만, 일반적으로 종사상 지위
    구분의 하나로 분류되지는 않는다. 시간제 고용형태는 계약의 기간을 기준으로 하는
    종사상 지위의 구분인 상용직, 임시직, 일용직에 모두 해당될 수 있다.
5   보건복지가족부, 〈한국의 사회복지지출 추계〉, 2003년 기준.
6   〈최근 청년실업 악화의 배경과 특징〉(이상동 새사연 연구팀장, 2008.6.26)을 수정 보
    완한 글이다.
7   ILO의 정의에 따르면 구직단념자란 "일을 원하고 현재 일할 수 있지만 구직 결과 일
    을 찾을 수 없다고 판단하여 적극적인 구직활동을 포기한 자"를 지칭한다. 이들은 비
    경제활동인구로 편입되기 때문에 실업률 계산에는 포함되지 않는다.
8   OECD는 학교를 졸업 또는 중퇴하고서 취업한 사람의 비중이 50퍼센트를 상회하는
    최초의 연령을 노동시장 진입연령으로 정의하고 있다. 이 정의는 청년층의 노동력 활
    용도를 측정하는 지표다.
9   경제학에서 고용창출력은 '취업자 증가율÷GDP 성장률'로 정의하며, 흔히 고용탄성
    치라 불린다. 다시 말해서, GDP 1퍼센트 성장에 따른 취업자 증가율을 의미하는 것
    이다. 여기서는 이 정의에 따르지 않고 '취업자 증가율' 대신에 '신규 취업자 규모'를
    사용했다. 착오가 없기를 바란다.

CHAPTER 06

시장주의 종언, 그러나 멈추지 않는 민영화

1
—
시장주의의 세계적 실패와
이명박 정부의 민영화 정책[1]

국가가 보유한 자산과 흑자 공기업을 팔아 재계의 몸집을 불려주고 자본시장에 수혈해줘야 할 어떤 긴급한 이유도 없다. 오히려 지금은 대기업들에게 안겨준 법인세 인하라는 선물도 철회해야 할 국면이다.

❖ 금융위기와 시장주의의 붕괴

"2008년 3월 14일 금요일을 기억하라. 자유시장 자본주의Global Free-market Capitalism의 꿈이 사망한 날이다. 30년 동안 우리는 시장주도의 금융 시스템Market-driven Financial System을 추구해왔다. 베어스턴스를 구제하기로 결정함으로써 미국 통화정책 책임 기관이자 시장자율의 선전가인 FRB(연방준비제도이사회)는 이 시대의 종결을 선언했다."

서브프라임 모기지 부실이 전 세계 금융공황이라는 파국적 국면으로 전이되는 신호탄이었던 베어스턴스 파산을 보면서 파이낸셜 타임즈의 경제분석가 마틴 울프가 기고한 글의 일부다.

이미 이때부터 월가 금융 시스템을 움직인다고 믿었던 '시장의 자기조절 기능'은 심각한 이상 징후를 보이기 시작했다. 그리고 그 결과가 어떤 것인지는 2008년 9월과 10월 월가의 붕괴와 세계 금융시장의 마비가 현실로서 적나라하게 보여주고 있다.

이러한 시장기능의 마비는 월가와 유럽을 넘어 2008년 10월 한국에서도 극단적인 모습으로 재현되고 있다. 10월 내내 기록적인 수준으로 요동쳤던 주가와 펀드 가치의 폭락, 환율과 금리의 폭등으로 한국의 금융시장과 외환시장에서 자금의 순환이 마비되는가 하면 달러, 주식, 채권, 회사채, 은행채 등 금융상품에 대한 교환도 사실상 정지되었다. 문자 그대로 시장기능이 정지된 것이다.

특히 외환시장의 달러 경색은 심각했다. 2008년 내내 환율은 달러 가치와는 상관없이 올랐고 다른 통화에 비해 원화 가치의 하락은 훨씬 심각했다. 2008년 7월 15일~10월 6일 원화는 21퍼센트 하락했는데, 이는 말레시아와 같은 신흥국의 8퍼센트 절하는 물론이고 가치가 많이 떨어진 파운드화의 13퍼센트나 유로화 15퍼센트보다 훨씬 큰 폭의 하락이다.

이런 현상은 달러 유통이 사실상 중단되면서 발생한 것이다. 외국인이 국내 증시에 투자한 자금을 달러로 바꿔 회수해가고 경상수지가 적자 행진을 하는 상황만이 문제가 아니었다. 금융위기가 심화되면서 달러를 확보해두려는 경향에 가속이 붙었기 때문이다.

수출업체들도 벌어들인 달러를 시장에 내놓지 않고 은행 역시 외화 차입금 상환 등에 대비해 달러를 확보해두려는 움직임이 확산되었다. 해외로부터 외화 차입이 어려워졌기 때문이다. 개인들도 마찬가지다. 유일하게 이명박 정부만 매일 10억 달러 이상을 외환시장에 풀었지만 '달러 사재기'가 한창인 탓에 외환보유고만 줄었을 뿐이다.

원화도 비슷한 상황이다. 기업은 만일의 상황에 대비해 현금 보유고를 계속 늘리고 있고 은행도 뱅크런Bank Run 사태에 대비해 대출을 꺼리고 있다. 투신사와 같은 기관투자가는 펀드런Fund Run에 대비해 투자를 중단한 채 자금을 묶어두고 있다.

이럴수록 금리는 올라가고 은행채 금리와 CD 금리를 비롯한 모든 금리가 뛰어오르고 있는 실정이다. 달러화와 원화를 비롯한 기업의 자금조달 통로가 모조리 차단될 수 있다는 우려가 현실이 될 수 있다.

금융시장의 기능 정지는 곧 자금조달 통로를 통해 실물경제의 시장기능 정지로 확산되고 있다. 그러나 2008년 9월 들어 미국을 포함한 전 세계가 공황으로 치닫는 금융 파국을 막고자 온갖 수단을 동원하는 동안 한국의 쟁쟁한 보수 두뇌집단들은 첨단 금융 시스템을 운영해온 미국이 이를 조기에 수습하리라고 믿고 낙관적인 전망으로 일관했다. 한마디로 미국 정부의 위기관리 능력을 과신해온 것이다. 1929년 대공황을 비롯해 숱한 위기를 겪으면서 다양한 대응 기법과 장치를 만들어왔던 미국이 설마 이 정도 금융위기를 극복하지 못하겠는가 하는 기대가 깔려 있었던 것이다.

이처럼 우리 정부가 미국 정부의 위기관리 능력을 믿는 동안, 미국 정부는 '시장의 조정능력'을 믿고 있었다. 서브프라임 모기지 부실이 수면 위로 떠오른 뒤에도 미국 정부는 1년 가까이 모든 것을 시장에 맡겨두었다. 금리 인하를 통한 유동성 공급 정도가 대응의 전부였다.

2008년 3월 14일, 미국 5위 투자은행인 베어스턴스가 무너지자 뒤늦게 공적자금 300억 달러를 투입하는 등 시장에 개입했지만 그때만 해도 '시장에 맡기고 간섭하지 말라'는 목소리에 눌려 보다 적극적인 예방책을 세우지 못했다.

그러나 6개월 뒤인 9월 14일, 리먼 브라더스 파산을 시작으로 메릴린치, AIG 등이 무너지는 걸 목격하면서 미국 정부도 바빠지기 시작했다. 서둘러 7000억 달러 구제금융 법안을 내놓았지만 이미 상황은 손쓸 수 없이 악화된 뒤였다. 그제서야 미국 정부는 "시장이 자기통제 기능을 상실"했음을 인정했다.

시장기능의 붕괴는 곧 미국 정부의 위기관리 능력 상실로, 그리고 한국 정부와 보수세력의 예측능력 상실로 전이되고 있다.

미국과 유럽이 이미 자국 은행들에 대한 부분 국유화까지 주저하지 않고 있는 마당에 이명박 정부는 신용경색에 몰린 은행들에게 자구책에 대한 담보도 없이 자금을 풀어주는가 하면, 여전히 감세로 문제를 해결하겠다는 고집을 굽히지 않고 있다. 시장에 대한 믿음에 기초하여 정부가 가진 외환보유고와 세금을 쏟아부어 위기를 벗어나겠다는 발상이다.

미국도 버린 '시장에 대한 신뢰'를 이명박 정부는 아직 버리지 못하고, 어쩌면 미국보다 더 미국적인 신자유주의적 신념으로 일관하고 있는 것이다.

멈추지 않는 이명박 정부의 민영화 정책

조순 전 부총리는 2008년 10월 16일 "정부가 은행 주식을 반半국유화하는 경천동지할 일들이 전 세계적으로 벌어지는 등 지금 시기는 역사적인 시간"이라며 "(앞으로) 더 많은 파장을 가져올 것이고 그 결과는 경제구조뿐 아니라 사회정치에도 상당히 영향을 미치는 변화를 가져오는 계기가 될 것"이라고 내다봤다

그러나 이와 같이 전 세계 자본주의와 신자유주의가 대전환을 겪고 있는 상황에서도 이명박 정부는 신자유주의 초기 버전이라고 해야 할 '규제 완화, 감세, 민영화, 작은 정부 큰 시장, 부동산과 건설 경기 부양' 정책을 포기하지 않고 고집스럽게 강행하고 있다.

2008년 8월 11일 기획재정부 공공기관 운영위원회 산하 공기업 선진화 추진특별위원회(위원장 오연찬)는 공기업 선진화 방안 1단계를 발표했다. 그리고 2단계를 거쳐 10월 10일 3단계 방안을 발표하고 정기국회 입법화를 거쳐 시행을 서두르고 있다.

정부 발표에 따르면 '246개 지방자치단체와 305개 공공기관(24개 공기업＋77개 준정부기관＋204개 기타공공기관)' 가운데 약 108개 기관이 민영화 과정을 밟기로 돼 있다. 이름 그대로 민영화가 될 대상은 인천국제공항 공사를 포함해 38개, 경쟁체제가 도입될 대상은 2개, 그 밖에 통합 38개(17개로 통합), 폐지 5개, 기능 조정 20개, 효율화 8개 등이다.[2]

이를 다시 분야별로 묶어보면 ▶ 14개 공적자금 투입기업 조기 매각 ▶ 산업은행을 포함한 금융공기업 임기 내 완전 민영화 ▶ 정

[표 6-1] 정부가 발표한 1~3차 공기업 선진화 계획 요약

구 분	기 관 명
• 민영화(38개)	금융공기업(7개) : 산은 · 자회사(캐피탈, 자산운용), 기은 · 자회사(캐피탈, 신용정보, IBK시스템), 대한주택보증, 88관광개발(88골프장), 공적자금 투입 등 구조조정 기업(14개) 자회사(10개) : 한국문화진흥(뉴서울CC), 한국자산신탁, 한국토지신탁, 경북관광개발, 한국건설관리공사, 안산도시개발, 인천종합에너지, 그랜드코리아레저, 농지개량, 기업데이터
지분 일부 매각(5개)	인천국제공항공사, 한국공항공사, 지역난방공사, 한전기술, 한전KPS
• 경쟁 도입(2개)	한국가스공사, 한국방송광고공사
• 통합(38→17개)	주공+토공, 신보+기보(금융시장 상황을 감안, 연말에 결정) R&D관리기관 : 9 → 4개 · (지경부) 6→3개, (교과부) 3→1개 정보통신진흥기관 : 10 → 4개 · (지경부) 2→1개, (문화부) 3→1개, (방통위) 3→1개, (행안부) 2→1개 환경자원공사+환경관리공단, 환경기술진흥원+친환경상품진흥원 한국산재의료원+근로복지공단 저작권심의위+컴퓨터프로그램보호위 청소년수련원+청소년진흥센터 코레일 트랙+전기+엔지니어링, 코레일 개발+네트웍스
• 폐지(5개)	정리금융공사, 노동교육원, 코레일애드컴, 부산항부두관리공사, 인천항부두관리공사
• 기능 조정(20개)	관광공사, 석유공사, 광업진흥공사, 국민체육진흥공단, 전기안전공사, 산업기술시험원, 예금보험공사, 자산관리공사, 한국감정원, 가스기술공사 KOTRA · 중소기업진흥공단 · 정보통신국제협력진흥원, 4대보험 징수 통합(국민연금공단, 건강보험공단, 근로복지공단) 생산기술연구원, 디자인진흥원, 에너지관리공단, 한전(R&D관리기능 이관)
• 경영 효율화(8개)	한국전력 및 발전자회사(5), 철도공사, 도로공사

* 1차(41개), 2차(40개), 3차(30개) 기관 중 3개 기관이 중복되어 대상기관은 108개.
* 정보통신국제협력진흥원(1차 기능조정, 2차 통합), 근로복지공단(1차 기능조정, 2차 통합), 한국전력(2차 기능조정, 3차 경영효율화)

부와 지자체의 인력 감축과 업무 민간이양 ▶ 기타 시장적 · 준시장적 공기업 10~20여 개의 민영화 ▶ 공공기관 산하 자회사들의 민영화로 나눌 수 있다.

◆ 공기업 민영화의 오해와 진실

2008년 상반기에 타올랐던 촛불집회에서 정부의 민영화 정책에 대한 국민의 강한 거부감이 표출되자 정부는 '선진화'라는 표현으로 대체하며 이를 강행했다.[3] 1차 민영화 계획을 발표한 뒤에는 '공기업 선진화, 오해와 진실'이라는 적극적인 변론 자료까지 만들어 국민을 설득하고 있다.

정부가 밝히고 있는 선진화의 목표는 다음과 같다. "공공기관의 선진화를 통해 질 좋은 공공서비스를 제공해 궁극적으로 국민 후생을 확대하고 공공기관에 대한 정부 지원을 줄여 국민 부담을 줄이는 것." ('공기업 선진화, 오해와 진실' 중)

그렇다면 과연 정부가 발표한 민영화 대상 기업들은 정부의 표현대로 부실 방만 경영으로 심각한 경영난에 빠져 정부 재정을 23조 원이나 투입하는 그런 기업들일까.

1997년의 외환위기 경험을 돌아보면 정부의 재정적 부담을 줄이기 위한 민영화는 존재하지 않았다. 외환위기 이후 민영화된 대표적인 8개의 공기업[4]들은 대한송유관공사를 제외하면 모두가 공기업 시절부터 탄탄한 흑자를 유지한 우량기업들이다. 포스코를 비롯해 민영화 이후 실적이 더 좋아진 경우도 있긴 하지만 민영화 이전부터 수익을 내던 기업들이었다는 것만은 분명하다. 다시 말해 이들 기업은 정부 재정에 도움을 줄지언정 부담을 줄 기업들은 아니었다.

게다가 KT, KT&G, 포스코의 수익률이 올라갔다는 점을 과연 높게 평가할 수 있는지에 대해서도 문제를 제기할 수밖에 없다. 이들

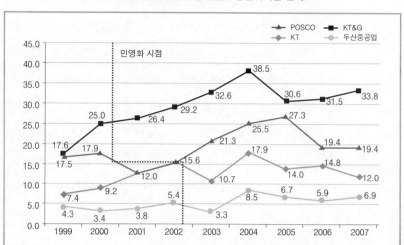

[그림 6-1] 민영화된 공기업의 영업이익률 변화

기업은 공공 산업과 기간산업으로서의 성격이 강하다. 다시 말해 국민 다수가 이용하는 공공재·공공서비스를 제공하는 기업들이다. 이러한 기업들이 높은 영업이익률(KT&G 33퍼센트, KT 14퍼센트)을 기록했다는 것은 다른 면에서 보면 제품가격과 요금의 인하 여력이 충분했음에도 일반적인 대기업의 영업이익률(2000년 이후 평균 7퍼센트)을 뛰어넘는 무리한 영업이익을 추구했다고 볼 수 있기 때문이다.

그렇다면 흑자 기업이라도 비효율적이고 방만한 경영을 해온 공기업은 민영화해 효율성을 높일 필요가 있을까. 굳이 감사원 감사가 아니더라도 공기업들의 방만 경영이나 도덕적 해이에 대해서는 반드시 짚어봐야 한다.[5] 그러나 '경영' 효율성을 달성하기 위해 과연 민영화라는 '소유' 구조의 개편이 필요한지, 그리고 공기업의 비효율적 경영행태가 사적 대기업에는 없는 것인지를 신중히 검토해야 한다. 이런 과정 없이 오직 민영화로 모든 문제를 해결할 수 있다는 것은 합리적 정책대안보다는 오히려 신앙에 가깝다.

외환위기 이후 민영화된 8개 공기업들이 민영화를 통해 실제로 목표했던 경영 효율성을 달성했는지도 객관적으로 판단하기는 어렵다. 앞서 밝혔듯이 일부 기업을 빼고는 전부터 수익성이 좋았던데다 대부분 민영화 이전과 이후에 모두 독과점적 지위를 누려왔기 때문이다.

결국 이른바 '민영화 효과'라는 것은 적어도 우리의 경험에서는 명백히 검증된 바 없으며[6] 이는 공공기관 혁신을 민영화가 아닌 다른 방법으로 달성해야 한다는 것을 시사한다.

2008년 매각을 기다리고 있는 주요 공적자금 투입 기업들은 이미 워크아웃을 졸업하고 빠른 속도로 영업이익률이 호전되고 있는 기업들이다. 매년 정부에 배당이익을 포함해 공적자금도 갚고 있어 공적자금회수율을 높이는 데 기여하고 있기도 하다. 또한 우리은행, 기업은행, 산업은행 등 금융공기업과 공적자금 투입 금융기업 역시 좋은 경영 실적을 보이고 있다.

나아가 부분적이든 단계적이든 민영화 대상으로 거론되고 있는 공기업들은 독점성, 수익성, 규모면에서 초대기업 반열에 들어가 있는 경우가 많다. 한국전력공사, 대한주택공사, 한국도로공사, 한국토지공사, 한국철도공사, 한국가스 공사 등은 모두 총자산규모 2조 원을 넘어 이른바 '상호출자제한기업집단'에 들어가는 12개 공공기관 기업들이다. 또 중앙정부 관리 24개 공기업의 실적을 볼 때, 2007년 매출이 12.4퍼센트 늘어났고 순이익은 20.6퍼센트나 늘어나는 등 공식적으로는 대한석탄공사, 산재의료관리원, 컨테이너부두 3개를 제외하고는 21개 사 모두 순이익을 냈다.[7]

결국 외환위기 당시에도 민영화 대상 공기업은 적자 기업, 방만 경영 기업이 아니라 정확히 구매자(주로 외국 금융자본)가 매력을 느낄 수 있는 우량 흑자 기업이었다고 할 수 있다. 이러한 기준은 지금도 다르지 않다.

역사적으로 신자유주의 금융자본은 보다 안정적인 고수익을 창출하기 위해 과거 국가가 관리하던 기간산업, SOC산업, 에너지 산업, 나아가 의료, 교육, 연금 등 사회적 서비스 분야에 이르는 모든 부문을 이른바 '시장의 영역'으로 끌어들여왔다. 이것이 민영화, 산업화, 영리화, 시장화라는 이름으로 진행되었던 것이다.

따라서 신자유주의 금융자본과 대자본은 '고수익 추구가 현실적으로나 잠재적으로 가능한 기업'이 민영화되길 바랄 뿐, 만성적 적자 기업들이 민영화되길 바라는 것이 아니다. 즉 고수익을 보장하는 독점 우량 기업의 민영화를 요구하고 있는 것이다. 정부에게 골칫거리는 사적자본에게도 골칫거리며, 국가에서 우량 기업은 사적자본에게도 매력적인 기업이다.

◆ 외환위기 시기에는 외국자본, 지금은 국내 재벌

금융자본과 대자본 입장에서 보면 민영화란, 국가가 보유하고 있는 재산과 공기업, 기관 가운데 '시장영역에서 고수익 추구가 기대되는 우량공기업'을 사적 자본에게 넘기는 것이다. 따라서 민영화는 인수 여력이 있는 (외국) 금융자본과 대자본에게는 사업을 확장할 수 있는 절호의 기회인 셈이다.

외환위기 직후 국내 재벌들은 구조조정의 대상이었다. 인수합병 여력이 없었음은 물론이다. 이런 상황에서 주요 은행을 포함해 공적자금이 투입된 수많은 기업과 정부가 내놓은 공기업의 주식은 대부분 외국 금융자본의 손으로 넘어갔다.

1998년 자본시장이 완전 개방돼 외국인이 국내 기업의 지분을 100퍼센트까지 소유할 수 있게 되면서, 국내 주식시장에서 외국인이 차지하는 비중은 빠르게 늘어났다. 1998년 당시 20퍼센트를 밑돌던 비중이 2001년 1월 30퍼센트를 돌파하더니 2003년 10월에는 40퍼센트까지 늘어났다. 달러가 절실했던 정부도 외국인 투자 유치라는 이름 아래 외국인에게 매각하는 것을 주저하지 않았다.

그러나 현재는 상황이 달라졌다. 10년 전 외환위기 당시에는 국내 대기업들이 공기업 매각에 참여할 엄두도 내지 못했지만 지금은 적극적으로 나서는 상황이다. 따라서 현재 정부가 추진하고 있는 공

[표 6-2] 외환위기 당시와 현재의 민영화 환경 비교

	외환위기 당시	현재
대내외 환경	구제금융을 조건으로 한 IMF의 압력 신자유주의 개방화 확산 국면	신자유주의 이명박 정부의 능동적 정책, 신자유주의 금융화 위기 국면
민영화 이유와 목적	매각으로 외환 확보, 자본시장 활성화	매각대금 재정재원 확보, 대기업 투자 활성화 촉진
민영화 대상	공적자금 투입 기업, 우량 공기업	워크아웃 졸업한 흑자 기업, 금융 공기업, 우량 공기업, 정부행정업무 등
인수 주체	대부분 외국자본 (인수 능력 있는 국내 기업 없었음)	현금 보유 능력 있는 대기업의 참여의지 높음

기업 매각과 민영화 정책은 국내 재벌 대기업과 외국 금융자본이 새
로운 비즈니스 기회를 창출하고 몸집을 불리기 위해 뛰어들 M&A
전쟁을 예고하고 있다.

사실 전쟁은 이미 시작되었고 정부 당국자들도 우려할 만큼 그
열기는 뜨겁다. 백용호 공정거래위원장은 2008년 6월 한 강연에서
공기업 민영화 과정에서 재벌이 무분별한 M&A를 시도할 가능성에
대해 우려하면서 기업결합 심사시 신중을 기하겠다고 밝힌 바 있
다. 이창용 금융위원회 부위원장도 기업들이 과도한 금융권 대출을
통해 M&A에 나서는 것에 우려를 표명하기도 했다.[8]

이미 한국의 대기업과 재계는 참여정부 시절인 2004년부터 꾸준
히 몸집을 키워왔고 이러한 경향이 2007년부터 급격히 늘었다. 국내
기업들의 인수합병(기업결합) 금액은 2006년 20조 원을 넘어섰고
2007년에는 전년 대비 55.5퍼센트가 증가한 34조 원 규모로 커졌다.[9]

그 결과 자산 규모 2조 원 이상인 대기업 집단의 수도 늘어 2007년

[그림 6-2] 국내 기업 관련 기업결합 건수 및 금액 추이

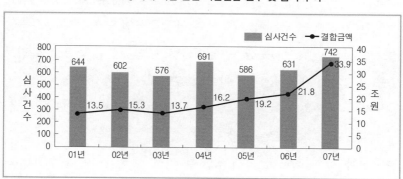

* 공정거래위원회

[표 6-3] 2008년도 대기업집단 변동 현황　　(단위 : 개, 조 원)

	2007년	2008년	증감
출자총액제한기업집단	11	14	3
계열회사 수	399	543	144
자산총액 합계	471.6	574.9	103.3
상호출자제한기업집단	62	79	17
계열회사 수	1,196	1,680	484
자산총액 합계	979.7	1,161.5	181.8

* 출자총액제한기업집단은 자산규모 10조 원 이상, 상호출자제한기업집단은 2조 원 이상이 일반적임.

62개던 것이 2008년 현재 79개로 늘었을 뿐 아니라 이들이 거느린 계열사 수도 1년 만에 484개가 늘어났다(1196개 → 1680개).[10] 이러한 현상이 권위주의 정권 시절에 횡행하던 문어발식 확장이 재연된 결과인지, 최첨단 M&A 전략에 따른 결과인지는 알 수 없다. 그러나 분명한 것은 재계의 인수합병과 계열사 늘리기가 빠르게 진행되면서 이미 경제력 집중 현상이 강화되고 있다는 사실이다. 그리고 정부의 민영화 정책은 여기에 기름을 붓는 결과를 낳을 것이다.

2000년 이후 기업 경영에서 집중력을 강화해온 대표적인 기업은 두산이다. 2000년 당시 공기업이던 한국중공업을 인수해 두산중공업으로 전환한 뒤 (주)두산, 두산중공업, 두산건설을 축으로 사업구조를 재편하는 데 성공한다. 이어 2007년에는 미국 Ingersol-Rand의 건설장비 부분을 무려 4조 5000억 원에 인수해 자산 규모 17조 원의 재계 13위 기업으로 올라섰다.[11]

두산과 함께 최근 급속히 규모를 키운 금호아시아나는 2006년 대우건설을 약 3조 원에 인수했고, 이를 발판으로 다시 2008년 3월

대한통운 지분 60퍼센트를 4조 원(대우건설 1조 6000억 원, 아시아나 항공 1조 3000억 원 출자)에 인수함으로써 한진을 제치고 자산 규모 26조 6000억 원의 재계 10위 기업이 되었다. 금호아시아나는 과도한 인수합병으로 2008년 현재 재무상태가 다소 악화되어 금호타이어가 발행한 채권도 제대로 소화하지 못하는 형편이다.

이밖에 2007년 서울증권(현 유진투자증권)을 인수한 데 이어 2008년 하이마트를 2조 원에 인수한 유진그룹, 2005년 범양상선(현 STX팬오션)을 인수해 급격히 규모를 키운 STX 등이 참여정부 아래에서 몸집을 키우고 재계에 이름을 등록한 기업들이다.

이처럼 국내 재벌들의 인수합병 움직임이 활발한 배경에는 이들의 안정적인 자금 조달력이 숨어 있다. 국내 대기업들은 그동안 신규 설비 투자를 꺼리고 보수적 경영을 하면서 상당한 현금성 자산을 축적해왔다. 단기 금융상품을 포함해 12월 결산법인들이 보유한 현금성 자산은 2007년 말 기준으로 약 62조 7000억 원이나 된다. 이 가운데 10대 그룹이 가지고 있는 현금성 자산은 전체의 절반이 넘는 33조 5000억 원이다.[12]

정부가 민영화로 확보하겠다고 하는 60조 원의 매각 대금은 이론상 상장법인들이 현금성 자산을 모두 풀면 간단히 손에 쥘 수 있다.

재벌 대기업들은 보유하고 있는 막대한 현금성 자산을 기반으로 외국 금융자본과 국내 연금 등 국내외의 재무적 투자자들을 동원할 것이다. 그리고 여기에 더해 금융기관의 차입을 활용해 인수능력을 배가할 것이다. 특히 미국 금융시장에서 이슈가 되고 있는 차입인수와 유사한 기법을 동원할 경우 더 적은 자금으로 시장에 뛰어들

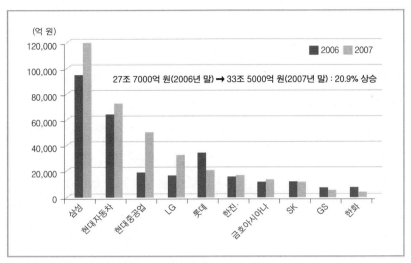

[그림 6-3] 10대 그룹사 현금성 자산 현황(2007년 말 기준)

(억 원)

120,000
100,000
80,000
60,000
40,000
20,000
0

■ 2006   ■ 2007

27조 7000억 원(2006년 말) → 33조 5000억 원(2007년 말) : 20.9% 상승

삼성 현대자동차 현대중공업 LG 롯데 한진·금호아시아나 SK GS 한화

* 증권선물거래소, '12월 결산법인 2007년 현금성 자산(유가증권)'

수도 있다.

자산 규모가 작은 유진그룹이 하이마트를 2조 원에 인수한 것도 1조 3500억 원의 차입을 통해 가능했다. 이랜드도 비슷한 방식으로 카르푸를 인수했다가 최근 삼성테스코에 다시 팔았다.

그런데 주목할 것은 미국발 금융위기의 여파가 2008년 9월부터 예상을 뛰어넘는 심각한 국면으로 접어들고 있다는 사실이다. 이 여파로 기업의 자금조달 시장이 전면 차단되면서 인수합병을 통해 몸집을 불렸던 두산, 금호, 유진, STX 등의 기업들이 상당한 자금난에 빠질 가능성이 점쳐지고 있다.

또한 기존에 현금 유동성이 풍부했던 기업들마저 한치 앞을 내다볼 수 없는 상황에서 투자보다는 현금보유 쪽으로 급격히 방향을 선회하고 있다. 최근에 전개되는 상황은 향후 공기업 민영화에도 상당한 영향을 줄 것으로 보인다.

◆ 대기업이 뛰어들고 있는 인수합병 시장

공적자금 투입 기업 매각

재계와 외국자본, 금융시장이 1순위로 기다리고 있는 것은 워크아웃을 끝내고 호조세를 맞고 있는 공적자금 투입 우량기업들이다. 이들은 예금보험공사, 자산관리공사(캠코), 산업은행 등을 통해 공적자금이 투입된 뒤 워크아웃을 모두 마쳤다. 이들 가운데 아직 매각을 거쳐 공적자금이 회수되지 않아 여전히 정부가 최대 주주거나 소수라도 지분을 보유한 기업이 14개에 이른다.[13]

대우조선해양을 필두로 현대건설, 하이닉스, 대우인터내셔널 등의 매각 비용은 줄잡아 40조 원을 넘는다. 대우조선해양의 인수가격만 해도 2008년 4월 현재 대략 8조 원 이상이다. 이는 2007년 최대 M&A로 기록된 엘지카드 인수금액으로 신한금융지주가 지불한 6조 6000억 원을 훨씬 뛰어넘는다.

하이닉스 반도체나 현대건설 등은 산업은행의 민영화 수순에 따라 새로 설립될 KDF(한국개발펀드)로 지분이 넘어가게 돼 있어 2009년에 매각절차를 밟을 가능성이 높다.[14]

대기업이 막대한 현금을 보유하고 있다고는 하지만 여기에는 주주관리 비용 등이 포함돼 있어 인수합병에 참여하려면 추가자금 확보가 필요하다. 재계는 이를 위해 국내 금융계 또는 외국 금융자본과의 짝짓기를 시도하고 있다.

그러나 이 과정에서 과도한 금융 차입을 시도할 가능성도 있고, 지금과 같은 경기침체와 금융불안 국면에 얽혀 다시금 부실 위험에 빠질 가능성도 있다.

대기업들의 대출은 이미 2008년 상반기에 급증하기 시작했다.[15] 이는 하이마트와 대한통운의 인수합병으로 대기업들의 자금 수요가 늘어났기 때문으로 보인다.[16]

실제로 2008년 현재 기업의 자금 부족분은 약 42조 원으로 한국

[표 6-4] 매각이 거론되고 있는 주요 공적자금 투입 기업 현황(2008년 4월 기준)

공적자금 투입기업	자산 (천 억)	재계 순위 (위)	종업원수 (명)	주요 주주 구성	비고
대우조선해양	82.8	22	10,899	산업은행 31.3%, 자산관리공사 19.1% 슈로더인베스트먼트 5.0%	
하이닉스 반도체	148	14	18,226	외환은행 8.2%, 우리은행 8.0% 산업은행 7.1%	
현대건설	66.7	25	3,558	산업은행 14.7%, 우리은행 14.4% 외환은행 12.4%	
쌍용양회공업	24.9		1,296	태평양시멘트 25.9%, 산업은행 13.8% 신한은행 12.5%	
대우인터내셔널	21		1,494	자산관리공사 35.5%, 수출입은행 11.6% 산은자산운용 7.1%	
SK네트웍스	62.6		2,193	SK(주) 40.5%, 산업은행 12.1% 신한은행 9.6%	
쌍용건설	11.6		1,220	자산관리공사 38.8%, 우리사주조합 17.5% 쌍용양회공업 6.1%	본입찰 예정
현대종합상사	3.9		271	우리은행 22.7%, 산업은행 22.5% 외환은행 14.1%	
우리금융	–			예금보험공사 73.0%	
대우증권	–			한국산업은행 39.1%	

* 《매일경제신문》, 〈상장. 코스닥 기업분석 2008년 봄〉, 2008.5

은행이 관련 통계를 작성한 2003년 이후 사상 최대 규모다. 기업부문 부채도 확대되어 증가율로 보면 5년 만에 최고치다.[17]

미국발 금융위기가 보여주는 것처럼 차입인수 기법에는 근본적인 문제점이 내재돼 있다. 이를 감안하면 재계가 공적자금 투입 기업을 인수합병하려는 시도는 자칫 심각한 부실을 초래할 가능성이 크다.

서브프라임 모기지 부실을 계기로 전 세계 M&A 시장이 급격히 침체되는 상황에서[18] 한국은 오히려 대규모 인수합병전을 시작하려는 아찔한 상황인 것이다.

자본시장 통합법을 앞둔 증권가 인수합병

금융 부문에서 가장 먼저 민영화 계획이 확정 발표된 곳은 산업은행이다. 2008년 6월 2일 금융위원회에서 발표한 자료에 따르면 2008년 안에 산업은행을 KDF(한국개발펀드)와 산은지주회사로 분할(설립)하고, 2009년에 산은지주회사를 주식시장에 상장한다는 것이다. 이어서 2010년까지 정부 지분 49퍼센트를 매각한 뒤 현 정부 임기가 만료되기 전인 2012년까지 나머지 51퍼센트의 지분과 경영권도 모두 민간자본에 넘기겠다는 것이다.

자산 규모 100조 원대의 산업은행과 함께 비슷한 규모의 기업은행 그리고 200조 원 규모의 우리금융지주회사를 초대형 메가뱅크로 융합해 외국자본이나 국내 컨소시엄으로 넘길지, 아니면 전문 투자은행IB으로 키울지는 아직 예측하기 어렵다. 그러나 여기에는 몇 가지 문제가 있다.

[그림 6-4] 산업은행 민영화 구상도

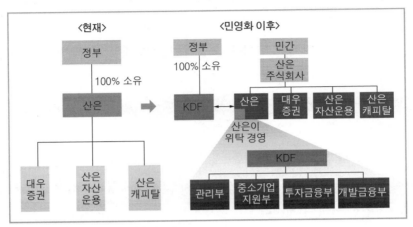

* 금융위원회 2008년 6월 2일자 발표자료

우선 산업은행과 기업은행, 우리은행은 모두 기업금융에 상당한 강점을 가지고 있다. 또한 주요 대기업들의 주채권은행이어서 상당한 수준의 국내 기업 정보를 가지고 있기도 하다. 만약 이들 은행들이 사적 자본의 수중에 들어간다면 심각한 문제가 아닐 수 없다. 이미 주요 시중은행을 외국자본의 손에 넘겨 대가를 톡톡히 치루고 있는 상황에서 그 폐해는 더욱 심각해질 것이다.

그러나 재벌 대기업들은 금산분리에 묶여 산업은행 민영화에 합류하기가 어렵다. 의결권 행사가 가능한 산업자본의 은행 소유 지분 한도를 현재 4퍼센트에서 10퍼센트로 늘리고, 사모펀드 등을 통한 산업자본의 간접적 투자를 확대시키는 금산분리 완화 일정이 구체화되는 수준에 따라 재벌 대기업의 참여 수준과 범위가 결정될 것이다.

금융권에서 재벌 대기업들의 활발한 인수합병이 가시화된 영역은 증권가다. 사실 금산분리 원칙은 엄격하게 보면 산업자본의 은행 진출을 제한하는 것이지 금융업 일반의 진출을 제한하는 것은 아니다. 이미 증권과 보험 분야에 재벌 대기업들은 폭넓게 진출해 있으며 대기업 계열 증권회사도 이미 11개에 이른다.

2009년 2월 자본시장통합법을 앞두고 이미 2007년부터 금융

[표 6-5] 주요 대기업 그룹사 계열 금융회사 현황

순위	대기업 그룹	계열 금융회사	비고
1	삼성	10개 사 : 삼성벤처투자(주), 삼성생명보험(주), 삼성선물(주), 삼성증권(주), 삼성카드(주), 삼성투자신탁운용(주), 삼성화재해상보험(주), (주)생보부동산신탁, 삼성화재손해사정서비스(주), 애니카자동차손해사정서비스(주)	
2	현대자동차	4개 사 : 현대캐피탈(주), 현대카드(주), 현대커머셜(주), HMC투자증권(주)(구 신흥증권)	2008년 2월 신흥증권 인수
3	SK	1개 사 : 에스케이증권(주)	
4	엘지	0개 사	
5	롯데	3개 사 : 롯데캐피탈, 롯데카드(주), 롯데손해보험(주)(구 대한화재)	2008년 2월 대한화재 인수
6	포스코	1개 사 : 포스텍기술투자(주)	
7	GS	0개 사	교보증권 인수?
8	현대중공업	4개 사 :현대기술투자(주), 현대기업금융, 현대선물(주), CJ증권	2008년 5월 CJ증권 인수
9	KT	1개 사 : (주)케이티캐피탈	
10	금호아시아나	2개 사 : 금호생명보험(주), 금호오토리스(주)	
11	한진	0개 사	
12	한화	9개 사 : 한화기술금융(주), 한화증권(주), 한화투자신탁운용(주), 대한생명보험(주), 한화손해보험(주), 대생보험심사(주), 대한티엠에스(주), 제일화재해상보험(주), (주)새누리상호저축은행	
13	두산	2개 사 : (주)네오플럭스, (주)두산캐피탈	두산 캐피탈 BNG증권 중개 인수 중(6월 27일자 금융위에서 보류)

* 공정거래위원회, 공기업 제외, 2008년 5월 현재[19]

M&A는 시작되었다. 특히 "외국 기업의 국내 기업결합이 줄어드는 추세임에도 보험시장을 중심으로 외국 기업의 국내 금융시장 진출은 오히려 늘어"났다. 프랑스 악사AXA 그룹의 교보자동차보험 인수, 독일 뮌헨리그룹의 다음다이렉트자동차보험 인수, 영국 HSBC Holdings의 하나생명보험 지분 취득 등이 그 예다.[20]

그러나 본격적인 금융 M&A가 시작된 것은 2008년이다. 그간 증권사가 없던 재벌 대기업들이 속속 기존 증권사를 인수하거나 신규 설립에 나선 것이다. 현대자동차 그룹이 신흥증권을 인수했고, 현대중공업은 2008년 5월 30일 CJ증권 인수 양해각서에 서명했다. 두산그룹은 BNG증권 중개 인수를 신청한 상태다.[21] 교보증권 인수를 놓고 GS그룹과 롯데그룹이 인수 의향을 밝히고 있기도 하다.

엘지 관련 그룹들(LG, GS, LS)이 증권사 인수전에 뛰어들고 있는 징후도 새롭게 발견된다.[22] 2008년 상반기에 이트레이드증권을 인수한 펀드는 사실상 LS그룹이 출자해 설립한 것으로 알려져 있다. 참고로 엘지 관련 기업들은 엘지투자증권을 우리금융그룹에 매각하고 엘지카드마저 부실로 잃은 뒤 금융 부문에서 철수한 상태였다.

이러한 금융 M&A의 결과 2008년 상반기에만 8개의 증권사들이 새로 설립인가를 받아 증권사는 54개에서 62개로 늘어났다. 모두 2009년 자본시장통합법 시행을 앞둔 시장 진출이다. 향후 복잡한 M&A를 거쳐 10개 이하로 통폐합될 것으로 전망된다. 아직은 자기자본 규모가 2조 원이 넘는 증권사는 5개 정도다. 주요 증권사가 모두 통합된다 해도 30조 원이 안 된다.[23] 골드만삭스와 같은 글로벌 투자은행 일개 기업의 통상적 자본금 35조 원에도 미치지 못하는 것이다.

이 과정에서 국내 재벌 대기업들은 금산분리에 묶인 은행에 집착하기보다는 투자은행 시장에 적극적으로 진출할 것으로 보인다. 재벌들이 보유하고 있는 막대한 현금이 투자은행 M&A에 동원될 것이고 금융시장 지배력은 더욱 더 공고해질 것이다.

공기업 민영화와 함께 이명박 정부의 핵심 경제정책 방향의 하나인 '경제의 금융화, 금융의 산업화'는 재벌 대기업에게 새로 설립될 투자은행을 주축으로 금융산업을 장악할 기회를 열어주는 것이다. 최근 재계의 증권가 진출은 그 신호탄인 셈이다. 나아가 향후 한국의 재계가 금융 부문으로 수익의 중심이 옮겨갈 분기점이 점점 가까워지고 있다고 할 수 있다.

그러나 한국의 재계가 뒤늦게 신자유주의 금융화에 편승하려는 2008년은 세계적인 투자은행들이 몰락하고 금융화의 기반이 와해되고 있는 시점이기도 하다. 향후 국내 대기업들조차 세계적인 불황국면에서 자신의 기반이었던 제조업을 지켜내기가 쉽지 않을 것으로 예상되는 상황에서 이들이 어떤 행보를 보일지 주목된다.

◆ 공공영역 역할의 재부상

참여정부 시절 민영화된 산업은행과 기업은행 등 금융 공기업을 제외하고는 아직 공식적인 공기업의 매각과 민영화 일정은 나와 있지 않다. 그러나 외환위기 이후 8개 공기업의 민영화 과정이나 최근 공적자금 투입 기업의 매각 과정 그리고 대기업의 증권사 진출과

인수 경쟁을 보면, 앞으로 공기업들이 어떤 경로를 거쳐 자본시장
에 편입되고 대기업과 국내외 금융자본의 손에 들어갈지는 충분히
예상할 수 있다.

한국전력공사와 한국가스공사와 같은 에너지 공기업과 도로공
사 부산항만공사와 같은 SOC 공기업 민영화 계획은 촛불집회로 잠
시 주춤하기는 했지만 여러 변화를 거치며 결국은 민영화 수순을
밟게 될 것이다.

종합해 볼 때 이명박 정부의 공기업 민영화 정책은 '공기업 혁
신'이나 '비효율적이고 방만한 공기업의 효율성 제고를 통한 성장
잠재력 제고'라는 원론적 목표와 달리 실제로는 다음과 같은 효과
를 남기게 될 것이다.

▶ 참여정부 이후 다시 확장되고 있는 대기업의 경제력 집중을 더
욱 가속화할 것이고 한국경제에 대한 재벌의 지배력과 영향력도 그
에 비례해 커질 것이다. 이들의 경제력 집중도가 커짐에 따라 고용
축소, 보수적 경영, 주주가치 위주 경영도 확대될 것이다.

▶ 공기업 매각자의 입장에서는 공기업 혁신일지 모르겠으나 매
수자의 입장에서는 대규모 M&A 시장의 창출과 M&A 붐이 예고된
다. M&A 붐은 곧 자본시장과 M&A 금융시장을 확장시킬 것이고,
자본시장에 뛰어들고 있는 금융자본과 투자은행들에게 고수익을
창출할 기회를 제공할 것이다.

▶ 특히 이명박 정부는 법인세 감면과 같은 감세를 보완할 재원
을 공기업 매각대금으로 마련할 수 있을 것이다.

여기서 정부와 재계가 말하는 투자의 실체를 좀더 정확히 알 수

있다. 재계가 말하는 '규제 완화와 감세로 인한 투자 활성화'는 신규 설비 투자나 기술 혁신이 아니라 바로 '구조조정과 감원을 동반하는 M&A형 투자'가 될 것이다. 재계의 새로운 성장동력 찾기는 공적자금 투입 이후 워크아웃을 마친 알짜 기업들을 손쉽게 인수함으로써 또는 전기, 가스, 수도, 나아가 의료와 교육과 같은 공공서비스의 시장영역 편입을 통한 사업 진출로 이루어질 것이다.

이와 같은 M&A형 투자에서 '투자 활성화 → 고용 창출 → 내수 활성화'로 이어지는 선순환을 기대하기는 어렵다. 고용 창출이 아니라 감소로 이어질 가능성이 매우 높으며 사회양극화의 완화가 아니라 심화를 낳을 것이다.

앞서 밝혔듯이 위기 이후 민영화된 8개 공기업들이 그 이후 가격, 이익률, 생산성, 제품질 등에서 개선이 이루어졌는지를 판단하기는 어렵다. 하지만 한 가지 확실한 것은 이들 기업 모두에서 고용이 줄었다는 것이다.[24]

2000년대 이후 내수 부진과 사회 양극화 가운데 나 홀로 이익을 향유해온 것이 국내 대기업이었고, 자본시장에서 막대한 차익을 실현한 것이 외국자본이었다. 2008년 하반기부터 한국경제는 극심한 내수침체와 물가 폭등, 고용 추락이라는 힘겨운 상황에 접어들었다. 이런 상황에서 국내 대기업들은 진정한 의미의 '고통분담'에 나서야 할 책임이 있다.

따라서 국가가 보유한 자산과 흑자 공기업을 팔아 재계의 몸집을 불려주고 자본시장에 수혈해줘야 할 어떤 긴급한 이유도 없다. 오히려 대기업들에게 이미 안겨준 법인세 인하라는 선물도 철회해야 할 국면이다. 법인세 인하에 이어 M&A라는 추가 선물이 예약돼 있음에도 고용을 확대하겠다던 대기업의 약속은 전혀 지켜지지 않고 있다.

현재의 심각한 경제상황으로 볼 때, 한국경제의 주요 주체들인 대기업, 공기업, 은행들은 내수침체, 물가 폭등, 고용 추락을 완화하기 위해 다음의 사항들을 책임지고 풀어야 한다.

▶ 침체된 내수를 살리려면 무조건 중소기업을 살리는 것이 정답이다. 대기업이 중소기업을 살리는 가장 효율적인 방법은 납품가 원자재가격 연동제를 수용하여 중소기업의 영업이익을 보장해주는 것이고, 은행들은 중소기업 대출 부담을 완화해주기 위해 조치를 취하는 것이며, 마찬가지로 공기업들은 중소기업 발주와 입찰 기회를 확대하는 것이다.

[그림 6-5] 외환위기 이후 민영화된 주요 공기업의 직원수 변동 추이

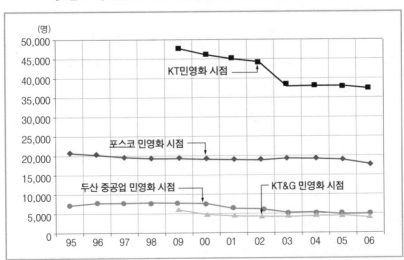

▶ 장단기적인 인플레이션 제어와 관리를 위해서라도 에너지 공기업을 비롯해 공기업의 역할이 점차 높아지는 시점에 왔다고 봐야 한다. 현재 국민들이 민영화에 대해 가장 불안해하고 공포를 느끼는 부분은 비용 상승이다. 지금과 같은 국면에서 민영화를 서두를 이유가 전혀 없고, 오히려 공기업이 적극적으로 물가 안정에 나서도록 해야 한다.

▶ 급전직하하는 고용 상황을 반전시키기 위해 대기업, 공기업, 은행이 나서야 한다. 정부와 재계는 일자리를 확충할 수 있는 특단의 대책을 세워야 한다. 이런 측면에서도 지금은 공기업을 민영화하여 구조조정, 감원, 인력 감축을 논하고 있을 상황이 아니다.

여러 가지 상황으로 볼 때 현재는 공기업 민영화를 추진하기에 가장 나쁜 상황이라고도 할 수 있다. 다시 강조하건데 지금 재계도 법인세 감면과 민영화될 공기업 M&A에 들떠 있을 시점이 아니다. 국민경제를 살펴야 한다.

2

국가의 관문 인천국제공항
민영화 계획의 진실[25]

> 물론 아주 확실하고 명확한 민영화의 한 가지 이유가 있다. 맥
> 쿼리와 같은 회사는 인천공항을 인수하면 탄탄하고 안정적인
> 수익 기반을 창출할 수 있기 때문이다. 따라서 맥쿼리금융그룹
> 에게는 민영화의 분명한 이유가 있다.

◆ 1단계 민영화의 가장 주목할 변수, 인천국제공항공사

2008년 8월 11일 정부가 민영화를 본격적으로 추진하며 처음 발
표한 '공기업 선진화 방안 1단계'에서 가장 중요한 민영화 대상은
바로 인천국제공항공사(이하 인천공항)였다.

그 이유는 우선 2, 3단계 방안에 포함될 것이라는 예상을 깨고
1단계 대상으로 선정되었기 때문이다. 배국환 재정부 차관도 브리
핑에서 "(당정 간) 논의 과정에서 부처 간의 협의가 어느 정도 완료
가 된 기관들은 통합을 추진했으면 좋겠다는 의견이 모아졌고, …

인천국제공항공사와 기업은행 등은 부처 간 합의가 됐기 때문에 같이 포함한 것"이라고 설명했다.[26]

다음으로, 인천공항의 민영화 방식이 매우 전격적이며 나름대로 구체적이라는 점 때문이다. 발표자료를 보면 인천공항 민영화는 "세계 수준의 허브공항으로 육성하기 위해 전문 공항운영사와의 전략적 제휴(15퍼센트) 등을 포함, 지분 49퍼센트 매각"을 하겠다고 명시되어 있고, 브리핑에서는 "1차로 49퍼센트를 매각하는 것인데 이 부분은 매각 후 여건을 봐서 추가적으로 더 해나갈 생각"이라고 여지를 주고 있다.

일부에서는 49퍼센트 매각을 두고 여전히 51퍼센트가 정부 수중에 있으니 민영화가 아니라는 식의 해석을 하기도 한다. 하지만 이는 잘못된 생각이다. 아직 상장도 하지 않은 공기업을 위탁경영 등을 경유하지 않고 곧바로 지분매각 방식으로, 그것도 전략적 제휴를 포함해서 추진하는 것은 매우 공격적인 민영화 방식이다.

사실 산업은행 민영화도 일정을 보면, 상장 전 투자 유치를 위한 일정 지분 매각 ➡ 상장, 49퍼센트 지분 매각(2010년까지) ➡ 51퍼센트 지분 완전 매각(2012년까지)[27] 등의 수순으로 돼 있다.

오연찬 선진화추진위원장이 브리핑에서 행한 다음의 발언에서도 이는 잘 드러난다. "일시에 모든 부분을 매각하는 사례는 적다. 출발점에서 정부가 최소한의 안정적인 지분을 갖고 있으면서 추가적으로 할 수 있도록 한다는 것이다. 따라서 49퍼센트도 굉장히 강도 높은 정도라고 개인적으로 생각한다."

끝으로 인천공항이야말로 투자하려는 금융자본이나 인수하려는

사적 자본의 입장에서는 대단히 매력적인 상품이기 때문이다. 국내
외의 수많은 사례에서 입증되었듯 공기업 민영화의 대상은 방만하
고 부실한 기업들이 아니다. 이런 기업들은 민간, 정확히 말하면 이
윤을 추구하는 사적 자본이 사려고 하지 않기 때문이다.

따라서 정부의 주장과 달리 현실의 민영화는 사적 자본이 매력을
느낄 만한 알짜배기 기업들을 인수합병 시장에 내놓아 파는 것이
다. 외환위기 이후 민영화된 포스코, KT, KT&G, 한국중공업 등은
모두 민영화 이전에도 흑자를 내던 알짜 기업들이었다는 사실에서
도 이는 입증된다. 이런 기준으로 보면 이번 민영화 대상 가운데 인
천공항이야말로 가장 매력적인 상품이다.

정부가 최근 발표한 자료에 따르면, 인천공항은 24개 공기업 가
운데 2007년 기준 자산 규모 7조 8000억 원으로 8위, 영업이익은

[그림 6-6] 주요 공기업 2007년 영업이익과 순이익

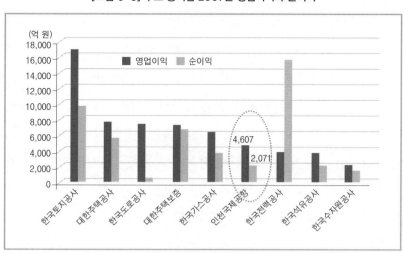

4600억 원으로 6위, 배당 규모는 5위로 지극히 우량한 기업일 뿐 아니라 이번 민영화 대상 가운데 단연 최고다.[28]

◈ 전략적 제휴를 할 전문 공항운영사는?

그렇다면 이런 알짜배기 기업을 과연 누가 인수하려고 하며 또 정부는 누구를 고려하고 있을까. 누가 인천공항이라는 수익성 높은 독점기업을 인수하는 행운을 누리게 될까. 특히나 정부가 명시적으로 언급한 전문 공항운영사는 누구를 염두에 둔 것일까. 일단 국내에는 전문 공항운영사가 없으니 외국 기업이 거론되고 있는 것만은 분명하다.

배국환 차관의 브리핑을 조금 더 살펴보자. "지분 매각 이유를 정확하게 생각해야 하는데, 세계적인 항공운영 전문회사들이 있다. 우리 공항을 세계적인 공항으로 만들려면 세계적인 네트워크를 가진 기업들이 들어와 같이 참여해주어야 한다. 또 이를 인천국제공항의 투자 재원 확보에 이용할 수도 있다."

한 가지 중요한 사실은 국제공항을 민영화해 사적 자본이 운영하는 경우가 전 세계적으로 그리 흔하지 않다는 점이다. 사적 자본의 천국인 미국조차도 국제공항은 국영이다.

국제공항이 민영화된 사례로는 호주의 시드니공항과 영국의 히드로공항 등을 꼽을 수 있다. 이들 공항에 투자한 유명한 금융자본이 바로 호주계 금융회사인 맥쿼리다. 맥쿼리그룹은 호주 최대 투자은행인 맥쿼리은행을 중심으로 전 세계에 네트워크를 가진 국제적인 금융회사다.

맥쿼리금융그룹은 이미 국내시장에도 깊숙이 들어와 있다. 인수 합병 자문사인 '신한맥쿼리금융자문', 사회간접자본에 투자하는 자산운용사인 '맥쿼리신한인프라스트럭쳐운용'을 비롯해 6개의 국내 법인과 1개 지사를 두고 적지 않은 부동산에 투자한 것으로 알려져 있다. 특히 중요한 것은 맥쿼리 금융그룹의 주력 분야가 바로 SOC 투자라는 것이다. 다음 기사를 살펴보자.

"우리나라에서 SOC에 민간이 투자한 것은 맥쿼리가 처음이다. SOC 투자는 맥쿼리의 전문 분야 중 하나다. 맥쿼리는 공항과 도로, 전력, 통신시설 등 투자처에 따라 다양한 종류의 펀드를 조성해 운영한다. 예를 들어 맥쿼리에어포트그룹은 경제협력개발기구 회원국의 공항에 투자하는 펀드다. 이 펀드는 시드니공항, 이탈리아 로마공항, 영국의 버밍엄·브리스톨공항의 지분을 인수해 직접 운영하고 있다. …… 국내에서는 신한금융지주회사와 합작법인 형식으로 (주)맥쿼리신한인프라스트럭쳐운용을 설립했다. 이 회사는 국내에서 처음으로 민간 인프라 투자펀드(한국도로투융자회사·KRIF)를 조성해 대구부산고속도로, 부산수정산터널 등에 투자했다."[29]

맥쿼리금융그룹은 2007년 10월 말 일본 하네다공항 터미널빌딩 운영회사의 주식을 19.9퍼센트 취득하면서 일본의 공항이 외국자본에 장악될 수 있다는 우려를 불러일으켜 일본을 긴장하게 만든 사례도 있다.[30]

맥쿼리그룹은 (주)맥쿼리신한인프라스트럭쳐운용을 통해 조성한 맥쿼리한국인프라투융자회사를 설립하여 [표 6-6]에서 볼 수 있

[표 6-6] 맥쿼리코리아 인프라펀드 한국투자 포트폴리오

2008년 7월 31일 기준		투자 약정/실행금액(단위 : 10억 원)				지분율
자산명		주식	후순위대출	선순위대출	합계	
인천국제공항 고속도로	운영중	58.2	51.7	–	109.9	24.1
백양터널	운영중	1.2	–	1.7	2.9	100.0
광주 제2순환도로, 3-1 구간	운영중	28.9	–	73.3	102.2	75.0
광주 제2순환도로, 1 구간	운영중	13.1	35.2¹⁾	142.0	190.3	100.0
우면산터널	운영중	20.3	–	–	20.3	36.0
천안-논산 고속도로	운영중	87.7	182.3	–	270.0	60.0
수정산터널	운영중	47.1	19.3	70.2	136.6	100.0
대구 제4차 순환도로	운영중	57.5	32.0	–	89.5	85.0
마창대교	운영중	48.3	51.2	–	99.5	100.0
서울-춘천 고속도로	건설중	48.6	87.4	–	136.0	15.0
서울특별시 도시철도 9호선, 1단계	건설중	40.9	33.5	–	74.4	24.5
인천대교	건설중	74.5	89.4	188.0	351.9	41.0
용인-서울 고속도로	건설중	129.6²⁾	77.0	–	206.6	35.0/ 67.0²⁾
서수원-오산-평택 고속도로	건설중	–	80.0	–	80.0	–
부산 신항만 2-3단계	건설중	66.4	193.0	–	259.4	30
총계	N/A	722.3	932.0	475.2	2129.5	–
비율(%)	N/A	33.9	43.8	22.3	100.0	–

* 주 1) 운전자금 32억 원을 포함한 금액
2) 프로젝트 건설사와 합의된 가격 범위 중 최대 가격으로 지분의 32퍼센트를 추가 약정한
금액 포함(주식지분을 67퍼센트까지 추가 취득 예정)

는 것처럼 인천공항 고속도로(지분 24.1퍼센트)와 인천대교(지분 41퍼
센트)를 포함해 이미 15개 도로, 터널, 교량에 주식 취득과 대출 형
태로 2조 원이 넘는 대규모 금액을 투자해놓고 있다.

실제로 맥쿼리는 우리나라에서 2008년 상반기에만 이자 및 배당
수익으로 1550억 원을 챙겼으며 영업이익도 1350억 원 넘게 벌어들

였다. 만약 이 책을 읽는 독자가 천안—논산 간 고속도로를 이용했다면 독자도 맥쿼리의 수익에 기여를 한 셈이다. 이 고속도로의 맥쿼리 지분이 자그마치 60퍼센트이기 때문이다.

이런 상황에서 전략적으로 제휴할 '전문항공운영사', 또는 매각될 49퍼센트 지분을 사들일 유력한 주체로 맥쿼리금융그룹을 떠올리는 것은 너무나 당연하며 정부 역시 이를 검토하지 않았을 리가 없다.

◆ 인천공항을 민영화해 얻을 수 있는 기대효과는 뭔가

그렇다면 왜 인천공항을 외국 금융자본에 매각하려는 것일까. 그리고 매각의 기대효과는 과연 검증된 것일까.

우선 확인해야 할 것이 있다. 그것은 인천공항이 2001년 3월 개항한 뒤 불과 7년 만에 세계 최고의 국제공항으로 급성장했다는 사

[그림 6-7] 맥쿼리코리아 인프라펀드의 운용수익 및 순이익

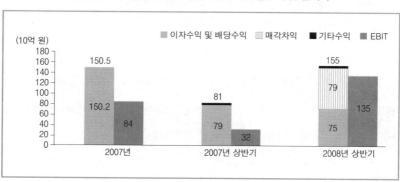

* 맥쿼리코리아 인프라펀드 2008년 상반기 실적 발표

320

실이다. 이에 대해 조금 더 자세히 살펴보기로 하자.

우선 서비스 측면이다. 앞서 밝혔듯 정부가 민영화의 주요 명분으로 내세우는 것 가운데 하나가 '서비스의 질 제고'다. 그러나 인천공항은 이미 세계 최초로 2005년부터 3년 연속 공항서비스 평가 1위 공항으로 선정됐으며, 《포브스》지가 발표한 세계 공항 순위에서도 홍콩 책랍콕 공항과 싱가포르 창이공항에 이어 3위를 기록한 바 있다. 인천공항의 서비스는 국영기업으로서 이미 최고 수준에 도달해 있는 것이다.

다음으로 부실 또는 적자 경영의 문제를 살펴보자. 인천공항 자료에 따르면 인천공항은 그림에서 볼 수 있듯이 매출과 영업이익, 당기순이익이 모두 빠른 속도로 증가세를 보이고 있다. 특히 매우 단기간에 순이익 흑자를 실현하고 있다. 정부의 돈이 들어가는 것

[그림 6-8] 영업이익과 당기순이익

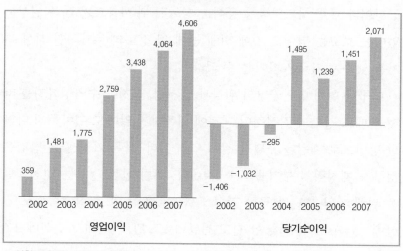

* 인천국제공항 경영공시 자료

이 아니라 정부에게 돈을 가져다주는 기업인 것이다.[31]

그렇다면 혹시 '신이 내린 직장'이라 불릴 정도로 방만한 인사관리 구조를 지니지는 않았을까. 인천공항은 자산 규모 7조 원에 달하는 조직임에도 지나치다 싶을 정도의 아웃소싱을 단행해 직원은 겨우 900명뿐이며, 38개 용역회사에 아웃소싱한 인력은 전체 인력의 87퍼센트에 이르는 6000명이다. 정부의 민영화 논리로 보면 아마도 가장 효율적(?)인 인력 운용을 하고 있는 셈이다. 따라서 이 역시 민영화를 통해 더 이상 조일 수 있는 여지는 별로 없어 보인다.

끝으로, 추가적인 투자 재원 확보의 필요성이라는 문제가 남는다. 그러나 이것 역시 넌센스다. 이윤을 추구하는 사적 자본, 특히 외국 금융자본이 인천공항을 인수한 후 자신의 자본을 동원하여 추가적인 투자를 하리라고 기대하는 것은 너무 순진한 생각이다. 실제 사례와 맞지 않는 것은 물론이다. 민영화된 영국 런던의 히드로공항이나 호주 시드니공항 등이 민영화된 뒤 사용료가 대폭 인상되었다는 보고는 있어도 전에 비해 눈에 띌 정도의 추가적인 시설 투자를 했다는 기록은 찾아볼 수 없다.

더구나 현재 인천공항의 위상과 발전성, 심지어 수익성까지를 따져볼 때도 정부의 직접적인 재정에 의존하지 않아도 얼마든지 다양한 방법으로 재원을 조달할 길이 열려 있다. 물론 가장 좋은 방법은 정부가 재정적인 투자를 하는 것이다. 이미 한국 정부는 인천공항을 위해 지난 15년간 공항 건설에 9조 6000억 원, 공항고속도로 건설에 1조 7000억 원, 공항 철도 건설에 4조 원, 인천대교 건설에 2조 4000억 원 등을 투자했다.

결국, 인천공항은 현재 정부의 100퍼센트 지분 아래에서도 ▶ 서비스의 질은 세계 최고 수준이며 ▶ 정부에 재정 부담이 되는 것이 아니라 오히려 도움이 되고 있고(2007년 362억 원을 정부에 배당했다)[32] ▶ 지나치다 싶을 만큼 외주에 의존하여 압축적인 인력 운용이 이루어지고 있고 ▶ 매각과 민영화를 통해 추가적인 재원을 확보할 이유가 없을 뿐 아니라 민영화를 통한 재원 확보는 기대하기도 어렵다.

그렇다면 통상 민영화론자들이 주장하는 민영화 기대효과는 이미 국영기업인 상태에서 거의 최고 수준으로 달성되었다고 보는 것이 타당하다.

물론 아주 확실하고 명확한 민영화의 한 가지 이유가 있다. 맥쿼리와 같은 회사로서는 인천공항을 인수하면 탄탄하고 안정적인 수익 기반을 창출할 수 있기 때문이다. 따라서 맥쿼리금융그룹에게는 민영화의 분명한 이유가 있는 것이다. 그런 점에서 우리 정부가 만약 국민이 아니라 맥쿼리 입장을 대변한다면 민영화의 절박한 이유가 생길 수는 있겠다.

◆ 하늘의 관문을 외국 금융자본에게 팔아도 되나

인천공항 민영화의 기대효과는 이미 달성되었거나 없지만, 손실과 예상되는 피해는 거의 확실하고 확정적이다. 민영화하면 가장 먼저 나타나는 서비스 비용의 폭증은 공항 민영화에서도 예외 없이 나타난다.

인천공항 노동조합의 조사에 따르면 민영화된 공항은 통상 여객 이용료를 대폭 인상하여 이용자의 부담을 가중시키고 있다. 실제로 민영화된 영국 히드로공항은 다른 국가의 국영공항에 비해 여객 이용료가 6~7배, 시드니 공항은 4~5배 정도 높은 것으로 나타났다. 그러나 서비스의 질은 한참 추락했다. 히드로 공항은 민영화 이후 45위에서 103위로, 코펜하겐 공항은 1위에서 30위로 떨어졌다. 민영화 이후 공항이 어떻게 변했는지를 잘 설명하는 기사 일부를 인용해 보자.[33]

"호주 시드니에 오는 모든 국내외 여행객들은 호주 최대의 투자은행인 맥쿼리은행의 수익 창출을 위해 지갑을 활짝 열어야 한다. 시드니 공항의 과반수 지분을 인수, 직접 운영하는 맥쿼리은행은 세계에서 가장 비싼 수준의 공항이용료를 징수하기 때문이다. 시드니로 출항하는 항공사들도 마찬가지다."

"2007년 한 해 동안 시드니 공항을 이용한 국내외 여행객의 숫자가 3200만 명에 이른다. 그렇다면 시드니의 첫 인상을 좌우할 수 있는 시드니공항의 실태가 어쩌다가 이런 지경에 이른 것일까?"

"불과 6년 전까지만 해도 시드니공항의 사정은 딴판이었다. 연방정부 교통부에서 직접 관할했기 때문이다. 그들은 2000년 시드니 올림픽을 아주 성공적으로 치러낸 당사자들이다. 그러나 2002년 7월 거센 반대여론에도 불구하고 신자유주의를 신봉했던 존 하워드 총리의 결단으로 시드니공항은 민영화되었다. 시드니공항의 지분 과반수를 확보, 직접 운영하기로 한 맥쿼리 공항에 50년 장기임대를 해주는 한편 임대료를 인상하지 않고 49년 동안 계약을 연장할 수 있는 조건이었다."

　한 가지 더 큰 문제를 지적하지 않을 수 없다. 그것은 인천공항
이 단순한 기업이 아니라는 점이다. 우리나라 하늘의 관문이자 국
가보안 목표 '가'급 시설을 국내의 사적 자본도 아닌 외국의 금융
자본에게 넘긴다는 것은 도대체 납득하기 어려운 처사다. 인천공
항의 민영화는 수돗물 민영화만큼이나 아니 그보다 훨씬 더 중대
한 공익 파괴를 가져올 것이라는 사실을 정부가 하루 빨리 깨닫길
바란다.

1 이 글은 2008년 10월 30일 대전지역 공공성 포럼에서 김병권 연구센터장이 주제발표
   한 글을 수정 보완한 것이다.

2 기획재정부, 〈3차 공공기관 선진화 계획 마련〉, 2008.10.10.

3 선진화라는 용어는 촛불집회가 한창이던 지난 6월 19일 이명박 대통령이 특별기자회
   견에서 민영화 대용으로 처음 사용한다. "일률적인 민영화가 아니라 방만한 경영을
   개선하는 것이기 때문에 공기업 선진화라는 표현이 더 적합하다."

4 KT(2002), KT&G(2002), POSCO(2000), 두산중공업(2000), 한국종합화학(2000), 대한
   송유관(2000), 종합기술금융(1999), 국정교과서(1998) 등 8개 주요 공기업이 민영화
   되었고 한국전력공사, 한국가스공사, 지역난방공사의 민영화는 중단되었다(괄호는
   민영화 시기).

5 이명박 정부는 기관장 교체와 민영화 근거를 찾기 위해 감사원을 동원하여 대대적인
   공기업 감사를 시행했다. 2008년 3월 24일부터 4월 18일까지 31개 기관을 대상으로
   1단계 감사를 실시했고, 이어 70개 공공기관을 대상으로 5월 6일부터 6월 4일까지
   2단계 감사를 실시했다.

6 김현숙 외, 〈공기업 민영화 성과 분석 : 국민경제적 관점의 효과〉, 2007, 한국조세연
   구원. 위 논문은 민영화에 대해 매우 호의적인 관점을 가지고 성과 측정을 시도한 것
   처럼 보이나 실제 뚜렷한 긍정적 효과를 명시하지는 못하고 있다.

7 기획재정부, 〈2007회계연도 공기업 결산 주요내용〉, 2008.6.

8 《연합뉴스》, 2008년 6월 25일자.

9 공정거래위원회, 〈2007년 기업결합 상세 동향〉, 2008.5.

10 공정거래위원회, 〈2008년도 상호출자제한기업집단 등 지정〉, 2008.4.

11 특히 과거 민영화 과정에서 인수한 두산중공업은 두산그룹 전환의 결정적 역할을 하
   게 되는데, 두산중공업 자체가 이른바 '주인 있는 경영'으로 성공적이고 효율적인 경
   영을 했다는 증거는 없다. 두산중공업은 공기업 시절부터 한국전력에 발전 부분 장비
   를 거의 독점적으로 제공해왔고 담수시설 등 해외수출 부분에서도 이미 두각을 나타
   냈기 때문이다.

12 증권물거래소, 〈12월 결산법인 2007년 현금성 자산(유가증권시장)〉, 2008.4.10.

13 공적자금 총 168조 원 가운데 2008년 4월 말 기준 91조 3000억 원을 회수하여 회수율
   54.2퍼센트를 보이고 있다. 공적자금 회수는 최근까지 지속적으로 이루어지고 있다.
   금융위원회, 〈2008년 4월말 현재 공적자금 운용 현황〉, 2008.6.2.

14 하이닉스 반도체는 워낙 규모가 커서 인수주체가 구체화되지 않고 있고 현대건설은
   현대그룹과 현대중공업에서 인수의사를 밝히고 있는 상태다.

15 한국은행, 〈2008년 1/4분기 중 예금은행의 산업대출 동향〉, 2008.6.17.

16 《머니투데이》, 2008년 6월 17일자.

17 김태석 한국은행 자금순환팀장에 따르면 "원자재가격 상승으로 기업들의 운전자금 대출이 증가했고 기업들의 M&A 자금 대출 역시 늘어나" 기업대출 증가율이 5년 만에 최고치를 기록한 것이다. 한국은행, 〈1/4분기 중 자금순환동향(잠정)〉, 2008.6.25.

18 세계 금융위기 여파로 올해 상반기 세계 M&A 규모가 지난해 같은 기간에 비해 3분의 1가량 줄어든 1조 8600억 달러에 머물렀다.
Julie Machlntosh, 〈Value of M&A tumbles as buy-out boom ends〉, 《파이낸셜타임》, 2008년 6월 26일자.

19 공정거래위원회, 〈2008. 5월중 상호출자제한기업집단 등의 소속회사 변동현황〉, 2008.6.10.

20 공정거래위원회, 〈2007년 기업결합 동향 및 특징〉, 2008.5.1.

21 금융권 내부에서도 국민은행이 한누리투자증권을 인수했고, 솔로몬 저축은행이 KGI 증권을 인수했다.

22 《이데일리》, 2008년 6월 25일자.

23 3월 결산 25개 주요 증권사의 2007년 말 기준 자기자본 총액은 약 24조 원이다.

24 김현숙 외, 〈공기업 민영화 성과분석 : 국민경제적 관점의 효과〉, 2007, 한국조세연구원.

25 이 글은 새사연 사이트에 실린 2008년 8월 12일 김병권의 글 〈납득할 수 없는 인천공항 민영화… 국가의 관문이 팔린다〉를 수정 보완한 것이다.

26 인천국제공항공사와 함께 기업은행 매각이 전격 포함되어 있는데 정부는 증시상황을 보아가며 지분매각을 통해 민영화한다고 발표했다. 산업은행보다 훨씬 빠른 속도로 민영화될 수도 있음을 암시하고 있다.

27 금융위원회, 〈산업은행 민영화 및 한국개발펀드 설립 방안〉, 2008.6.

28 기획재정부, 〈2007 회계연도 공기업 결산 주요 내용〉, 2008.6.

29 《한경비지니스》, 2006년 9월 4일자.

30 하네다공항은 특정 주주가 전체 주식의 20퍼센트 이상을 소유할 수 없게 되어 있다. 《동아일보》 2007.12.4.

31 자세한 내용은 인천국제공항공사의 '2007년도 경영공시'를 참조하면 된다. http://www.airport.kr/iiac.

32 기획재정부, 〈2007회계년도 공기업 결산 주요 내용〉, 2008.6.

33 호주신문 《데일리 텔레그래프》 2008년 6월 29일자, 〈맥쿼리 은행의 새로운 공항 벗겨먹기Macquaire Bank's new airport rip-off〉 기사 내용을 설명하는 기사가 《오마이뉴스》 2008년 7월 10일자에 실렸다. 이 기사 일부를 인용한 것이다.

스태그플레이션인가, 디플레이션인가[1]

1

—

미국의 물가와 실업률 추이

역사에서 가정은 부질없는 짓이라지만 미국의 서브프라임 사태가 3년 전에만 발생했어도 한미FTA, 자본시장통합법, 금융허브 정책 등은 전면 재고되었을지 모른다. 반면 3년 후에 발생했다면 한국경제는 거의 재앙에 가까운 충격에 휩싸였을 것으로 추측해본다.

◆ 10월 소비자물가 1퍼센트 하락 – 1947년 이후 가장 큰 폭의 하락

2008년 11월 19일 미국 노동부가 발표한 10월 소비자물가(계절조정치)가 전달에 비해 1퍼센트 하락했다. 이는 계절조정 소비자물가 통계를 작성하기 시작한 이후 가장 큰 폭의 하락이다. 1913년 소비자물가 통계를 낸 이래 가장 큰 폭의 하락은 1921년 2월(−3.2퍼센트)에 있었으며 대공황 시기인 1932년 1월에도 2.1퍼센트 하락한 적이 있다. 그러나 1947년 2월 계절조정 통계치를 처음 발표하기 시작했기 때문에 관련 통계 작성 이후 가장 큰 폭의 하락이라고 할 수 있다.

[그림 1] 미국의 월별 물가상승률

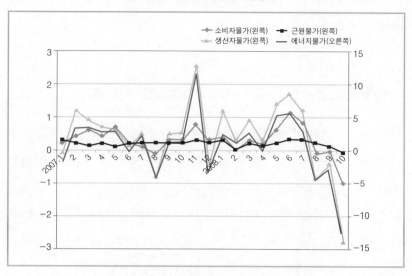

식량과 에너지 부문을 제외한 근원 소비자물가도 0.1퍼센트 하락
하여 미국의 다우존스 지수는 종가 기준으로 5년 반 만에 8000포인
트 이하로 떨어졌다.

소비자물가는 하루 전 발표한 생산자물가가 전달에 비해 2.8퍼센
트 하락하여 이미 예견된 일이었지만 시장 예상치(-0.8퍼센트)를 하
회하여, 시장에 준 충격은 적지 않았다. 이는 2008년 7월부터 하락
하기 시작한 유가를 비롯한 원자재가격의 폭락에서 비롯되었다.

에너지물가(생산자)는 전달에 비해 12.8퍼센트 폭락하였고, [그림
1]에서 볼 수 있듯이 각종 물가가 에너지물가의 등락에 따라 부침을
반복한 것을 확인할 수 있다. 특히 원자재 부문을 제외한 근원 소비
자물가의 하락은 가계의 '소비' 침체에서 비롯되었음에 주목해야
한다. 이제부터 살펴보겠지만, 금융 부문의 신용경색과 부채 청산

이 부債의 레버리지 효과를 통해 '부채 디플레이션' 현상으로 급속하게 전이되고 있다.

❖ 10월 실업률 6.5퍼센트 - 실업자 1000만 명을 넘어

2008년 11월 7일 발표한 고용지표도 갈수록 악화되고 있다. 비농업 부문 취업자가 10월 한 달 동안에만 24만 명이 감소했고, 10개월 동안 취업자는 120만 명이 감소했다. 통상 연간 200만 명의 취업자가 증가한 경험(2006년 230만 명↑, 2007년 130만 명↑)에 비추어 10개월 동안 120만 명이 감소한 것은 고용시장의 침체가 얼마나 심각한지를 가늠할 수 있게 한다. 이에 따라 고용률은 1년 전에 비해 0.9퍼센트 하락한 61.8퍼센트로 추락하였다.

고용시장이 악화되고 기업의 구조조정이 본격적으로 실시됨에 따라 실업자는 1년 동안 280만 명이 증가해 1000만 명을 넘어섰다. 이에 따라 실업률은 1년 전보다 1.7퍼센트 상승한 6.5퍼센트로 치솟

[표 1] 주요 고용지표 (단위 : 만 명)

구분	2007.10	2007.12	2008.6	7	8	9	10	연간변화량
경제활동인구	15,331	15,387	15,439	15,460	15,485	15,473	15,504	+173
비경제활동인구	7,941	7,929	7,924	7,926	7,925	7,963	7,958	+17
취업자 (고용률)	14,602 (62.7)	14,621 (62.7)	14,589 (62.4)	14,582 (62.4)	14,548 (62.1)	14,523 (62.0)	14,496 (61.8)	-106 (-0.9)
비농업취업자	13,798	13,808	13,762	13,755	13,742	13,714	13,690	-108
민간취업자	11,572	11,575	11,515	11,505	11,491	11,467	11,440	-132
시간제취업자	2,447	2,474	2,542	2,543	2,565	2,537	2,536	+89

* 미 노동부(계절조정)

[표 2] 주요 실업지표
(단위 : 만 명)

구분	2007.10	2007.12	2008.6	7	8	9	10	연간변화량
실업자 (실업률)	729 (4.8)	766 (5.0)	850 (5.5)	878 (5.7)	928 (6.1)	948 (6.1)	1,008 (6.5)	+279 (+1.7)
장기실업자 (비율)	132 (17.9)	134 (17.5)	159 (18.4)	168 (19.1)	185 (19.5)	201 (21.1)	226 (22.3)	+94 (+4.4)
실질실업률[2]	8.4	8.8	9.9	10.3	10.7	11	11.8	+3.4

* 미 노동부(계절조정)

았다. 6개월 이상 장기실업자는 전달에 비해 25만 명이 증가하였고, 실업자에서 차지하는 비율도 22퍼센트를 넘어섰다. 또 고용시장 악화에 따라 구직을 포기하여 비경제활동인구에 편입된 구직단념자, 경제적 이유로 시간제고용 상태인 취업자 등을 포함한 실질실업률은 11.8퍼센트로 치솟았다.

한편 2008년 상반기만 해도 원자재가격 상승에 따른 물가와 실업률의 동시 상승이라는 '스태그플레이션' 현상이 경제를 괴롭혔다. [그림 2]에서 확인할 수 있듯이 경기가 침체될 경우(옅은 색) 물가는 하락하고 실업률은 상승하는 것이 일반적이다. 그리고 경기가 호황일 경우(짙은 색) 상황은 역전되어 물가는 상승하고 실업률은 다소 줄어든다. 통상적 경기변동을 관찰하면 침체는 급속히 진행되고 상승은 완만하게 진행된다. 경기변동에 가장 민감하게 반응하는 고용지표는 경기가 침체될 경우 급격히 상승하고 경기가 좋아질 경우는 완만하게 상승함을 확인할 수 있다.

이에 비해 2008년 상반기에 경험했던 스태그플레이션은 자본주의 역사에서 극히 이례적인 현상으로, 1970년대와 공통점이 있다면 바로 '오일쇼크'다. 경기가 침체되고 있음에도 비용이 상승하여 물

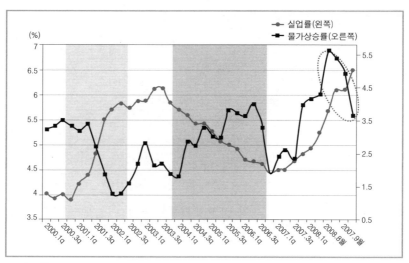

[그림 2] 물가와 실업률의 상관관계

＊ 미 노동부

가마저 끌어올린 비정상적인 국면이었다.

　그러나 미국의 상품시장에서 규제가 강화되기 시작한 이후 7월부터 유가는 하락하기 시작했다. 9월 금융위기 국면에서 OPEC가 감산에 돌입했지만 경기침체의 압력을 견디지 못하고 유가는 재차 폭락하여 시차를 두고 생산자물가와 소비자물가의 하락으로 전이되고 있는 국면이다. 따라서 상품시장에서 투기자본이 다시 비이성적 유가 폭등을 초래하지 않는 한, 이제 앞으로는 불황Depression과 물가하락Deflation이 경제현상을 지배하는 'D'의 시대가 본격적으로 도래했다고 할 수 있다.

2

—

부채 디플레이션

대공황과 부채 디플레이션 – '모든 악의 근원'

1921~22년에도 공황이 발생했지만 20세기에 자본주의가 목도한 가장 큰 경제적 재앙은 1929년 대공황이었다. 대공황이 발생한 이듬해인 1930년 물가는 2.3퍼센트 하락했으며, 1931년에는 9퍼센트, 1932년에는 9.9퍼센트나 떨어졌다. 1933년에도 5.1퍼센트 떨어져 대공황 기간 소비자물가는 27퍼센트나 하락했다. 1934년이 되어서야 3.1퍼센트 상승해 디플레이션의 공포에서 조금씩 벗어날 수 있었다. 대공황이 장기간 지속된 것도 바로 디플레이션의 악순환이 지속되었기 때문이다.

현대 통화주의자들의 이론적 원류라고 할 수 있는 피셔Irving Fisher

는 1933년 '부채 디플레이션' 개념을 통해 대공황을 설명했다. 그가 대공황 분석에 집착한 데에는 그 자신이 '신용'을 통해 주식을 대량 구입하여 1929년 주가폭락 사태에서 파산해버린 개인적 불행도 큰 몫을 차지한 것으로 알려져 있다. 그의 분석의 출발은 자신의 처지와 유사한 '과잉부채Over-indebtedness'였으며 부채를 '청산'하는 과정의 결과로서 디플레이션이 발생하는 것으로 보았다.

"▶ 부채 청산은 출혈 매각Distress Selling을 초래하고 ▶ 은행대출을 상환함에 따라 통화량Deposit Currency을 축소시키고 유통속도를 줄어들게 한다. 출혈 매각이 촉발한 통화량과 유통속도의 축소는 물가 수준의 하락을 초래한다."(Fisher, 1933)

디플레이션을 '거의 모든 악의 근원'으로 보았던 그는 교환방정식[3]에 입각하여 현상을 분석했다. 즉 은행대출을 상환하기 위해 부채를 청산하는 과정에서 통화량이 줄어듦에 따라 물가가 떨어진다는 것이 그의 이론의 핵심이다. 통화량이 줄어들어 물가가 하락하면 화폐의 상대적 가치는 다른 재화에 비해 상승하는데 채무자의 입장에서 부채의 실질가치는 더욱 증가한다고 보았다. 따라서 채무자가 부채를 상환하면 할수록 부채의 실질가치가 더욱 증가하는 악순환이 초래된다고 보았다.

한편 피구Arthur C. Pigou와 같은 신고전학파 경제학자들은 물가 하락에 따른 화폐의 실질가치 상승은 총수요를 자극해 경기가 회복된다는 의미에서 '자연스러운' 현상으로 취급했다. 엄밀한 주류 경제학의 입장에서 디플레이션은 경제에 부정적인 영향을 주는 현상이 아니라 시장이 자연스레 조정되는 현상이다.

물가 하락에 따른 화폐의 상대적 가치 상승을 받아들이면, 채권자의 입장에서는 이득을 얻지만 채무자의 입장에서는 부채가 더욱 커진다. 피구는 통상 '실질잔고 효과'라고 알려진 전자를 강조했고 피셔는 후자를 강조했다. 결국 경제 전체적으로는 상쇄된다고 할 수도 있다.

이러한 견해에 비해, 신고전파 종합(신고전 케인즈학파)이라고 할 수 있는 토빈James Tobin은 분배의 개념을 도입해 피셔의 견해가 우세하다고 주장했다. 즉 일반적으로 채무자가 채권자보다 소득 수준이 낮다고 했을 때, 소비 성향이 높으므로 경제 전체적으로는 소비가 줄어들어 물가가 더 떨어진다고 보았다. 즉 소비 성향이 대칭적이라면 경제 전체적으로 소비에 영향을 미치지 않겠지만, 물가 하락에 따른 부채의 실질가치 상승은 총수요를 줄여 물가가 더 떨어지는 악순환에 빠질 수 있다는 말이다.

실질소득이 정체된 상황에서 상대적으로 높은 소비성향을 지닌 미국의 중·저소득층의 소비 감소는 더욱 심해질 것이며, 양극화가 심화된 현대적 상황에서 부채 디플레이션은 치명적일 수 있다. 이러한 분석을 요약하면 다음과 같은 악순환으로 정리할 수 있다. '과잉 부채 ➡ 출혈 매각 ➡ 부채 상환 ➡ 통화량 축소(피셔) ➡ 소비 감소(토빈) ➡ 디플레이션 ➡ 과잉 부채 ……'

❖ 민스키와 버냉키의 부채 디플레이션

현대적 의미에서 부채 디플레이션 개념에 자산가격을 통합한 것은 '금융불안정성 가설'로 유명한 민스키Hyman Minsky다. 그에 따르면 자산의 출혈 매각은 자산가격의 하락을 초래하고 이는 다시 자산을 매각할 것을 강요하여 디플레이션을 악화시킨다고 보았다.

부채를 상환하는 방식에서 피셔가 주로 '현금'에 의존했다면, 민스키는 추가로 차입해야 하거나 자산을 매각해 부채를 상환해야 하는 상황을 강조했다. 특히 금융위기 상황에서 여러 금융기관들이 자산을 동시에 매각해야 하는 경우 자산가격 하락으로 자본 손실이 발생하고, 담보가치도 하락하여 또 다시 자산을 매각해야 하는 악순환이 지속된다고 보았다. 가령, 증권이나 현금을 담보로 주식투자를 하는 경우, 주가가 폭락할 때 발생하는 '반대매매'도 강제 매각에 해당한다.

또 채무자가 개별적으로 감당할 수 있는 손실의 한계가 존재하며 이러한 한계를 초과할 경우 디폴트(채무불이행)로 인해 채권자에게 손실이 전가될 수 있다고 보았다. 따라서 자본 손실이 연쇄적으로 발생할 경우는 초기소득 감소를 넘어선 소비와 투자의 연쇄적인 하락으로 디플레이션이 발생할 수 있음을 강조하였다.

결국 자산가격 하락으로 인한 '부富의 효과'가 민스키의 디플레이션 설명에 포함된다고 할 수 있다. 이러한 분석을 요약하면 다음과 같은 악순환으로 정리할 수 있다.

'과잉 부채 ➡ 출혈 매각 ➡ 자산가격 하락 ➡ 자본 손실 ➡ 출혈 매각 + 소비 감소 ➡ 디플레이션 ➡ 과잉 부채 ……'

한편 미국 연방준비제도이사회 의장인 버냉키는 대공황을 분석한 것으로 유명하다. 그는 대공황의 경험을 통해 이른바 '신용 채널' 개념을 도입하여, 금융위기가 실물경제에 파급될 수 있음을 분석했다.

물론 지나친 물가 하락이 은행 시스템에 영향을 미쳐 대출이 줄어들 수 있음은 이미 1930년대 케인즈가 경고하기도 했다. 또 케인즈는 투자가 저축보다 선행한다고 보았기 때문에 은행체제의 신용 공급 하락이 총수요에 부정적인 영향을 미친다고 보았다.

아무튼 버냉키에 따르면 대규모의 채무자 디폴트와 뱅크런이 발생하면 은행의 정보 획득과 유동성 공급 비용이 높아져 금융 중개 능력이 떨어진다고 보았다. 예를 들어 대규모 지급불능 사태와 담보가치가 하락하는 상황에서는 신용이 양호한 차입자도 신용을 얻기가 어려워진다. 은행 입장에서도 역선택 문제로 차입자를 선별하는 비용이 높아진다고 보았다. 정보의 비대칭성을 강조하는 뉴케인즈 학파 입장에서 신용위기와 실물경제의 효과를 분석한 것이다. 그의 '신용 채널'을 정리하면 다음과 같다.

'과잉 부채 ➡ 디폴트 ➡ 은행중개 기능 약화 ➡ 신용 축소 ➡ 지출 감소 ➡ 디플레이션 ➡ 과잉 부채 ……'

교환방정식에 따라 부채 디플레이션을 설명하는 피셔와 물가 하락이 화폐의 실질가치를 떨어뜨려 소비를 촉진한다는 피구 등 신고전학파의 설명을 제거하면 자산가격 하락, 은행의 중개기능 약화, 양극화에 따른 실질부채 증가 등으로 소비와 투자가 하락하여 디플레이션이 지속된다고 볼 수 있다. 이러한 채널은 상호복합적으로 연계되어 있으며, 현대적 의미에서는 금융기관의 부의 레버리지 효과를 통해 더욱 강화되는 측면이 존재한다.

3
—
부의 레버리지와 정부의 역할

◆ 레버리지 축소가 진행되는 과정

통상 은행은 BIS 비율(자기자본/위험가중자산)이 10퍼센트라고 했을 때 그의 역수인 레버리지 비율은 10이 된다. 이에 비해 투자은행이나 헤지펀드는 25~30의 레버리지 비율을 보인다. 특히 대규모의 레버리지 차입을 통해 투기적 거래의 대명사로 알려진 '헤지펀드'의 사례로 부의 레버리지 효과를 설명하면 다음과 같다.

초기에 담보비율 15퍼센트로 자기자본 15를 투입하여 85를 차입했다고 가정해보자. 만약 금융위기로 자산가치가 5퍼센트만큼 하락했다면 이는 대부분 자기자본의 감소로 조정되어 레버리지는 올라가고(5.7 → 8.5) 담보비율은 하락한다. 담보비율을 유지(마진콜 충

[표 3] 헤지펀드의 레버리지 축소 과정

구분	자산가치	자기자본	차입	레버리지	담보비율
초기	100	15	85	5.7	15%
자본 손실 후	95	10	85	8.5	10.5%
마진콜 후	66.7	10	56.7	5.7	15%
추가담보 요구 후	50	10	40	4	20%
환매 요구 후	45	9	36	4	20%

* 레버리지 = 차입/자기자본, 담보비율 = 자기자본/자산가치

족)하기 위해서는 차입을 줄이거나 자산을 매각해야 한다. 따라서 차입 규모는 85에서 56.7로 하락한다.

만약 헤지펀드의 거래 상대방이 위험 자산을 반영하여 담보비율을 20퍼센트로 올릴 것을 요구한다고 가정해보자. 차입 규모는 40으로 줄어들게 되고 추가로 투자자들이 10퍼센트만큼 환매를 요청하게 되면 자산가치는 45로 줄어들게 된다. 자산가치의 5퍼센트 하락에 따른 마진콜, 추가 담보 요구, 고객들의 환매 요구 등이 연쇄적으로 발생하여 자산가치는 반 토막이 날 수도 있다.

2007년 6월 서브프라임 사태를 촉발한 베어스턴스 산하 High-Grade Structured Credit Fund가 급격히 청산되면서 모회사마저 파산하게 만든 것도 부의 레버리지 효과가 순식간에 발생했기 때문이다. 비단 베어스턴스뿐 아니라 세계 최대의 헤지펀드가 JP모건 Asset Management(2007년 말 운용자산 447억 달러)인 것에서 알 수 있듯 헤지펀드와 금융기관은 밀접히 연관되어 있다. 헤지펀드에 신용공여 라인 등 차입을 제공하고 지불 및 청산 등 각종 서비스를 공급하는 것도 이들 초대형 금융기관들이기 때문이다.

최근 5만 2000명의 대규모 감원을 발표해 시장에 충격을 던져준 시티그룹도 1988년 개발한 자회사인 SIV(구조화 투자회사)의 막대한 부실로 휘청거리고 있다. 시티그룹은 이미 657억 달러의 부실상각을 단행했으며, 웰스파고에 인수된 와코비아 역시 965억 달러의 부실을 발표하였다. UBS도 486억 달러의 부실상각을 단행하는 등 금융기관의 부실상각이 지속되고 있는 것도 부의 레버리지 효과를 차단하고 있지 못하기 때문이다.

특히 은행의 평가와 심사기능이 신용평가기관으로 이전됨에 따라 현대 금융에서 신용평가기관들의 위상은 갈수록 높아지고 있다. 이들 신용평가기관들이 이번 금융위기로 추락한 위상을 만회하기 위해 지속적 등급 하락을 단행하고 있는데, 이는 금융기관의 건전

[그림 3] 부채 디플레이션 경로

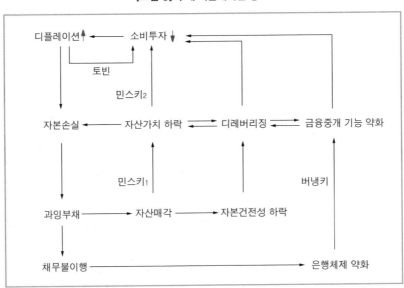

성 지표를 더욱 악화시킨다. 예를 들어 보유하고 있는 채권의 신용 등급이 하락하면 위험가중자산이 늘어나 BIS 비율은 떨어진다.

아무튼 금융기관의 부의 레버리지에 따른 자산 매각, 대출 축소, 신용 회수 등은 가계와 기업의 소비와 투자 하락을 유발해 디플레이션은 악순환에 빠지게 된다. 따라서 전통적인 부채 디플레이션 분석에 부의 레버리지 효과를 추가로 고려하면 [그림 3]과 같이 부채 디플레이션 채널 경로를 정리할 수 있다.

물가 하락이 투자와 소비에 미치는 영향

물론 [그림 3]의 부채 디플레이션 경로는 금융기관을 중심으로 설명한 것이고 기업과 가계 부문의 구조조정은 빠져 있다. 상품가격의 하락은 기업의 수익성 하락과 직결된다. 기업 간 경쟁이 격화돼 물건을 팔기 위해 출혈 경쟁을 하게 되면 가격은 더욱 하락한다. 개별 기업들은 수익성을 만회하기 위해 생산량을 줄이거나 노동력을 해고하거나 임금을 줄이게 된다. 이는 개별 기업에게는 합리적 선택일 수 있으나 경제 전체적으로는 고용과 임금이 하락해 소비가 줄어들어 결국 가격이 더 떨어질 수 있다. 이른바 '구성의 오류'가 발생하는 것이다.

물론 불확실성이 높아져 기업은 이미 계획했던 투자계획도 철회하게 되고 신규 투자보다는 M&A 등 저가의 기업 인수에 매몰되어 투자가 더욱 줄어든다. 부도나 파산에 직면한 기업은 더 말할 것도 없다.

소비 측면에서도 디플레이션이 긍정적인 것만은 아니다. 물가가 지속적으로 하락하는 상황에서 추가적인 하락에 대한 기대심리로 내구재에 대한 소비는 줄어들 수 있지만 비내구재에 대한 소비는 증가할 수도 있다. 그러나 경기침체가 지속되고 고용이 악화되면 구매력이 떨어져 전체적인 소비 규모는 줄어든다고 할 수 있다.

또 정상적인 경제에서 중요하지 않았던 부富의 효과가 소비에 부정적인 영향을 미치게 된다. 2008년 11월 현재까지 전 세계 주식시장에서만 32조 달러가 사라졌다. 미국의 가계가 소유한 주택가치가 20~25조 달러로 추정되므로 20퍼센트 하락했다고 가정하면 4~5조 달러가 사라진 것이다. 가계가 지닌 담보가치의 하락은 대출 축소와 부채 청산을 위한 저축 증가로 이어지고, 현금흐름의 감소는 소비를 더욱 축소시킨다.

❖ 한국경제는 어디로 갈 것인가

역사에서 가정은 부질없는 짓이라지만 미국의 서브프라임 모기지 사태가 3년 전에만 발생했어도 한미FTA, 자본시장통합법, 금융허브 정책 등은 전면 재고되었을지 모른다. 반면 3년 후에 발생했다면 한국경제는 거의 재앙에 가까운 충격에 휩싸였을 것으로 예상해본다. '규제 완화―감세―민영화―한미FTA'를 4대 축으로 하는 신자유주의 정책이 전면적으로 실시되었을 것이기 때문이다.

금융 부문의 규제 완화로 헤지펀드를 비롯한 투기자본과 대규모의 파생상품들이 무차별적으로 도입되어 자본시장은 거의 아비규

환이 되었을 것이다. 공공부문의 민영화가 대규모로 진행돼 유가 폭등 속에서도 공공요금은 천정부지로 치솟았을 것이며, 법인세, 종부세, 양도세 등 돌이킬 수 없는 항구적 감세정책으로 경기침체 상황에서도 양극화는 더욱 심화되고, 정부의 곳간은 텅텅 비었을 것이다. 엄청난 재정적자 탓에 정부는 확대 재정 지출에 대해 말도 꺼내지 못한 채 식물 대통령, 식물 정부로 전락했을 것이고, 국민경제는 나락으로 치달았을 것이다.

미국경제에 더욱 구조적으로 통합되어 금융위기는 직격탄으로 다가왔을 것이며, 무역적자 회복을 위한 미국의 파상적인 공세에 적자 규모는 갈수록 늘어나고 농업은 더욱 피폐해졌을 것이다. 결국 미국의 금융위기가 발생한 시기만 보면 전자에 대한 아쉬움은 남지만 그나마 후자가 아닌 것을 다행이라 할 것이다.

다시 현실로 돌아와서 앞으로 이명박 정부가 '규제 완화-감세-민영화-한미FTA', 즉 신자유주의 정책을 전면 수정하지 않으면 한국경제에 희망은 없다. 가계와 기업, 그리고 이를 신용으로 연결하는 금융기관을 현대 금융경제의 3대 주체라고 한다. 그러나 가계, 기업, 금융기관이 모두 신용위기에 휘청거리는 상황에서 믿을 것은 정부밖에 없다. 이 비상시국에 정부는 종합부동산세를 인하하기 위해 헌법재판소까지 동원해 국론을 분열시키고 사회적 위화감을 조성하고 있으니 한심하기 짝이 없다.

최근 은행의 건전성이 취약해진 것은 다음의 몇 가지에서 비롯된다. 우선 가계 및 건설사에 대한 부동산 대출에 집중한 상황에서 부동산 거품이 빠지면서 부실 대출의 위험이 증가했기 때문이다. 다

보론 스태그플레이션인가, 디플레이션인가

음으로는 원화가치의 상승과 국내외 금리차를 이용하여 달러 및 엔화 단기차입을 통한 통화·이자율 스왑 등 '차익거래'에 치중했기 때문이다. 마지막으로 미국의 부동산 관련 파생상품에 투자해 대규모 평가손실을 초래했기 때문이다. 근본적으로는 연간 수조 원의 순이익을 창출했지만 호황기에 취해 대규모 배당으로 자기자본을 확충하지 못했기 때문이다.

단기적으로 물가 상승의 부담에서 어느 정도 벗어난 중앙은행은 금리를 내리는 방향으로 가는 것이 맞다. 또 최종 대부자로서 유동성을 지속적으로 공급해야 한다. 그러나 이를 위해서는 CD, 은행채 등 시장성 수신을 총수신의 일정 비율로 제한하는 정책을 선행해야 한다. 그렇지 않고서는 중앙은행의 통화정책이 시중금리의 인하로 연결되지 않기 때문이다. 시장이 정상적으로 작동할 환경을 마련하지 않은 상황에서 내려진 금리인하 조치가 아무런 효과도 발휘하지 못한 채 그저 중앙은행이 지닌 '카드'만 버리는 꼴이 되는 상황을 우려하지 않을 수 없다.

또 전 세계 모든 금융기관의 BIS 비율이 하락하는 상황에서 엄격한 BIS 비율 준수나 제고를 강요하거나 압박할 필요는 없다. 1997년 외환위기 당시 급속한 경기침체를 초래했던 실패한 IMF 처방의 답습이 모든 문제의 근원인 셈이다. BIS 비율은 근본적으로는 레버리지 효과를 완화하기 위해 경기변동에 따라 탄력적으로 조정되어야 한다. 경기가 호황일 때는 BIS 비율 기준을 높여서 자본금을 확충하도록 하여 대출 확대에 따른 버블을 방지하고, 경기가 불황일 때는 BIS 기준을 조정하여 부의 레버리지 효과를 차단해야 한다.

최근 은행들은 BIS 비율을 맞추기 위해 대출 회수와 후순위채 발행을 늘리고 있는데, 은행의 건전성 및 거시경제에 부정적 효과가 적지 않은 상황이다. 무엇보다 은행의 대규모 후순위채 발행을 동시에 진행함으로써 할부금융사, 카드사, 리스사 등 제2금융권의 채권시장을 더욱 위축시키고 있다. 상대적으로 양호한 은행이 7.8~8퍼센트의 금리로 채권을 신규로 발행하니 다른 채권의 만기 연장조차 어려워지고 있는 상황이다.

후순위채 발행은 은행의 보완자본Tier2을 증가시켜 BIS 비율을 높이는 효과가 있으나 조달 비용이 높으므로 시중금리에도 부정적인 영향을 미치는 것은 물론 장기적으로는 부채 증가를 의미하기 때문이다. 또 위험가중자산을 줄이기 위한 무차별적인 대출 회수 및 만기연장 중단은 기업의 현금흐름에도 부정적 영향을 미치고 있다.

특히 기본자본 대비 BIS 비율이 건전성 기준의 핵심이므로 오히려 배당 성향을 낮춰 내부 이윤으로 전환하거나 증자를 실시하는 방향으로 가야 한다. 신용경색과 불신이 팽배한 상태에서 은행 자체의 자구 노력에 한계가 있다면, 공적자금 투입을 통한 자본금 확충으로 은행에 대한 '안전성'을 높이는 방향으로 정책을 전환해야 한다.

다음으로 외환시장을 감독할 책임이 있는 정부는 역외선물환NDF 시장에 대한 감독과 규제를 단행해야 한다. 각종 세제나 운용상의 제반 규제를 피해 조세, 금융, 행정 등에서 특혜를 누릴 수 있도록 뉴욕, 홍콩, 싱가포르에서 거래되는 선물환시장이 서울 외환시장을 통제하고 있기 때문이다.

주식시장에서 선물, 옵션을 통한 프로그램 매매가 기초 시장을 지배하는 것과 마찬가지다. 무분별한 역외선물환 시장의 확대로 2008년 11월 현재 그 규모는 신흥시장의 30퍼센트를 차지할 만큼 커졌고, 국내 외환시장은 역외선물환 시장을 추종하는 형태에서 벗어나지 못하고 있다. 원래 역외선물환 시장은 국내에 들어온 외국 투자가들이 환율변동의 위험을 피하기 위해 만든 선물환 시장이지만 지금은 환차익을 노린 투기 거래가 주종을 이루고 있다.

또 정부는 적극적 재정 지출로 유효 수요를 창출해야 한다. 한시적으로 중소기업과 중저소득층에 대해서는 감세를 실시하되 대기업과 자산 소득에 대한 항구적 감세는 중단해야 한다.

또 재정 지출은 공공부문 투자를 통해 일자리를 만드는 방향으로 가야 한다. 사회복지사업에 직접 지출하는 것도 좋지만 인프라가 부족한 상황에서 인프라 구축에 집중 투자하는 편이 고용 창출과 중소 건설사 회생에도 도움이 된다. 예를 들어 노후한 학교, 도서관, 공립병원 등을 전면 보수하고 보육시설, 요양시설, 보건소, 구민회관 등 사회복지사업 확대를 위한 각종 인프라를 새로 정비하거나 구축해야 한다.

마지막으로 무엇보다 중요한 것은 경제를 이끌어나가는 '사람'을 전면 교체해야 한다는 점이다. 아무리 좋은 자동차도 만취한 운전자는 사고를 내게 마련인데, 망가지고 있는 자동차에 운전면허증도 없는 만취한 운전자라면 그 자동차의 최종 목적지는 불을 보듯 뻔하다.

경제적 기초가 아무리 튼튼해도 현 경제관료들은 마음만 먹으면 순식간에 기초를 붕괴시킬 수 있는 능력을 가진 자들이다. 비상경제내각을 통해 국민이 신뢰할 수 있는 '리더십'을 회복하지 않으면 수십, 수백조를 쏟아 부어도 죽은 경제는 살아나지 않을 것이다.

특히 국민과 시장의 원성을 사고 있는 재정경제부 장관의 교체만으로는 시장의 신뢰를 회복할 수 없다. 금융위원회를 비롯한 금융시장의 건전성과 안정성을 감독하는 수장들이 민간 금융시장에서 나오는 관행은 사라져야 한다. 미국의 사례에서 보듯 월가가 배출한 경제관료들은 필연코 금융시장 발전을 저해한다고 믿는 규제와 감독을 완화하기 위해서만 노력하기 때문이다.

사실 지금까지 정부가 추진한 일이라고는 국민경제의 건전성과 안정성을 위해 만들어 놓았던 각종 세제, 법률, 제도, 기구 등을 폐지한 것이 전부 아닌가. 따라서 금융 부문의 규제와 감독을 강화하여 금융시장의 신뢰를 회복하고 불확실성을 줄일 수 있는 사람들로 교체해야 한다.

현재 미국을 비롯한 세계경제는 전대미문의 경제지표들을 쏟아내고 있는 상황이다. 내년 상반기 한국경제도 마이너스 성장에 빠질 가능성이 적지 않은 상황이다. 비상한 각오로 우둔하고 어리석은 발상들을 한시 바삐 전환하기를 기대해본다.

1   〈디플레이션 공포의 현실화와 대응〉(여경훈 새사연 연구원, 2008.11.25)을 수정 보완
     한 글이다.

2   실질실업률=|공식실업자+한계실업자+경제적 임시취업자)/(경제활동인구+한계
     실업자)|. 한계실업자란 조사 기간 구직을 하지 않은 상태지만, 최근 구직 경험이 있
     으며 취업을 원하는 실업자를 의미한다. 구직단념자도 포함한다. 경제적 임시취업자
     란 전일제 노동을 원하지만 어쩔 수 없이 임시직 계약을 통해 취업한 노동자를 말한
     다. 미 노동부는 우리의 통계청과 달리 공식적 실업률 외에 다른 대안적 실업률 지표
     들을 동시에 발표한다.

3   교환방정식이란 통화량과 유통속도의 곱은 지출 총액과 같음을 의미하는데, 정의상
     이는 항등식에 속한다. 1950~60년대 프리드먼을 비롯한 통화주의자들은 이를 기초
     로 인플레이션을 설명한다. MV=PT를 미분하면 통화량의 증가율과 유통속도의 증
     가율의 합은 물가상승률과 거래량 증가율의 합이 된다. 따라서 통화량이 증가하면 물
     가가 상승하고, 통화량이 부족해서 물가가 떨어진다고 해석한다. 이는 화폐를 다른
     모든 상품과 동일시하여, 다른 재화에 비해 화폐의 상대적 증가가 화폐의 (한계적) 가
     치를 하락시킨다는 상품화폐론에 입각하고 있다. 또 인과관계에 있어서도 거래량의
     증가가 통화량 증가를 초래함을 부정하고 있으며, 통화량은 모델 외부에서 결정된다
     는 전근대적 사고방식에 입각해 있다. 현실에서도 금융기관이 만들어내는 준화폐의
     도입, 통화량의 측정, 정의 등 실용적 이유로 통화주의는 사실상 폐기된 상태지만, 주
     류경제학은 여전히 통화주의의 틀에서 벗어나지 못하고 있다.

한국경제, 신자유주의 이후를 준비하며

1
—
2008년 미네르바 현상이 주는 메시지

리먼브라더스 파산이 도화선이 되어 세계의 금융위기가 파국으로 치닫던 2008년 9월의 한 장면. '인사이트 펀드'로 한때 최고의 유명세를 탔던 미래에셋 박현주 회장은 "지금의 위기는 심리적 요인 탓에 다소 과장됐고 오히려 지금이 적극적으로 펀드에 가입할 시기"라며 펀드 가입을 부채질했다.

2008년 11월 말 또 하나의 장면이 있다. 2006년까지도 시가총액 2440억 달러로 부동의 1위를 달리던 200년 역사의 최고 상업은행 시티가 부도위기에 몰리자 미 연방정부가 200억 달러를 긴급 수혈하고 3000억 달러 지급보증을 약속하는 등 분주하던 그때, "지금 주식을 사면 최소한 1년 내에 부자가 된다"며 주식투자를 독려하던 이가 있었다. 대한민국 이명박 대통령이다.

이처럼 2008년 3월부터 9개월째 끊이지 않는 대통령과 경제관료들의 근거 없는 낙관론과 안이한 위기 대처로 국민의 불신이 극에 달하고 있을 때, 등장한 영웅들이 이른바 '아고라 논객'이었다.

'미네르바'로 대표되는 이들은 모 포털사이트의 토론 게시판을 무대로 정부의 엉터리 정책을 향해 거침없는 비판을 쏟아내는가 하면 위험에 빠진 우리의 경제 현실을 집요하게 파헤쳤다. 현실 분석을 넘어 아예 미래에 대한 예측까지도 과감하게 풀어내는 이들을 향해 네티즌은 열광했다. 이른바 '미네르바 신드롬'이 생긴 것이다.

'아고라'란 이름의 이 온라인 토론게시판은 2008년 상반기에 광우병 쇠고기 관련 촛불집회로 뜨거운 공론장이 된 데 이어 하반기에는 경제분석과 전망논쟁의 장으로 자리 잡은 것이다. 어째서 이같은 현상이 벌어진 걸까.

외환위기 이후 10여 년간 비교적 잘 작동된다고 믿었던 한국의 금융 시스템과 경제흐름에서 상식을 벗어난 이상현상이 나타나기 시작한 것이 2008년 여름이었다. 9~10월 들어서는 국내 외환시장과 자본시장에서 아예 시장 자체가 성립되지 못할 정도의 황당한 현실이 우리 눈앞에 펼쳐졌다. 대체 어떤 것이 현실이고 누구의 말이 맞는지, 또 내일은 어떤 일이 벌어질지 전혀 예측할 수 없는, 말 그대로 국민 전체가 심리적 공황상태에 빠지는 지경에 이른 것이다.

생각지도 못한 수준으로 부동산 가격이 폭락하고 순식간에 주식과 펀드가 반 토막이 나는가 하면, 환율과 금리는 치솟고 물가마저 동시에 뛰고 있으니 가계나 기업이나 도대체 어디서부터 대응을 해야 할지 알 수 없는 막막한 상황이었다. 여기에 수출과 소비가 모조리 급락세를 보이면서 기업의 연쇄부도와 고용대란이 예고되는 상황에 이르자 국민 개개인의 힘으로는 합리적으로 대응한다는 것 자체가 불가능하게 되었다.

이런 상황에서 우리 국민에게 가장 필요한 것은 무엇이었을까. 그것은 바로 사실을 '있는 그대로' 말해주는 것이었다. 진보적 입장인가 보수적 견해인가를 논하기에 앞서 국민들은 다만 사실관계를 있는 그대로 알려주고 대체 무슨 일이 벌어지고 있는가를 설명해주길 간절히 바랐다. 그리고 그 일을 바로 미네르바라는 인터넷 논객이 해주었던 것이다.

사정이 이러함에도 정부와 보수세력은 아무 근거도 없는 낙관론으로 '현실'을, '사실'을 심각하게 호도해왔다. 미네르바의 주장처럼, 산업은행이 글로벌 은행으로 도약하기 위해 리먼브러더스를 인수해야 한다고 주장한 보수언론이 그랬고, 주식을 사면 부자가 될 것이라던 대통령마저 그랬다. 수십, 수백 명에 이르는 경제관료와 금융 전문가들 역시 대부분 다르지 않았다.

그렇다면 보수와 대척점에 있었던 진보세력은 어땠을까. 불행하게도 구체적인 사실관계에 대한 분석은 소홀히 한 채 너무도 쉽게 '신자유주의의 종말'이나 '자본주의의 위기'를 주장하는 데 그치는 경우가 많았다. 당장 폭락하는 펀드와 부동산가격 앞에서 어찌할 바를 모르고 있던 국민들에게 대체 무엇을 어떻게 해야 하는지 아무런 답을 주지 못했다.

현재의 상황을 보면 1970년대의 정치 암흑기가 떠오른다. 유신의 폭압 아래 모든 사실과 진실이 철저히 가려졌던 시대. 당시 사실관계는 은폐되었고, 온갖 허구와 미사여구로 포장된 '정치'만이 국민에게 전달되었다.

그러다보니 진실을 갈망하던 국민들에게 큰 호응을 받았던 이들이 바로 리영희 교수와 같은 비주류 지식인이었다. 당시 리영희 교수는 애국이란 이름으로 포장된 채 베일에 싸여 있던 베트남전 참전의 진실을 전해주었다. 수십 년이 지난 지금 정치에서 경제로 무대가 바뀌는 등 시대 변화에 따라 그 주체와 표현형식이 달라졌을 뿐 본질은 결코 바뀌지 않았다.

그렇다면 미네르바는 복잡한 내부 금융 사슬로 은폐되고 정부관리들의 무능으로 왜곡된 경제 메커니즘의 실체를 어떻게 그리 소상하게 알 수 있었던 것일까. 미네르바의 글을 들여다보면 그가 금융을 중심으로 한 외환시장, 채권시장, 주식시장의 메커니즘은 물론, 이를 매개로 한 기업의 경영구조, 수출과 무역시장의 관계에 대해 실물적 차원에서 상당히 명확하게 이해하고 있음을 알 수 있다.

오늘날의 경제는 대체로 금융을 축으로 작동하고 있다. 금융의 사슬구조 안에 모든 산업과 무역 등이 들어와 있는 상황이니 금융 현장의 중심에서 경제 전체를 조망하기로 마음만 먹으면 웬만한 사실관계는 파악할 수 있지 않았을까. 주식시장을 통해 실물기업들의 자금사정이나 업황전망을 읽어내고, 외환시장을 통해 무역이나 자본수출시장을 이해하는 식으로 말이다.

아고라가 배출한 스타 논객들은 대체로 금융과 자본시장 흐름에 밝다. 일반인들이 금융을 어려워하는 것과는 정반대다. 금융이 산업 전반을 좌우하는 금융화된 현실에서 이는 경제 맥락을 꿰뚫을 수 있는 안목을 갖게 해준다는 점에서 대단한 장점이다. 물론 많은 애널리스트들 역시 이런 능력을 가지고 있다. 하지만 직장에 매인 몸이다 보니 미네르바처럼 자유롭지가 못하다.

미네르바의 예측과 전망이 모두 들어맞는다고 할 수는 없다. 예를 들어 여전히 스태그플레이션을 우려하고 있는 대목이 그렇다. 2008년 상반기에 스태그플레이션이 나타난 것은 사실이다. 새사연도 당시 이를 인정했다. 그러나 금융위기가 확산되기 시작한 9월부터 새사연은 스태그플레이션에 대한 우려를 접었다. 전 세계가 스태그플레이션이 아닌 디플레이션 국면에 접어들었기 때문이다. 이미 2008년 10월 미국의 물가가 1퍼센트 수준으로 떨어지는 등 이러한 경향은 뚜렷해지고 있다. 다만 한국은 고환율로 인한 수입물가 상승기조 탓에 아직 실감하지 못할 뿐 경향적으로는 이미 디플레이션으로 접어들고 있다. 오히려 스태그플레이션보다 더 심각한 국면으로 가고 있는 것은 물론이다.

그러나 미네르바의 예측에 다소 빗나간 부분들이 있다는 사실은 별로 중요하지 않다. 오늘날 세계 경제변동의 향방을 정확히 가늠할 수 있는 사람은 전 세계에 존재하지 않기 때문이다. 그만큼 복잡하고 심각한 상황이 전개되고 있는 것이다.

투자의 귀재로 불리는 워렌 버핏도 지난 2008년 10월에 골드만삭스와 GE에 자신 있게 투자했지만 낭패를 볼 가능성이 높다. 그만큼 한치 앞을 내다보기가 어려운 상황이다. 특정 개인이라면 더 말해 무엇하겠는가. 따라서 예측능력을 가지고 문제를 삼는 것은 옳지 않다.

결론적으로 현재 정부를 비롯한 보수세력은 물론 심지어 진보세력에게 우리 국민들이 요구하는 것은 한치 앞을 내다보기 어려울 정도로 급변하는 경제 현실에 대해, 사실관계를 있는 그대로 이야기해달라는 것이었다.

　이 같은 국민의 요구를 어느 쪽도 제대로 충족시켜주지 못하고 있을 때 온라인의 익명 필자에 불과한 미네르바가 그것을 해결해준 것이다. 그것도 어설픈 주장이 아니라 금융을 중심으로 한 구체적 사실관계를 통해 쉬우면서도 설득력 있게 설명해준 것이다. 여기에 실물적 감각에 기초한 예측까지 더해지면서 폭발적인 호응을 얻은 것으로 보인다.

　문제는 지금부터다. 이제는 사실관계를 분명하게 보여주는 것을 넘어 앞으로 무엇을 해야 우리 경제가 살아날지를 고민해야 한다. 대출 털고 현금 챙기고 생필품을 확보하자는 미네르바의 조언은 당연히 해답이 될 수 없다. 현재의 경제 시스템 틀 안에서 문제를 해결하는 것은 더 이상 불가능한 상황이기 때문이다. 아고라의 많은 논객들이 인정하는 것처럼 지금 대한민국의 외환시장과 자본시장은 사실상 시장 기능이 정지된 상태나 다름없기 때문이다. 시장이 더 이상 작동하지 못하고 있다는 것이다.

　이런 상황에서 현재의 경제 시스템을 그대로 둔 채 사실관계에 입각한 가장 합리적인 답을 구해봤자 그것은 답이 될 수 없다. 대표적인 것이 환율 안정을 위해 금리를 올려야 한다는 식의 금리 논쟁이다. 지금은 단순히 금리 조작으로 문제를 해결할 수 없다. 신자유주의라는 경제 시스템 자체가 변화를 겪는 현재의 상황은 시스템 자체를 바꾸는 방향으로 해법을 구할 것을 요구하고 있는 것이다.

이 지점에서 사실관계의 해명을 넘어 본격적으로 가치관의 문제가 제기된다. 보수나 진보와 같은 가치의 기준으로 구조적 대안을 찾아야 하는 것이다. 여기서부터는 더 이상 미네르바의 몫이 아니다. 우리 사회의 책임 있는 사람들이 해야 할 일이다. 특히 세계적으로 신자유주의 사조가 퇴조하는 상황은 보수보다는 진보에게 더 큰 책임을 요구하고 있다. 진보가 명확한 자신들의 입각점을 가지고 불황의 늪을 탈출할 대안을 제시해야 한다는 뜻이다.

그런 점에서 상반기에는 실천운동의 최전선에 여중생들이 서고, 하반기에는 이데올로기 전선의 최전방에 미네르바가가 서서 이명박 정부와 맞서고 있는 2008년 대한민국의 상황에 대해 진보세력은 심각하게 자성해야 한다.

여전히 정부와 보수세력이 사실을 있는 그대로 알리지 않고 허위와 임기응변으로 국민을 실망시키는 한, 또 진보세력 역시 구체적 사실관계 안에서 대안을 만들지 못하고 당위만을 반복하는 한 미네르바와 같은 인터넷 논객들은 앞으로도 계속 네티즌들에게 우상이 될 수밖에 없을 것이다.

2
—
위기수습은 시장이 아니라
국가가 나서야

많은 인터넷 논객들이 우려했던 대로 2009년 한국은 고용, 소비, 수출, 성장률 모두가 마이너스로 빠지는 역성장의 국면에 빠져들고 있다. 이는 외환위기 이후 구축된 경제 시스템이 다시 한 번 붕괴하고 있다는 것을 의미한다.

외환위기 때는 IMF의 외피를 빌린 국제 금융자본이 문제의 해결사로 나서 시장화, 자유화, 개방화의 구호 아래 한국경제의 구조를 바꿔놓았다. 그러나 현재는 실패한 시장을 대신해 다시 국가가 전면에 나서고 있다. 이미 외환시장에 시장은 없으며 자본시장과 금융시장도 사실상 기능이 정지된 상태이기 때문이다. 이는 한국뿐 아니라 전 세계적인 추세다.

특히 1970년대에는 국가가 수출주도형 경제를 창출하기 위해 발

벗고 나섰다면 지금은 수출 자체를 끌어올리기가 매우 어려운 국면이다. 그러므로 국가는 수출이 아니라 내수를 회복시키는 데 자원을 집중적으로 동원해야 한다. 그것이 우리나라가 세계적 불황으로부터 가장 빠르게 탈출하는 길이다.

물론 구조적으로는 수출 못지않게 내수기반 역시 대단히 취약해진 상황이어서 내수를 살리는 것 역시 간단하지 않다. 그러나 지금이야말로 내수를 살려야 할 필요성이 그 어느 때보다도 가장 크고 절박하게 대두되는 시점이며 국민적 동의를 가장 폭넓게 얻을 수 있는 시점이다. 즉 진정한 의미의 내수기반 경제로 전환하기 위한 구조 변화의 기회라는 뜻이다.

그러나 현재, 한국은 물론 전 세계적으로 부채와 자산 축소가 진행되고 있고, 유동성 부족도 좀처럼 해소되지 않고 있어 정부의 재정지출 확대에 의존해 경기 회복을 꾀할 수밖에 없다. 그렇다면 남은 문제는 재원의 확보다.

정부는 2008년 11월 발표한 수정예산안에서 2009년 예산을 283조 8000억 원으로 잡았다. 동시에 감세정책도 포기하지 않고 있다. 세금을 줄이면서 예산을 확보할 수 있는 방법은 무엇인가. 빚을 내는 것이다. 당연히 정부는 2009년에 17조 6000억 원의 적자국채를 발행하겠다는 계획을 세워두고 있다. 이는 외환위기 때 발행한 적자국채 10조원을 훨씬 넘는 규모다.

여기에 또 하나의 중대한 문제가 숨어 있다. 2009년 경제성장률이 제로에 접근할수록 감세를 하지 않아도 세수가 줄어들 수 있다는 점이다. 2008년 10월 정부는 2009년 경제성장률을 5퍼센트로 가

정해 세금 수입을 179조 6000억 원으로 추산했다가 한 달 뒤에는 성장률을 4퍼센트로 하향 조정한 뒤 177조 7000억 원으로 수정했다.[1]

단순한 산술 계산으로만 보면 경제성장률이 1퍼센트 하향하면 세수가 약 2조 원 정도 줄어드는 셈이다. 따라서 만약 2009년 경제성장률이 애초 전망치인 5퍼센트에서 2퍼센트로 떨어지면 세수는 6조 원 이상 줄어들게 된다. 실제로는 이보다 훨씬 큰 폭이 될 가능성이 높다.

더욱이 그동안 수차례 지적된 것처럼 내수를 진작시키는 데 있어 감세보다는 재정지출이 훨씬 효과가 크다. 재정지출을 1조 원 늘리면 1만 3000명의 고용이 유발되며, 0.11퍼센트의 추가성장이 가능한 반면, 법인세를 1조 원 낮추면 고용 유발은 2322명, 경제성장률은 0.013퍼센트에 그친다는 연구결과도 있다.[2]

세계 각국에서 감세정책을 보류하는 이유도 여기에 있다. 감세를 하더라도 부가가치세와 같은 간접세를 내려 소비를 진작시키는 방향으로 선회하고 있는 것도 최근의 추세다.

영국 정부는 2008년 11월 24일 공개한 〈사전예산보고서Pre-

[표 1] 행정부의 2009년 국세수입 전망   (단위 : 억 원, %)

	2008년(예상)	2009년 전망(10월)	2009년 전망(11월)	차이
총 국세	1,671,530	1,796,058	1776,891	−19,167
일반회계	1,607,082	1,728,352	1,709,662	−18,690
특별회계	64,448	67,706	67,229	−447

* 2009년 10월 전망 : 실질성장률 5%, 수출증가율 12%, 실질민간소비 증가율 4.5% 등
* 2009년 11월 전망 : 실질성장률 4%, 수출증가율 9%, 실질민간소비 증가율 2.5% 등

Budget Report)에서 부가세를 현행 17.5퍼센트에서 15퍼센트로 내리겠다고 발표했다. 아울러 집권 노동당이 차기 총선에서 승리할 경우 연소득 15만 파운드 이상의 고소득자에 대한 소득세율을 현행 40퍼센트에서 45퍼센트로 인상하겠다고 발표하기도 했다.

이런 상황에서도 법인세나 재산세 감세를 고집하면서 동시에 재정지출의 확대를 추구한다면 재정적자가 누적될 수밖에 없다. 이명박 정부의 임기 말에는 심각한 재정위기가 올 수 있다는 우려도 얼마든지 현실화될 수 있는 것이다. 결국 종부세 개정을 비롯한 현재의 감세정책을 중단해야 하는 이유는 단지 그 혜택이 부유층에게 집중되기 때문이 아니다. 국민경제를 살리는 데 매우 중요한 이슈기 때문이다.

다음으로 감세정책의 중단을 전제로 한다면, 향후 국가의 대대적인 재정지출이 누구에게, 또는 어디를 향해야 하는지도 검토되어야 한다. 외환위기 당시 파산상태에 빠진 은행과 대기업을 살리기 위해 정부는 약 160조 원에 달하는 공적자금을 조성해 이들을 구제해 주었다. 국민들은 장롱에 있던 금반지를 꺼내 '대마불사'의 신화를 거들기도 했다.

10여 년이 지난 오늘 국민경제를 살리기 위해 다시 100조 원 이상의 공적자금을 투입해야 할 수도 있다. 그러나 당시 공적자금으로 기사회생한 은행과 대기업들이 그 이후 고용을 다시 회복시키지 않았다는 점을 떠올릴 필요가 있다. 1996년 이후 10년 사이 300인 미만 기업에서 일하는 사람들은 220만 명이 늘어난 반면, 300인 이상 기업에서 일하는 사람들은 오히려 78만 명이 줄었다. 대기업들이 외환위기 당시 인력을 대폭 줄인 뒤 지금까지도 거의 고용을 늘리지 않아왔음을 통계가 분명히 보여주고 있는 것이다.

따라서 정부가 다시 대규모 재정지출을 해야 한다면 다음의 세 가지 원칙을 철저히 지키도록 요구해야 한다.

▶ 은행이나 대기업을 경유하는 것이 아니라 가급적 다수 국민에게 혜택이 돌아가도록 직접 지출 방식을 택해야 한다. ▶ 불가피하게 은행과 대기업에 지출해야 한다면 그에 상응하는 대주주의 책임과 대가를 요구해야 한다. ▶ 재정지출과 공적자금 투입의 제1 원칙은 고용창출력이 높은 곳에 투입하는 것이다.

이런 원칙에 입각해볼 때, 현재 정부지출이 집중되어야 할 지점은 '토목건설' 분야가 아니라 '사회 서비스' 분야다. 세계 각국이 이른바 뉴딜정책을 벤치마킹하고 있는 상황에서 굳이 뉴딜정책이 필요하다면 1930년대 미국이나 1970년대 한국에서 시행했던 토목건설형 뉴딜이 아니라 사회 서비스 투자에 집중하는 21세기 방식의 뉴딜이 필요하다는 뜻이다.[3]

토목건설 분야에 대한 투자가 지금의 현실에 맞지 않는 이유는 ▶ 최근 10~20년간 이미 상당한 투자가 이루어져 있어 추가 투자를 한다 해도 투입 대비 효용이 높지 않을 뿐 아니라 ▶ 과거에 비해 고용창출 효과도 높지 않기 때문이다.

반면 '사회 서비스 인프라 투자와 사회 서비스 일자리 창출 투자'는 ▶ 향후 장기 불황에서 가장 큰 타격을 받을 육아, 노인, 기초생활수급자 등 취약계층을 위한 효과적인 지원책이 될 수 있으며 ▶ 고용창출 효과가 가장 크게 나타날 수 있고 ▶ 선진국의 절반 수준도 안 되는 국내 사회 서비스 분야의 기반 확충에 기여할 수 있다.

특히 우리나라 사회 서비스 분야의 고용이 전체 서비스 분야 고용에서 차지하는 비중은 20.2퍼센트에 불과하다, 스웨덴의 43.9퍼센트나 미국의 32.4퍼센트에 비해 턱 없이 적은 것이 사실이다.[4] 더욱이 사회 서비스에 대한 고용지출의 비중은 선진국의 4분의 1 수준에 그치고 있어 경제위기 상황이 아니더라도 지출을 늘려야 할 필요성이 이미 있어왔다. 또 도소매 위주의 서비스업과 자영업의 초과잉을 구조적으로 해결하는 방법 가운데 하나도 바로 사회 서비스 분야를 대폭 확대하는 것이다.

덧붙여 둘 것은 사회 서비스의 확대와 이를 위한 공공지출의 확대가 이 분야의 민간기업화를 촉진하는 방식으로 진행될 필요는 없다는 점이다. 그보다는 오히려 사회 서비스 분야의 공공기관 창출과 사회적 기업 등 자치 사회단체의 자율적 운영을 지원하는 것에 초점을 두고 이와 병행해 민간 부문의 활성화를 유도하는 방향으로 추진하는 것이 바람직하다.

또 '고용창출 없는' 내수 회복은 절대 존재할 수 없다는 점을 정확히 인식하고 '고용창출 ➡ 소득 확대 ➡ 소비 촉진 ➡ 구매력 창출 ➡ 내수 확대 ➡ 고용 확대'의 순환구조를 회복하는 데 총력을 기울여야 한다.

따라서 이를 위한 정부의 재정지출이 필수적이이며, 향후 ▶ 직업 훈련에 대한 대대적 지원 ▶ 실업급여 기간의 연장 ▶ 사회 서비스 공공지출 확대 ▶ 대기업 고통분담론 등이 주요 의제가 될 것이다. 이는 노동자의 생존을 위한 요구일 뿐 아니라 내수기반의 확대와 경기 회복을 위한 관건이다. 이미 독일 정부가 실업보험의 수령 기간을 현행 12개월에서 18개월로 연장하기로 하는 등 세계 각국에서 이 같은 움직임들이 나타나고 있다.

특히 한국의 경우 대기업도 불황의 늪을 피해갈 수는 없겠지만 이들을 제외하고는 그나마 여력이 남아 있는 집단이 없다는 점도 분명하다. 우량 대기업들이 몰려 있는 유가증권시장의 12월 결산법 인들을 들여다보면 2008년 9월 말 현재 내부유보율이 696퍼센트에 달한다. 이는 1년 새 37.94퍼센트나 증가한 것이다.[5] 삼성 그룹의 경우는 유보율이 무려 1488퍼센트, 현대중공업도 1398퍼센트를 넘는 것으로 드러났다. 11년 전 노동자들이 감내했던 고통 분담을 이제 대기업이 되갚아야 할 시점이다.

2009년부터 장기 불황과 고용대란이 기다리고 있는 상황에서 앞으로 우리 국민들은 생존을 위한 치열한 갈등을 겪을 수밖에 없다. 다시 한 번 강조하건데 이번에는 대기업과 거대 금융권이 아닌 다수 국민이 조속히 고통의 늪에서 빠져나오는 것을 최우선의 목표로 삼아야 한다. 즉, 'Again 1997'이 일어나지 않도록 하는 것이 가장 큰 과제다. 지난 11년간 한국 국민은 이것을 되풀이하지 않도록 학습한 경험이 있다.

경제위기를 해결할 힘이 시장에서 국가로 넘어온 시점에서 국가의 역할이 강화되면 될수록 경제에 대한 국가의 통제 강화가 필요하면 할수록 그에 비례해 국가에 대한 국민의 통제도 강화돼야 할 필요성이 그만큼 커진다. 이는 노동자의 입장에서는 모든 경제적 요구가 정부에 대한 요구로 수렴될 수밖에 없다는 것을 의미하기도 한다.

가장 진보적인 입장에서 보더라도 넓게는 케인즈주의까지 연대와 협력의 외연을 최대화할 필요가 있다. 근본적인 대안 역시 구체적인 현실 속에서 찾아야 한다. 현실과 떨어진 주의, 주장으로는 힘을 발휘할 수가 없다. 구조 전환의 기회가 지금이라는 것만은 틀림이 없다. 그러나 살아나야 구조 전환의 기회도 의미가 있는 것이다.

3

—

포스트 신자유주의를
준비하는 시작점에서

서브프라임 모기지 부실로 시작된 금융위기는 1년 남짓한 짧은 기간 동안 월가의 거대 투자은행들을 연이어 쓰러뜨린 데 이어 굴지의 제조업체들마저 위기국면으로 몰아넣으면서 세계경제의 중심이었던 미국경제의 뿌리를 흔들고 있다. 그뿐이 아니다. 파국은 북미대륙을 넘어 유럽으로, 아시아로 번져가고 있으며 아이슬란드, 헝가리, 파기스탄 등 위기에 취약한 국가들을 부도사태로 내몰고 있는 중이다.

이처럼 2007년부터 시작돼 역사상 유례없는 전 세계의 동시 불황을 촉발시킨 금융위기로 신자유주의의 권위는 결정적으로 흔들리기 시작했다. 향후 하나의 사조로서의 신자유주의는 더 이상 주류적 지위를 유지하지 못하고 퇴조해갈 것이 거의 확실하다. 경제

정책으로서의 신자유주의 역시 앞으로 대부분의 국가에서 예전과 같은 지지를 받기는 어려울 것이다.

2009년부터 세계 각국은 금융위기로부터의 탈출과 함께 조속한 경기회복을 위한 대책을 강구하는 데 총력을 기울일 것이다. 이 과정에서 기존의 경제 시스템을 전환하기 위한 다양한 모색도 활발해질 것으로 보인다. 국가별로 내부 시스템의 전환을 위한 모색이 방향을 잡아나감에 따라 새로운 국제 경제 질서에 대한 논의도 동시에 진행될 것이다. 그렇다면 각국은 내부 경제 시스템의 전환과 위기 탈출을 위해 어떤 선택을 할 수 있을까. 물론 객관적으로 내려진 정답은 없다.

소극적으로는 신자유주의 변종에서부터 시작해 1929년 대공황 이후 약 40년간 세계경제를 지배했던 케인즈주의로의 복귀, 신자유주의 이식 정도가 적어 금융위기의 충격을 덜 받고 있는 스웨덴이나 북유럽 모델의 응용 그리고 남미에서 적극적으로 실험되고 있는 21세기 사회주의에 이르기까지 대단히 폭넓은 선택지를 두고 생존을 위한 실험이 시작될 것이다.

우리 경제 역시 새로운 모색과 실험이라는 거대한 흐름을 피해갈 수 없을 것이다. 이제 지구상에는 우리가 참고해야 할 모델이나 의존해야 할 경제가 사실상 존재하지 않기 때문이다. 원하든 원하지 않든 더 이상 타국의 모델을 복사해올 수 없는 상황이 된 것이다. 더욱이 그 동안 한국경제가 가장 중요한 모델로 삼아왔던 미국 모델은 이제 역사의 뒤편으로 사라져가고 있지 않은가. 바야흐로 신자유주의 이후를 능동적으로 준비해 경제회복 시기를 앞당기는 것이

야말로 그토록 바라마지 않던 선진국 진입의 첩경이 되는 시기가
온 것이다.

그렇다면 신자유주의 이후의 모델을 어디서부터 모색할 것인가.
해답은 과거의 고전적 문헌 속이나 기상천외한 이론에 있지 않다.
경제는 오늘과 내일을 살아가는 수많은 사람들의 생활과 삶의 틀을
규정하는 문제이기 때문이다. 새로운 모색의 출발점은 현재 벌어지
고 있는 세계적 금융위기 안에서 그리고 경제침체가 고용대란으로
발전할 가능성마저 보이고 있는 참혹한 우리의 경제 현실에서 찾아
야 한다.

첫째, 고용을 늘리고 생산성을 향상시킴으로써 '일해서 번 소득'
으로 소비를 하고 내수를 진작시키는 경제가 가장 안정적으로 발전
할 수 있다는 원칙에서 출발해야 한다.

첨단 금융기법을 동원한 신용 창출과 부채에 의한 가수요로는 일
시적인 호황은 가능할지 몰라도 지속 가능한 경제는 절대로 될 수
없다는 사실을 미국의 금융위기가 현실에서 생생하게 보여주고 있
다. 더욱이 고용을 경제성장의 원천이 아니라 수익 추구에 부담이
되는 비용쯤으로 간주했던 신자유주의의 노동배제적 방식은 더 이
상 세계경제에서 유통되기 어려울 것이다. 일하려는 사람들에게 고
용을 주고, 일하는 사람들에게 소득을 늘려주는 시스템을 어떻게
만들 것인지, 그에 가장 적합한 21세기 방식의 경영과 지배구조는
무엇이며 또 소유구조는 무엇인지를 창조적으로 모색하는 것이 과
제가 될 것이다.

둘째, 경제에서 국가의 역할은 극히 예외적이고도 일시적인 국면

을 제외하고는 경제의 필수불가결한 요소임을 명심해야 한다.

시장은 구조적으로 자기조정 능력, 자기치유 능력을 갖지 못했음이 판명되었고, 동시에 자본과 사적기업들의 이익추구 활동이 절대 사회 공동의 이익과 합치되지 않는다는 사실도 확인되었다. 금융위기가 확산되면서 모든 금융회사들 그리고 제조업 기업들마저 시장의 치유 능력을 믿지 않고 국가와 중앙은행의 품 안으로 뛰어들고 있는 현실이 이를 재론의 여지없이 입증해주고 있다. 문제는 국가가 누구의 이익을 위해 기능할 것인가 하는 점이다. 그리고 이 문제와 맞닥뜨리는 순간 경제는 정치적인 문제로 전환된다.

셋째, 경제에서 공공 영역은 민영화되어야 할 비효율의 온상이 아니라 공동의 이익을 위한 필수기제라는 사실도 중요하다.

특히 자금을 중개해야 할 은행이 그러하며 제한된 자원인 부동산 또한 그러하다. 가장 공공적이어야 할 금융과 부동산이 충돌을 일으키며 엄청난 폭발력의 버블을 형성한 것이 미국의 금융위기고 세계적 금융위기다. 한때 '민간의 것은 민간에게'로 표현되는 신자유주의 민영화, 시장화 논리가 절대선으로 간주되던 때도 있었다. 그러나 이 표현은 '민간의 것은 민간에게, 그러나 공공의 것은 공공으로'라고 바꾸어야 한다.

넷째, 개방과 통상은 언제나 내수기반이 있어야 의미를 가질 수 있다는 사실이 확인되었다. 아이슬란드 부도사태는 이것이 경제 규모와는 상관없는 진실임을 보여주고 있다.

특히 당분간은 해외 요인에 기대 경제를 회복시키기 어려운 국면이 지속될 것이기 때문에 내수기반을 회복하는 것이 곧 경제침체로부터 가장 빨리 벗어나는 길이기도 하다. 지금은 수출이나 해외로의 공장 이전과 같은 방안이 통할 수 없는 상황이다. 한미FTA와 같은 통상 정책으로는 경제의 활로를 모색할 수도 없을 만큼 더 이상 외부 경제에 기대할 것이 없다. 한국의 내수기반은 외환위기로 이미 상당히 붕괴했지만, 오히려 위기를 구조 전환의 기회로 삼아 내수를 살리는 데 총력을 기울여야 한다. 그 기초가 고용에 있음은 물론이다.

고용과 소득에 기초한 경제, 국가와 시장의 역할이 존재하는 경제, 공공영역의 기능이 살아있는 경제, 내수기반이 존재하는 경제의 실체를 구체적으로 모색하는 것이 향후 한국경제의 방향이 되어야 한다.

물론 경제 시스템의 구조적 전환은 저절로 이루어지지 않는다. 이미 상당한 정도로 한국경제에 이식된 신자유주의도 저절로 사라지지 않을 것이다. 따라서 마지막에 남는 문제는 결국 누가 해결할 것인가 하는 '주체'의 문제다. 그리고 이는 곧 정치의 문제기도 하다. 누가 퇴조해가는 신자유주의를 역사의 관 속에 묻고 새로운 사회를 열어갈 것인가. 새로운 모색의 시간이 지체되는 만큼 민중의 고통도 길어질 것이다.

┃ 주 석

1   국회예산정책처, 〈2009년 수정예산안의 경제적 효과 분석〉, 2008.11.
2   김기승 외, 〈재정지출 확대와 감세의 경제적 효과분석〉, 2004, 국회예산정책처(2008 년 한국사회경제학회 학술대회 장상환 논문 재인용).
3   미국의 오바마 식 고용대안도 2년 안에 250만 개의 일자리를 창출하기 위해 인프라 건설과 재생에너지 산업을 육성한다는 것이 핵심이다. 그러나 이는 시간이 매우 많이 걸릴 뿐 아니라 그 효과도 의문시되고 있다. 때문에 "차라리 장기적으로도 경쟁력을 키울 수 있고, 부양자금의 간접적인 국외유출을 막는 교육이나 리서치, 헬스케어 분야의 고용을 늘리자"는 의견이 대두되고 있다.
4   산업연구원, 〈서비스업 고용변화 요인과 시사점〉, 2006.10.
5   증권선물거래소, 〈12월 결산법인 2008년 3분기 유보율〉, 2008.11.

독자를 먼저 생각하는 정직한 출판

시대의창이 **'좋은 원고'**와 **'참신한 기획'**을 찾습니다

쓰는 사람도 무엇을 쓰는지 모르고 쓰는,
그런 '차원 높은(?)' 원고 말고
여기저기서 한 줌씩 뜯어다가 오려 붙인,
그런 '누더기' 말고

마음의 창을 열고 읽으면
낡은 생각이 오래 묵은 껍질을 벗고 새롭게 열리는,
너와 나, 마침내 우리를 더불어 기쁘게 하는

땀으로 촉촉히 젖은 그런 정직한 원고,
그리고 그런 기획을 찾습니다.

시대의창은 모든 '정직한' 것들을 받들어 모십니다.

시대의창
WINDOW OF TIMES

분야   역사 / 문화 / 정치 / 사회

서울시 마포구 동교동 113-81 (4층) (우)121-816
Tel : 335-6125 Fax : 325-5607